Q版FB歷史

唐朝其實很糞倯

丁振宇 著

前言

微歷史也即是用「微博體」和Facebook的形式來記錄歷史。微博和Facebook的特點是短小、及時，適於傳播，近年來，微博和Facebook成爲一種最便捷的交流方式，對於記錄歷史來講，它同樣也是一個好工具。因爲當今社會生存競爭激烈、生活節奏奇快，人們沒有時間、沒有精力、也沒有耐心靜下心來閱讀冗長繁雜的歷史巨著來獲取知識，因而造成當下人們尤其是年輕一代人歷史知識匱乏的窘況。

而「微歷史」的出現，除了「微時代」自身的推動之外，更是民眾自身的一種訴求。因爲它將微博體與歷史事實進行了有機的結合，在有限的字數裏以精當的內容濃縮精華，言簡意賅、字字珠璣。的確爲廣大讀者提供了一種新的解讀歷史的可能性。無須持久集中的閱讀時間和專注嚴肅的閱讀態度，無須專門的歷史或理論素養，茶餘飯後，公車上，花費五分鐘翻閱一下，就會有良多收穫。

唐朝共有二十二位皇帝，其中包括了倍受世人矚目的武周政權，在唐朝兩百九十年的歷史進程中，客觀的說唐朝在當時是世界綜合國力最強大的國家，軍事政治影響

力也無異於當時的超級大國，唐朝文化在中國悠久的文化進程中有著極其重要的地位，唐詩是當時最流行的文體書寫格式，至今影響著中國人乃至世界人民對中國文化的認識，唐朝對外貿易和交往是很繁榮的，絲綢之路的確立，玄奘的佛家文化交流都深深的影響了世界對中國的看法。可以毫不客氣地說唐朝在當時代表了世界最先進的文化和生產力，所以至今人們稱中國人爲唐人，對中國瓷器的稱呼還有著唐朝的痕跡，「唐人街」仍然風靡世界……

唐朝取得的成績令人驕傲，在我們津津樂道於這些耀眼的光輝時，也應看到唐代的統治者內部也出現了許多光怪陸離的奇人奇事，應該說在斷代歷史中，最讓人眼花繚亂的就是唐代，唐朝起家於貴族政變，開國皇帝李淵就是隋朝皇帝的至親，作爲歷史上最出名的太上皇，李淵親手把自己的大唐江山交給了兒子李世民，李世民親自導演的玄武門之變開創了皇位繼承人之間武力奪取皇位的先河，唐太宗雖然用了不太光彩的手段奪取了皇位，卻開創了歷史中少有的盛世，奠定了自己的歷史地位。

唐高宗李治也是唐代的經典人物，雖然政治上作爲不大，但他娶了一個聲震寰宇的老婆武媚娘，雖然武媚娘也曾是自己老爸的老婆之一，但這絲毫不影響李治對她的寵愛，就是在李治這個成功推手的努力下，唐朝歷史中穿插了一段女皇治國的經典案例，成爲女子能頂半邊天的傳奇創造者。

前言

歷經坎坷的唐玄宗李隆基也是歷史上出鏡率最高的皇帝之一，作爲一代風流皇帝代表，他不但開創了開元盛世的偉大局面，作爲兼職音樂家和戲曲家，他與老婆之一楊貴妃纏綿悱惻的愛情故事也被大詩人白居易寫入了〈長恨歌〉中永世傳唱。他執政幾十年中朝野之間的巨大變化，也成了後世史學家爭議最多的一個歷史片段，無論後人如何評價唐玄宗的功過是非，相信寬容的歷史能夠理解他的這種愛憎，人們也不會忘記早年大有作爲的開元天子，玄宗的風流，玄宗的癡情及楊貴妃的一切，已成爲形象化、藝術化的大唐盛世的代名詞。

「微歷史」圖書自從在市面上出現以來，就深受廣大讀者的喜愛，但截至目前，市面上僅有的幾本微歷史書籍存在的問題和缺陷很多，一是內容不全面，二是以獵奇和調侃爲主，甚至爲迎合一些讀者的低級趣味，從網站下載一些胡編亂造的歷史笑話或段子來湊數，這種極不負責任的歷史觀不僅不宜於傳播歷史，反而會對廣大讀者造成誤導和傷害。正是基於以上考慮，我們組織策劃了本系列的微歷史圖書。

本系列圖書在編寫上本著既嚴肅認真，又不失生動活潑的原則，遵循引導廣大讀者在輕鬆快意的閱讀中獲取歷史知識的宗旨，在選材上以正史爲主、野史爲輔，在筆法上力求做到短小精悍，生動幽默，靈活流暢，妙趣橫生，令閱讀者徜徉歷史海洋時興致盎然，回味無窮。

版的歷史

唐朝其實很驚悚

目錄

CONTENTS

第一章

大唐開國

李淵的重生之路

最辛苦的小一新生

西元五六六年，高級幹部唐國公李昺在產房前焦急等待，口中不斷念叨「上天保佑，阿彌陀佛，母子平安」，終於妻子在婦產科醫生的幫助下，順利產下一個又白又胖、胸前長三個乳頭的畸形兒，不過無神論者李昺沒有嫌棄孩子，非常高興地給孩子起名叫「淵」，字「叔德」，當然姓氏不用商量，姓李。

可以說李淵是個典型的官二代。他祖上就強人輩出，七世祖李暠組建過「西涼國」，並自任董事長，祖父李虎是北周的總理，父親襲封唐國公，任「柱國大將軍」。隋文帝是李淵的親姨父，社會關係非常複雜。出生在這個家庭裏，前途想不光明都是很困難的。

幼年的李淵也是有煩惱的，尤其七歲那年父親去世了，李淵迷迷糊糊襲封爲「唐國公」。這對於小一新鮮人來說簡直是一種摧殘，每天必須像個官場中人一樣，一舉一動都要按規範去做，從兒童心理學來說這更是一種拔高式體罰，但爲了李家的興旺，李淵忍了忍，決定認了。

龍生龍，鳳生鳳，李淵小子作爲高智商的後代也不同於一般兒童，他從小就喜歡

讀書，從四書五經《漢書》《史記》到小說漫畫，無所不讀，幸虧他生活的年代應試教育還沒開始，不用擔心高考和工作。李淵從小的惡讀沒有白費功夫，他很早就學會了爲官之道，精通了厚黑學。

周宣帝去見馬克思之後，兒子周靜帝才八歲，李淵的姨父楊堅（**周靜帝的外公**）乘此機會做了國務院總理，名爲替老闆分憂，實爲想取代老闆自己單幹。地方一些軍閥頭目看不慣楊堅舉動，想搞武裝對抗，結果被楊堅一一幹掉，從此楊堅成了黨、政、軍一把手，皇帝反而成了花瓶式人物。

少年李淵感觸最深的一件事就是在西元五八一年，姨父楊堅罷免外甥周靜帝，正式組建「隋朝實業發展公司」，並自任第一任董事長，親戚之間的爭鬥讓李淵感受到了現實的骨感，更深感自己的厚黑學水準還有待提高。

姨父楊堅的登基對李淵的影響很大，以前他只是在書裏看到君臣之間、朝堂之上一幕幕的陰謀詭計和殘忍殺戮，但是這一切在今天都變成了活生生的現實。更令李淵困惑的是，這是發生在家族內部的事，親戚之間或多或少的血緣關係，並沒有爲創建和諧家族提供多少保證。

大唐帝國開國皇帝李淵光鮮的背後，充滿了刀光劍影，皇宮內外是明爭暗鬥，李淵用各種手段網羅民心的同時，又千方百計地將自己前進道路上的各種阻礙給掃平，血色的堆積淬煉了帝王的金黃！呵呵，一將功成萬骨枯，哪個皇帝不殺人！

七歲的李淵因父親李昺無奈的撒手西歸，用幼小的肩膀擔負起興旺李氏家族的重大使命，官場的禮儀規則折磨著一個幼小孩子的心靈，小小的李淵被封建禮教訓練得循規蹈矩，倒也不失天真可愛。真可謂老天要想讓哪一個人成爲人物，必定要給他一定的鍛煉喲！

敗家子接班人

李淵的姨父隋朝開國皇帝楊堅，在位廿四年，勤儉節約，創新了許多有用的制度，又非常敬業，把國家搞得還不錯，算是國富民強了。可不想，他的接班人卻是個敗家子。這人就是中國歷史上赫赫有名的大暴君——隋煬帝楊廣，可惜出的是惡名。

楊廣是一位超級大帥哥。雖說生在帝王家，沒一點生存的壓力，但自小就是個有理想、有抱負的文藝青年。愛好文學和藝術，會寫詩、作文、譜曲，可說是精通琴棋書畫的人才，少年的楊廣吟詩作賦，文章寫得好，又講禮節，還是很討人喜歡的。

中國的老百姓，歷來都是很有忍耐性的，這也是中華民族的優良傳統之一。忍耐順從這個良民應具備的基本素質，是很對封建社會統治階級胃口的，方便他們隨意剝

削、壓榨底層人民的血汗。「只許州官放火，不許百姓點燈」，官府胡作非爲、魚肉百姓的事情，在那個時代算不上是什麼新聞。

天下已經大亂，有道是撐死膽大的餓死膽小，有些有想法的人就開始混水摸魚了，各色人物摻雜其中。不但有官逼民反的農民起義遍地開花，各地手上握有兵權的官員，也心急火燎地造起反來，「流感」大爆發！這時，楊廣的姨表哥李淵，也受了傳染，不甘寂寞，有些蠢蠢欲動了。

西元六一五年，也就是隋大業十一年，這年夏天，天氣有點熱，又沒空調，楊廣只好到太原的汾陽宮避暑。爲保證自己的安全，他任命表哥李淵爲山西、河東撫慰大使，負責鎭壓今天汾陽河谷一帶的農民起義軍。李淵自然不敢怠慢，又推薦他的好哥們夏侯端爲副使，楊廣同意了。

一日，李淵與夏侯端上完班後，一起飲酒作樂。見周圍無人，夏侯端又賣弄起嘴皮子：老兄啊，俺夜觀天象，看到代表皇帝的玉床、帝座等星星，都眨吧眨吧的，搖擺不定啊，歲星又居於晉陽，這可是真命天子將在晉陽發跡的預兆。老兄雄才偉略，一看就知道是個做皇帝的胚子。

夏侯端向李淵敘說外面流傳的晉陽有帝王之兆民謠，說這些都跟李淵兄蠻符合的，爲什麼呢？李淵除了每天喝酒、賭博、玩女人外，還是認真做好本職工作——鎭壓轄內的農民起義軍。同時，他還做了一件不尋常的事，就是改編民部尙書樊子蓋鎭壓敬盤陀起義軍，並實行殺光、燒光、搶光的「三光政策」。

李淵的「三光政策」，其實是採用軟硬兼施的手段對付各種地方部隊，有願意投降的，全部改編到自己的部下，不願意投降的，呵呵，那就不客氣啦，一律死啦死啦的，結果是好多的不願意投降自己麾下的都去陪閻王喝酒啦！這樣做的效果很顯著，有效的增強自身實力並消弱對立者的力量。

說李淵實行「三光政策」可是不冤，爲了鞏固皇基寧可錯殺三千沒錯過一人。小小年紀的李淵不是吃素的，從小在宮中生活，看透了皇宮內幕，更知道怎麼樣才能鞏固自己的地位，所以他的骨子裏充滿了智慧，殺人不用刀，害人不償命，做事不露聲色，一個個絆腳石就這樣消失在眼前。

楊廣最喜歡搞專案，給自己的專案美其名曰「四搞」：第一個是大搞土木工程，興師動眾搞得是熱火朝天。第二個是搞聯歡活動，全國上下是熱熱鬧鬧、沸沸揚揚。第三個是大搞旅遊，乘船駕馬四處巡遊，遊山逛水花天酒地。第四個是大肆侵略，看不順眼的就打。這一搞二搞不亡國，三搞四搞見效果。

俗話說得好，三個臭皮匠頂個諸葛亮，一個正確的決策，僅憑皇帝拍腦門決定是不行的，很多時候還需要大臣們的群策群力。但是皇帝的威嚴，很多的大臣怕摸皇

帝的老虎屁股，對於皇帝的決定不敢提反對意見。沒有眾人的反對，皇帝會越來越自負，認爲自己所有的決定都是正確的，有時就會爲國家帶來嚴重損失。

在楊廣同志的「正確領導」下，當時的隋朝可以說是破鼓萬人捶，農民起義、王公貴族造反遍地開花。楊廣就像驚弓之鳥一樣，恐懼到了極點，看誰都像造反的，尤其在經歷了楊諒、楊玄感的事件後，他對掌握兵權的王公貴族們更是猜忌，又聽到李淵在弘化郡頗受屬下擁護，所以楊廣那雙陰森的眼神就盯上了李淵。

第二天，李淵在拜見專使時將白花花的銀子遞到了專使的面前。專使看到白花花的銀子時，頓時樂開了花，但還是故意地問李淵：「李大人，這是爲何？鄙人無功不受祿啊！」這句話說得很有學問，其中的潛台詞是：李淵，如果你有需要幫忙的事，儘管明說。銀子我得收得明白。

楊廣的聯歡活動絕對有創意，具體來說就是搭一個兩平方公里的巨型大台，彙集當時全國所有的演藝明星和知名樂團，通宵達旦地在上面又唱又跳。而且讓這些人都穿上錦繡的彩色衣服，爲了製作這種衣服，當時長安和洛陽兩個城市的彩錦幾乎全被用光。

李淵用酗酒（天天泡在酒桌上，整天是暈暈乎乎的）縱色（投懷送抱的各色女子不算，只要看著順眼的一律哄騙到手）計騙楊廣，沉湎觥籌交錯，貪戀美女讓楊廣認爲他平庸無能，不會給自己造成威脅，給了他登基的機會。糊弄人還是有一套的！不然如何登基？

李淵的妻子竇氏，肚子十分爭氣，先後生下四個兒子：大兒子李建成，二兒子李世民，三兒子李元霸，四兒子李元吉。只可惜三兒子李元霸幼年夭折。猛男美女出才子，酣戰之下出將才，這話一點兒不假。

李淵的老婆竇氏長得如花似玉，她是周宣帝的外甥女，很有才能，給丈夫提出了許多合理化的建議，對丈夫的事業有很大的輔助作用，也許是操心過度，年紀輕輕的四十五歲那年得了個治不好的重病，雖然請了當地有名的醫生，卻醫治無效離開了李淵。這正應了「好人不長壽，禍害遺千年」！

楊廣雁門被困之後，可是把這個皇帝急壞了，焦急得如熱鍋上的螞蟻，李淵二兒子李世民用「扯虎皮，拉大旗」的疑兵之計，騙住了突厥人，穩住了民心，救了皇帝，贏得了楊廣的信任。

李淵學著三國的諸葛亮大唱空城計，成功欺騙了突厥的大部隊，並借機出奇兵一舉打掉了突厥人的銳氣，要知道，從古到今這個世界就是能人的天下，膽量和謀略同等重要，智謀不是一天修煉來的，能人的智慧有時是天生的。

楊廣和李淵兩人是表兄弟，兩人的娘是同父異母的親姐妹，李淵的娘是獨孤信和

正房郭氏所生的四小姐，楊廣的娘獨孤加羅是獨孤信和小妾崔氏所生的七姑娘！兩人還是親家，楊廣的親生女兒楊氏在隋亡後嫁給李世民生了吳王恪和蜀王諳；從侄女楊氏先嫁給李元吉後嫁給李世民，另一位從侄女楊氏做了李世民的偏房。

對於李淵來說，生存似乎永遠是最重要的！大業十一年，正是李淵事業、地位雙豐收的時候，他被楊總裁任命爲山西河東慰撫大使。這麼說吧！李淵先生終於回到了他嚮往已久的地方政府工作了！正如猛虎出籠、蛟龍出水……

在隋朝，只要你是貴族，想成爲公務員是再容易不過的了！不是貴族也無所謂，可以參加科考嘛！這條路在當年因爲太過吃香，所以就好比百萬雄師，過木橋。運氣好的就過去了，那運氣不好的呢？也不要緊，最多掉下去。等明年，重新來過！因此，所有的貴族子弟們可以跳過！其餘的則留下來，學習挑選後台！

李淵在位的武德時期，宮廷生活相對來講是比較奢華的，大家應該還記得玄武門事變後，尉遲敬德進宮面見李淵時，李淵正在開鑿的人工湖裏泛舟，由此可以想像出武德時期宮廷生活是多麼的奢華，當然也可以想像出老百姓的負擔是不輕的。

李淵在楊廣總裁面前經常會說一些「陛下，我對您的敬仰，猶如滔滔江水……」之類的話！我們不得不承認，李淵出色地運用了處世之道。但他不是爲了升官，而是爲了儘快離開中央！他厭倦了勾心鬥角的鬥爭，他受夠了！可他又不想失去功名利祿！於是他選擇了去地方扶貧開發！

人的運氣是不會一直不改變的！大業十三年，李淵幾次敗給突厥，李淵認爲兵敗之事決不能告訴皇上，以他的脾氣，我非死不可！李世民一語驚醒夢中人：「老爸，面對現實吧，事已至此，我們唯有造反一途，拚死一搏了，至於福利待遇和身家性命，就要看上帝的臉色了。」

李淵想起兵，就要先擁有一個良好的後援保障！現在楊總的「大隋企業」，雖然危機四伏，但瘦死的駱駝比馬大！它與以李密爲董事長的「瓦崗集團」、竇建德的「竇氏集團」、杜伏威的「杜氏集團」，合爲大隋政治界的巨頭。而李淵想成大事，經過考慮之後選擇和李密、突厥搞好關係！

你以爲和突厥搞好關係是開國際玩笑，那就錯了！打歸打，鬧歸鬧，關係還是要拉的，送禮是必須的，送禮？送什麼？美女？這世道，兵荒馬亂的上哪找去？就算找到又如何？突厥那地方沒人願意過去，強扭的瓜不甜。送名馬？人家突厥的馬，比哪兒的都多、都好！那就送珠寶吧！估計世上沒有不貪財的人！

隋末楊廣四搞之一就是大興土木工程建設，在此事上最高興的當然莫過於各級官吏。因爲，往上可以剋扣下撥的建設資金，往下可以趁機揩農民的油，所以，進行建設在封建官僚的眼中是發財的極好機遇。

楊廣喜歡大興土木工程建設，這個需要徵召大批的勞工，而且在上下盤剝之後到老百姓手中的薪酬極低。對於老百姓來說，這肯定是一種難言的痛苦。民雖愚，但並非沒有理性計算成本的時候，在他們有限的認識當中，蟻民們覺得忍無可忍的時候，乾脆就放棄了最後的理性。

制度永遠與人性做著博弈。隋朝建國不久，國家籠絡知識分子的各種制度因為各種原因開始慢慢失去作用，這便讓很多懷才不遇的知識分子被迫流落民間。從西元六一一年的春天開始，隋朝各個城市的大街上，經常可以看見農民朋友們駕著「起義」的馬車從田地裏走來。

李淵爺倆密謀造反，但造反是需要理由的，於是李淵想了個損招，他冒充楊廣發佈了徵兵詔書，要求二十歲以上五十歲以下的人全部去戰爭打仗，這可是缺了大德了，老百姓無不對楊廣咬牙切齒，渾水摸魚的李淵爺倆看到時機成熟，便開始了他們的造反之旅。

Q 成立唐朝新公司

西元六一七年，李淵掃清了自己身邊的障礙，在晉陽宮起兵造反。造反這事情大

家知道，風險很高，利潤也絕對夠豐厚。新公司成立初期，李總身邊的人能出錢的出錢，能出力的出力，爲什麼？爲了拿到原始股，有了這個，以後肯定能數錢數到手抽筋的。

李淵新公司開業，人緣廣來祝賀的也多，這幾天李總心情忒好，右眼皮直跳，左眼皮也想湊下熱鬧。連突厥人都不請自來，看到好的東西就搶，搶不走就打、砸、燒，敢情人家不是來送賀禮，是來砸場子的。這事情讓李總心情一落千丈，公司開張遇到這種情況，窩心啊。

突厥人是遊牧民族，有些生活必需品需要和漢人以物換物才能得到。時間久了，一些突厥人覺著禮尚往來太費事，直接打劫多好，喜歡的拿走，不喜歡的就地銷毀，沒什麼技術含量，也不需要太多規矩。主人樂意送就拿，不樂意就搶，還能鍛煉身體，就當是多了項娛樂活動。

突厥人搶得很盡興，作爲晉陽人民父母官的李淵可坐不住了，新公司開張以後還要靠勞動人民才能做大市場，這老是被別人搶，人民不能安居樂業，公司業務沒法開展，關門大吉是早晚的事。萬事和爲貴，和談吧對方要自己把領導的位子讓出來，這要求沒法談。既然談不攏，那就打吧。

中原人作戰，純步兵的話拚人數，人多了吐口吐沫淹死你。李淵看看自己手裏那

點兵，冷靜分析了下對手，突厥騎兵突襲速度快，你吐沫沒出口，人家馬刀就架你脖子上面開搶了，這麼看硬拚是不行的，那就等待機會吧。以弱勝強這種事情很少，不是沒有，要好好想下對策，打垮對手。

老江湖李淵這一刻諸葛亮靈魂附體，開始玩起空城計。計畫是向突厥騎兵示弱，引誘對方攻城，待對方到眼前時，城內護衛殺出，城外埋伏的奇兵突襲，兩頭夾擊，讓突厥騎兵好好歡樂一下。問題的關鍵就是怎麼騙突厥騎兵，估計寫一標語歡迎突厥代表團到我山西訪問交流，這樣子是行不通的，穿越劇最不靠譜。

兵不厭詐這個道理突厥人也是知道的，所以在面對一座空城的時候，謹慎地派出了敢死隊前去探路。但是對方城門大開，死一般的寂靜。這暴風雨來之前的寧靜太可怕了，就像是死神張開了獠牙，安靜地等待我們自己送上門去，壓力山大啊，我媽喊我回家吃飯，咱不玩了，撤。

李淵的奇兵在突厥騎兵回撤時突然現身，給敵人來個逆襲，但關鍵是要確定敵人回撤完的時候才能現身，敵退我追殺起來多爽快，但時機把握得不好反而會被對方前後夾擊包餃子。儘管這個細節李淵想到了並再三強調，沒想下屬王康達和楊毛的執行能力太差，敵人誘惑了一下他們就不淡定了。

做大事者遇事淡定多思考，不爲表面現象所迷惑，這樣才能少做錯事。王康達和楊毛畢竟太年輕，看到突厥人座下膘肥的馬匹時不淡定了，等他們撤完還能拿什麼邀功請賞，現在就現身追擊。敵不動我不動，敵一動我就動得亂七八糟這是不行的，會吃大虧的。

王康達和楊毛的輕敵大意給自己和手下的小兵們帶來了滅頂之災，被人前後夾擊那是鬧著玩的？最終王康達和楊毛被突厥騎兵逼得跳了汾水河，王康達不幸溺水身亡，只有楊毛和兩百餘名士兵僥倖游到了對岸。看來，多學門技術活多條出路不是亂說的，有些時候還可以救命的。

李淵和突厥人的第一戰，因爲下屬的執行不到位，本想殺下突厥人銳氣，卻損失了一員大將和很多士兵，偷雞不成蝕把米。儘管有損失，但埋伏奇兵這一招也大出突厥人的預料，錯認爲王康達、楊毛戰敗是李淵故意在作秀，引誘大部隊進城，這種沒譜的事情讓突厥人很是糾結，不能輕易進攻那就騷擾圍觀吧。

李淵下棋的水準還是可以的，既然出了昏招，想辦法挽回就好。突厥人一直在外面挑釁圍觀，嚴重影響新公司的業務開展，那要讓他們知道自己是一個有能力扭轉被動局面的人。新公司啓動資金少，可以融資的嘛，只要能招來人馬，擴大規模，就突厥人現在這種圍觀的態度，早晚要回去洗洗睡的。

兩軍相遇，特別是攻城戰，攻的一方只需要集中兵力猛攻，能打開缺口破防就算

勝了。但現在突厥騎兵看著眼前的晉陽城卻是滿肚子的幽怨，貿然進攻怕中埋伏，打劫事業進行得也不順利，咱們不是來旅遊觀光的啊，長期耗著這搶來的東西自己消耗完的話不是白搶了麼，李淵你到底搞哪樣嘛！

李淵的新計畫是這樣的，你突厥騎兵那麼多人的吃飯問題要解決吧，本身是來打劫的帶的口糧肯定不多，晉陽城周圍的糧食也被你們搶得差不多了，我就先是跟你耗，沒東西吃了你自己走人。同時要派人去融資，把自己變得強大，就算是你餓急了找我硬拚，也不一定是我先翹辮子。

融資這個事情要看人緣和當時的大環境的，李淵的新公司剛成立，能拜訪的大戶們早拜訪過了。新公司不是很正規，很多業務還要和楊董事長的大公司搶，收益基本沒保障，這種情況，投資人肯定是往大公司投錢的，瘦死的駱駝比馬大，你小公司萬一哪天破產，估計一毛錢都要不回來，全部打水漂。

融資的事情正規管道搞不定，有沒有其他辦法呢？不行就拆東牆補西牆好了，這也是一般公司資金出現問題時常用的辦法。但李淵不愧是老江湖，老把戲玩出了新花樣。具體做法就是每晚將一部分人員秘密地派遣出城，當第二天早晨突厥兄弟睡眼惺忪起床的時候，這部分人員冒充新員工，敲鑼打鼓地進入城中。

李淵的新公司每天都有新員工入職，聲勢愈發浩大，突厥人的心裏卻越來越沒底。一開始我技術、資金都佔優勢，搞垮一小公司沒壓力，但現在情況逆轉，對方越來越強勢，像是有金融大鱷無限注資一樣，看樣子融資後都準備上市了，搞不好會把自己弄破產，不能這樣子玩啊，還是及早收手的好。

在資本市場的角逐中，情況是瞬息萬變的，能不能把握住機會是關鍵，不然隨時有可能翻盤。開始李淵處於劣勢，弄巧成拙，但突厥人沒抓住機會死磕，還自始至終被李淵用疑兵計忽悠成功，還有了不戰而屈人之兵的效果。最終，這場戰爭的勝利屬於李淵，成功領導者的能力、素質是保證。

最佳外交大使

新公司開張就遇到各種難題，還好都被一一化解了，李淵老總吐了一口氣，卻還不是放輕鬆的時候。首先，突厥人只是暫時撤退，搞不清楚什麼時間又會來打劫；再者，公司業務範圍跟楊董事長的一樣，搶地盤是少不了的，但怎麼搶就大有學問了，太高調肯定被直接拍死，低調求發展才是正路。

李淵老總確定了低調發展的方針，那麼擺在眼前的問題就是安撫突厥人，解決外憂。穩住突厥，武力解決顯然是行不通的，唯一可行的辦法就是：懷惠。所謂「懷

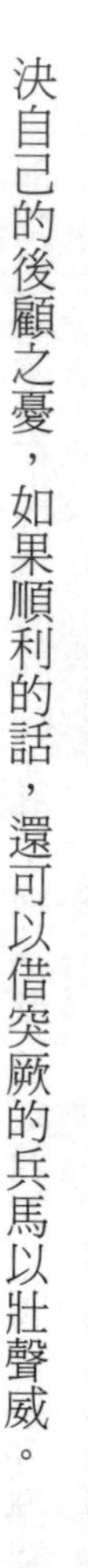

惠」就是給予對方一些恩惠，暫時地妥協於對方。對突厥實行「懷惠」，不僅可以解決自己的後顧之憂，如果順利的話，還可以借突厥的兵馬以壯聲威。

在政治鬥爭和軍事鬥爭中，沒有永遠的朋友，也沒有永遠的敵人，利益決定一切。李淵作爲一個深謀遠慮的政治家和軍事家當然明白這個道理。自己手裏有什麼是突厥可汗想要的呢，金銀珠寶這些是不錯，但目前公司沒有啊，沒有就先空口承諾，你確定支持我再給實際的。

在無線電和電話出現之前，相距很遠的人們交流需要派出信使來回折返傳遞消息。李淵給突厥可汗的信件已經寫好了，派誰去呢?不如開個會，給大家一個表現的機會。但會上眾人保持沉默，李淵有些失望，但是他能理解這些人。因爲突厥是個野蠻的民族，也許這一去，就永遠回不來，而生命只有一次。

獲取領導好感的方法之一是要能爲領導排憂解愁。在李淵最需要幫助，眾人沉默的局面下，劉文靜打破平靜，自願前去出使突厥。劉文靜機智多謀，善於外交辭令，和突厥人打過多次交道，是相當合適的人選。

突厥可汗一見劉文靜就直接說：「文靜小弟弟，你是代表李淵來找貸款擔保人的嗎，只要李淵肯投靠我，沒問題。」劉文靜冷靜應對：「李總公司現在有天使投資人大把地砸熱錢，目前準備上市，始畢老總倒可以過來搭順風車。」

劉文靜出使突厥，是爲了誘突厥可汗對李淵的公司投資，不是去占嘴皮子便宜的。因此占了便宜後要給對方些面子，「李總明白，可汗主動退兵是顧及到山西的百姓，不忍心讓山西的百姓失業啊！」這話說得可汗心裏可得勁了，態度開始改善。劉文靜抓住時機把李淵的信件呈上，談正事要緊。

突厥可汗把李淵的信看完後，不由得開始冷笑。信中承諾說只要突厥幫忙把楊董事長騙住，就給予海量的資金作爲回報。可問題也在這，你李淵開了一個小公司就想把老楊的大公司鯨吞，成功的可能性不大，反而想拉我一起蹚這渾水。那好嘛，你可以直接向老楊宣戰嘛，我在旁邊助威就好，出場費打過來先。

信件送到，劉文靜作爲信使的任務算是完成。可是突厥可汗要求李淵向楊董公司高調開戰，這是違背公司既定方針的，「始畢老總，李淵老總原先是楊董公司的，後來自己創業開公司也是靠搶原先公司的客戶生存，太高調了生意不好做啊！」事情辦成這樣可辜負了李總的期望，但突厥人的態度也很強硬，糾結啊！

始畢可汗是突厥的大領導，城府很深的。你李淵想借我的力量做大，當我腦子進水啊，你公司做大了反過來跟我競爭的話怎麼辦。不如你自己去跟楊董死磕，我在旁邊圍觀，可以給你口頭鼓勵嘛。一旦他們拼死相爭，肯定會兩敗俱傷，到時候我再殺出來打掃戰場，搞定你們兩家公司也是有可能的。

出使突厥，帶去了李淵的信件，帶回了始畢可汗的信件，劉文靜的使命基本完成，卻沒有達到預期效果。果然李淵看完始畢可汗的書信後不淡定了，這融資的條件太苛刻還相當陰險，看來自己埋頭求發展的打算被別人看透了。現在要做的，就是做些事情讓突厥人對我有信心，傻呵呵地打錢過來支持。

李淵找突厥可汗做對手，算是旗鼓相當，但事情拖久了也不好，得想辦法儘快解決。那好吧，既然自己想不出好辦法，就集體開個會，充分發揚民主作風，集思廣益。李淵的好兒子李世民提出一個好想法：「咱們可以繼續搶楊董公司客戶，但名義上說是楊董的客戶主動找上門來的，大家關係也不錯，推不掉。」

李淵採用李世民的計策，暗地裏吃掉楊董不少客戶，外面卻逢人訴苦說自己勸服客戶跟楊董繼續合作有多辛苦，客戶還不買賬。始畢可汗，你讓我做的也盡力做到了，等你表現哦。按照先前的約定，我公司在和楊董競爭的情況下，業務開展得還算順利，再看不到投資，那後期收益你就別指望能分到一杯羹。

李世民的計策，在於將楊廣與隋朝區別對待，你可以認爲這是文字遊戲，也可以認爲這是政治策略。你始畢可汗不是討厭楊廣嗎？你的敵人就是我的敵人，爲了我們的聯合大計，我就反對楊廣。但是請注意，反的是楊廣，不是隋朝！好了，現在突厥可汗的要求滿足了，那麼大家聯手準備開創一個新天地吧！

李淵採用李世民的建議，並且在此基礎上「興義兵以傳檄郡縣，改旗幟以示突厥」。改旗易幟，這標誌著李淵的事業進入了一個全新的階段。以劉文靜爲代表的一方認爲現在應把突厥人放在首位，採用突厥的白色旗幟；以裴寂爲代表的另一方則認爲應把「尊隋」放在首位，採用隋朝的紅色旗幟。看來要讓雙方滿意，難啊。

傾向突厥用白旗，傾向隋朝用紅旗，雙方都不得罪，讓雙方都滿意，到底該怎麼做才能將風險降到最低？極其講究鬥爭策略的李淵在李世民「中庸」計策的啓發下，做出了最終決定，紅白相間旗。這下，突厥、隋朝算是應付過去了，劉文靜、裴寂的爭執也徹底消停了。

劉文靜再次出使突厥，將李淵「反楊廣，立代王」的意圖告訴了始畢可汗，並且特別交代歡迎突厥軍隊支援，事成之後金銀財寶歸突厥所有。始畢可汗真沒有想到，李淵打「擦邊球」把自己應付過去了，考慮到自己沒有足夠的把握搞定這個潛藏在身邊的對手，聯合的話事後還有利益可賺，那麼合作是最好的選擇。

始畢可汗決定支援李淵，派柱國康鞘利領騎兵兩千，隨劉文靜來到太原。兩千騎兵，這個數目不是很多，因爲始畢可汗讓康鞘利來到太原，不僅僅是爲了支援李淵，事實上他還準備向李淵推銷自己的馬匹，商談馬匹互市。你李淵想要平定天下，不知要打多少次仗，突厥人的馬匹，很適合行軍作戰，多多益善！

李淵做事是很講究策略的，眼下正需要馬匹，你突厥也提出馬匹互市，我同意。但從突厥人手中購買馬匹必須有節制，如果讓他們瞭解了自己缺少馬匹，這樣會助長突厥人的貪欲，從而抬高價錢，很不利於長期合作。再者，突厥人瞭解到自己前期準備工作不充分，可能不會堅持長期合作的打算，這件事情要慢慢來。

突厥這邊算是穩定住了，李淵暗地裏大肆搶奪楊董公司的客戶，作爲公司董事長楊廣怎麼會咽得下這口氣，製造點小摩擦那是必須的。李淵的兒子帶家眷投奔父親的途中，被楊廣派出的打手堵截，第五個兒子李智雲不幸被抓，押送長安後被砍了頭。聽到這個消息，李淵雙眼滿含淚水，也堅定了打垮楊廣的決心。

「反楊廣，立代王」這個既定方針爲李淵指明了前進的方向，當時李密剛剛打敗隋軍，再次攻佔了回洛倉。楊廣急忙派江都通守王世充、河南大使虎牙郎將王辯、河北大使太常少卿韋霽等率各部增援洛陽。長江北岸的隋軍全部集中在洛陽，準備對付李密。而長安守備薄弱，這麼好的時局，向目標前進吧！

Q 低調做事才是王道

西元六一七年七月五日，李淵召開出師長安的動員會。面對著三萬多身穿鎧甲的戰士，李淵豪情萬丈：「我承蒙老董事長楊堅的恩惠，才有今天。如今楊廣無道，巡幸無度，親信小人，致使天下生靈塗炭。不得已高舉義旗，願尊奉代王，討伐楊廣，解救天下蒼生，你們一起來麼？」三萬甲士齊聲高喊「我們願意」。

造反這種事情，風險很大，做個戰前動員，弄個誓師大會，統一下思想，是很有必要的。楊廣你爲了巡幸興建京杭大運河，多少民工爲此送了命；寵幸宇文化及這些小人，延誤朝政，民不聊生。在楊廣統治下大家是沒有活路的，跟著我李淵「反楊廣，立代王」開創一個全新的局面，美好的生活在向大家招手。

李淵打著解救天下蒼生旗號造反，也確實是這麼做的。率軍到達山西汾陽城後，慰勞城中百姓，救濟貧困，這使當地的老百姓很受鼓舞，紛紛前來投奔。李淵根據來投奔的人的才能，分別授予官職，儘管授予重要官職的人並不多，大部分人被授予的都是一些虛職，但這一行爲極快地壯大了自己的力量，擴張了聲勢。

得民心者得天下，心繫百姓，老百姓才會擁護你。缺人，不用拉壯丁就有人投奔你。當時在西河郡流傳著一句話叫：要做官，找李淵！可見李淵當時的聲勢有多大。雖然授予的官職多半是閒職，但新生血液的注入，會讓大家感覺更振奮。來的都是人才，是金子總是要發光的，每個人的微弱星光彙聚成了刺眼的光芒。

「反楊廣，立代王」這是李淵的口號，代王楊侑卻不是這麼想的：什麼反對楊

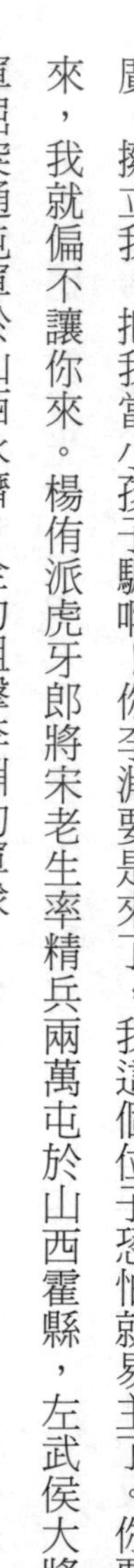

廣，擁立我，把我當小孩子騙啊！你李淵要是來了，我這個位子恐怕就易主了。你要來，我就偏不讓你來。楊侑派虎牙郎將宋老生率精兵兩萬屯於山西霍縣，左武侯大將軍屈突通屯軍於山西永濟，全力阻擊李淵的軍隊。

李淵在面對宋老生和屈突通兩個強敵堅守的要塞時，老天爺也湊熱鬧調戲了他一把，嘩啦啦的大雨，下個不停，道路泥濘，軍隊無法前進。如果兩個強敵聯手在前面堵截，身後再有隋軍來攻，這樣被包餃子可是有可能全軍覆沒的。雖然傳來部將張倫攻克離石、殺太守楊子崇的捷報，但是李淵的心情依然沉重。

前有強敵堵截沒辦法強行突破，又適逢連天大雨，李淵軍隊一開始高漲的士氣隨著降落的雨水一點點地降溫，搞得李淵心情很是低落。造反的大旗立起來了，聲勢造起來了，現在打退堂鼓已經晚了。既然箭在弦上不得不發，想辦法解決困難才是最緊要的，而且將來還有更多的困難等著我去克服，堅持下去才有希望。

一個人面對強敵的時候，橫衝直撞是很需要勇氣的，結果也是不可預期的。想事周全的李淵是不會冒著崩盤的危險和楊侑死磕的，聯合他人一起克服困難才是最可行的。突厥聯合過了，可以聯合李密嗎？李密現在糧餉充足，剛打了幾個大勝仗，實力超過李淵很多倍。不用太擔心哦，親！聯合強者可是李淵最拿手的。

李密的瓦崗寨聚集了很多英雄，大家是知道的，又接連打敗隋軍，獲取了隋軍的大批軍事物資，同時又據有洛陽周圍的幾個大糧倉，底氣是很足的。洛陽已在手中，長安早晚也會是我的，天下也終將是我的。這麼個情況，你李淵想要聯合，可以嘛，過來做小弟，我做大哥，只要乖乖聽話，多個人多個幫手總是好的。

李淵進攻長安遭遇挫折，不得已打算聯合李密，李密跟自己的目的一樣，都是想拿下長安，君臨天下。但現在李密的實力是自己的很多倍，如果再和他鬧翻，自己恐怕就徹底地墜入深淵裏了。李密現在聲勢很大，就有些飄飄然和自我膨脹，所以李淵決定放低身段，主動向李密示好，這個是自己的拿手好戲了。

李密收到李淵恭維的信件，自信心高漲到爆表了，這天下早晚會歸我所有。但想到李淵也不是個實在的主，試探下還是很有必要的。李淵啊，雖然咱們不是一個村子玩大的，但既然都姓李說明五百年前是一家，緣分啊。這聯合可以，但要選個主事人出來，我作爲盟主發號施令，你在身旁協助，這樣咱們才能勁往一處使。

李淵給李密寫信示好，是爲了聯合他共同抵抗隋朝的大軍，沒想到自已稍微恭維了下，李密就找不到南北開始裝大哥了。但是想到自己身邊劉武周、竇建德、杜伏威這些猛人單憑自己實在是扛不住，你李密想當盟主就隨意吧，反正槍打出頭鳥，多吸引些火力挺好。現在狂妄自大，以後有他爲自己狂妄自大埋單的時候。

李淵認同李密做自己領導，也是沒辦法的事情。一是人家比咱強太多，不能得

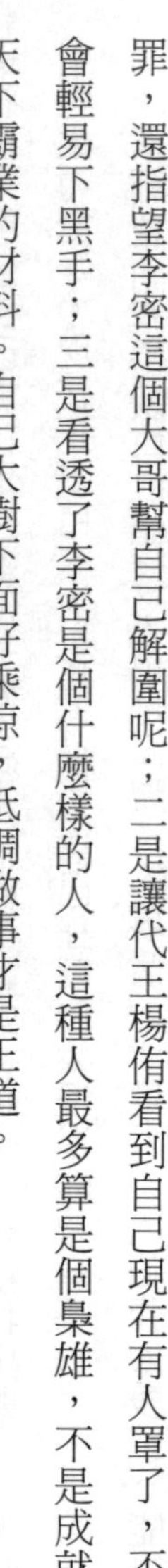

罪，還指望李密這個大哥幫自己解圍呢；二是讓代王楊侑看到自己現在有人罩了，不會輕易下黑手；三是看透了李密是個什麼樣的人，這種人最多算是個梟雄，不是成就天下霸業的材料。自己大樹下面好乘涼，低調做事才是王道。

李淵讓隨軍秘書溫大雅給李密寫了封回信，在信中繼續吹捧李密，稱他當盟主是眾望所歸，一個英明的領導才能爲聯合軍指明前進的方向；還說自己年老力衰，準備在太原安度晚年，隻字不提進軍長安的打算。但就是這樣一封虛情假意的信，李密看後卻大喜過望，專心地對付洛陽周圍的隋軍，甘當李淵的「炮灰」。

女婿牌激將法

在騙人方面，李淵是高手，聯合突厥、李密就是例證，但騙來的東西都不是很可靠的，因爲忽然傳來了突厥人和劉武周乘虛襲擊晉陽的消息。晉陽是李淵的根據地，手下將士的家屬都在那裏，如果此事屬實的話，必須撤兵回防，不然將士在外，家中親人的安全無法保障，士氣肯定會變得很低落，人心會大亂。

前有堵截，後方不穩，李淵此刻的心情複雜極了。突厥人唯利是圖並不可靠，大將裴寂對突厥人襲擊晉陽持肯定態度，建議撤兵回救，確保根據地的安全。但撤兵的話，萬一敵人故意散佈對我軍不利的謠言，軍心必然渙散；前方的強敵宋老生和屈突通主動進攻，李密再落井下石，那我們不一定能回到晉陽就完蛋了。

在進退維谷的時候，李世民再次站了出來，「突厥人真要是想進攻太原，為什麼不就近攻取離他最近的馬邑，而捨近求遠深入腹地攻取晉陽呢？就算是突厥人和劉武周合作也不一定是真心的，既然他們是為了利益才走到一起的，那咱們還可以做工作挽回一下」。但是無論其是真是假，李淵決定讓劉文靜再次出使突厥。

上陣父子兵，打虎親兄弟，這話一點不假。在李淵猶豫不決的時候，兒子李建成、李世民冷靜分析了目前的情況，後退的話，四周的敵人是不會輕易放過我們的，以前做的一切都白費了。只有堅定地向前進，繼續堅持才會有轉機。等大雨停了，孩兒若不殺了宋老生和屈突通，願以死謝罪。士氣就此穩定了下來。

李淵看到兩個兒子信心滿滿的樣子，激動萬分，下令勇敢前進。時局在李淵的堅持下也有了變化，河南、河北的隋軍主力，被李密、竇建德等起義軍牽制在洛陽一帶，無暇西顧。代王楊侑為了防備薛舉、李軌進攻關中地區，不得已從長安附近抽調了五萬精兵防守西線。在霍邑的宋老生陷入孤立，決戰的時候到了。

霍邑之戰，李淵是很重視的，這是起兵後與隋軍的第一次正面較量，打贏了取得開門紅，有可能一鼓作氣地打到長安；如果打輸了，士氣可能從此一蹶不振，一切都

要重新開始。一定要慎重啊，先讓女婿柴紹帶領偵察騎兵到霍邑城下偵察宋老生的軍情。柴紹是個聰明人，打算引誘宋老生出戰，借此瞭解對手的情況。

宋老生的兵力有三萬，基本上和李淵對等，有城門可守。因此柴紹帶著一些偵察騎兵上門討戰的時候，宋老生視而不見。柴紹也不是省油的燈，便對宋老生進行言語挑釁，說白了就是問候人家爹媽，這誰受得了，但每當宋老生怒不可遏地打開城門準備應戰的時候，柴紹卻一溜煙跑了，搞得宋老生鬱悶得不行。

柴紹一點人馬就想ＰＫ宋老生的三萬人馬，可不是人來瘋，這麼做是有目的的，就是試探下宋老生有沒有可以利用的弱點。三番五次的試探下來，柴紹發現宋老生屬於有勇無謀型的，聽到對手的叫罵，不管三七二十一就下令出戰，這種不冷靜的行爲很容易被對手算計。哈哈，得趕快把這個發現告訴岳父李淵。

從作戰形勢來講，宋老生是以逸待勞，而且又是堅守城池，而李淵卻是大老遠地跑來，要打一場攻城戰，宋老生處於比較有利的地位。但柴紹稟報的情報讓李淵對霍邑之戰充滿了信心，可以讓柴紹再次引誘宋老生出城，同時李建成、李世民埋伏在霍邑城門外。一旦宋老生上當，可以集結部隊進行圍堵，此戰必勝。

在柴紹的一再挑釁下，宋老生率大部而出準備將李淵一舉蕩平。剛一接觸李淵就開始撤退，這更激發了宋老生決勝的信心。但遠離了霍邑城後，卻看到本是逃兵的李淵在前方嚴陣以待。不好，中計了，趕快回城。宋老生的部隊剛準備撤退，周圍卻響起「宋老生已經被捉獲」的聲音，這消息不得了了，絕對動搖軍心。

李建成、李世民故意散佈宋老生被俘的謠言，目的就是擾亂對方的軍心，有利於自己的騎兵乘機掩殺。宋老生不愧是一員猛將，在如此險惡的情況下越戰越勇，終於殺開一條血路，漸漸地撤到了霍邑城下。但沒到城門口，讓他吃驚的一幕出現了，李淵在笑呵呵地等著他，宋老生頓時感到了絕望，最終被亂兵砍死。

守城的士兵在城樓上眼睜睜地看著自己的主帥被剁，自己卻無法上前，真想打開城門衝出去，拚個你死我活。可是，打開城門，李淵他們順勢衝進來可怎麼辦？唉，算了吧，領導已經讓人剁了，還是緊閉城門等待援軍吧。守住城池要緊啊！這個想法非常好，但他們的對手是李淵，堅守城池這個願望也註定要落空的。

李淵看到宋老生倒下去的時候，便下令猛烈攻城。連攻城的雲梯都沒準備好就下令攻城，爲什麼呢？時機，對方守城士兵眼睜睜地看著領導宋老生被剁成肉泥，驚魂未定，而我軍卻是士氣如虹，如果不趁此機會攻城，錯過了這個時機，等城中的人做好部署，恐怕攻城就很困難了。

在雲梯都不具備的情況下展開攻城戰，進攻一方的士兵可要遭大罪了，你得會爬牆或者踩著別人的肩膀才能攻上城頭，守城方人家也不會閒著讓你順利上來，圓木、

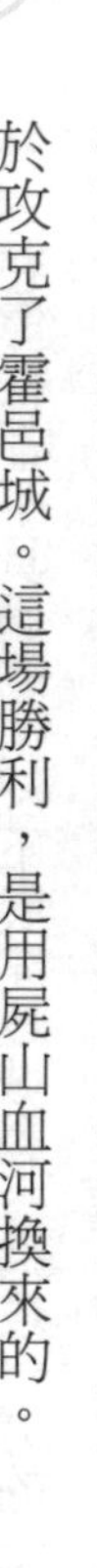

礌石、弓箭不停地往下面招呼，雙方以命相搏。經過了將近一個時辰的奮戰，李淵終於攻克了霍邑城。這場勝利，是用屍山血河換來的。

霍邑大戰後李淵巡視戰場，「血流蔽地，僵屍相枕」，如此慘烈的景象不得不讓人感慨：「今日無數的生命在眼前消失，無論敵我，大家都是爲了各自的目標在戰鬥。如果宋老生識大體，和我一樣以拯救蒼生爲己任，多少妻離子散的悲劇就不會發生。以後當以德服人，要儘量避免使用武力，用和平的方法解決問題！」

霍邑之戰以李淵的大獲全勝而告終，這也是李淵起兵以來，對隋朝作戰的第一次重大勝利。事後犒賞三軍，論功行賞這個是很有必要的。但李淵犒賞三軍的方式，有些與眾不同，那就是不論出身貴賤，即使你是隨軍作戰的奴隸，只要有戰功就能得到獎賞。這個決定在存在著等級觀念的封建社會是了不起的舉動。

李淵是扛著「反楊廣，立代王」的大旗造反的，對待敵人必須很冷酷，遇到阻擋前進的釘子必須拔除，但遇到人才也必須拉攏。李淵兵至絳郡的時候，守將陳叔達領兵堅守。這個陳叔達在文學方面是很有天賦的，小時候曾在宮廷宴會上用一頓飯的工夫，就寫了十首詩，還被人們爭相傳誦，具備超級寫手的資質。

陳叔達剛被俘的時候，李淵親自替他鬆綁並進行安撫，結果卻碰了釘子還被羞辱一番，看來得下劑猛藥。你陳叔達是陳朝人，當初楊堅愛惜您的才華，您屈尊於他，今日李淵同樣愛惜將軍的才華，將軍爲何執意不從呢？陳叔達是有投敵前科的，懂得裝純遭人輪的道理，搞不好還會丟了性命，算了還是從了李淵吧。

鯉魚躍龍門

西元六一七年八月十五日，李淵兵至龍門。李淵騎著戰馬站在黃河岸邊，忽然想起了「鯉魚躍龍門」的傳說，不禁浮想聯翩。今日我統兵來到龍門，不就是前來躍龍門的黃鯉魚嗎？如果起兵成功了，我將會成爲黃袍加身的真龍天子。難道，老天爺在暗示我會成功？如今造反尚未成功，爲了這個即將實現的理想努力奮鬥吧！

李淵的目標是長安，那就要渡過面前的黃河和面對屈突通重兵把守的山西永濟。不和屈突通交手，從龍門強渡黃河，直取長安的風險在於如果長安不克，背後就會遭到屈突通的攻擊；和屈突通交手，如果不能短時間解決他，長安的代王楊侑肯定會派兵支援，更難取勝。李淵陷入了兩難的境地，那就再開一次民主會吧。

在龍門召開的民主會上，裴寂的觀點是先擊敗屈突通，李世民的觀點是直取長安，雙方爭執不一。這時候任瑰站出來提出來一個兼顧雙方的方案：大部隊趁士氣旺盛急速渡過黃河，直取長安；小部分人馬進攻和牽制屈突通。這個方案非常好啊，既

利用了現在李淵軍大好的局勢也能防範屈突通背後使黑磚。

李淵採用了任瑰的建議並迅速作出了部署。首先命令王長諧和劉弘基及陳演壽等人率步兵六千人從梁山渡河，作爲先頭部隊。同時自己親率主力大軍，渡江入關，重點攻取長安。然後集中相當的兵力，組成偏師圍攻與牽制屈突通，確保大軍平穩渡過黃河。當大軍渡河成功後，偏師部隊再與與主力部隊會合。

李淵率主力成功渡過黃河後，立即命李建成和劉文靜、王長諧等率軍五萬人，進駐永豐倉，守衛潼關，防止洛陽的隋軍和屈突通部的增援，同時接應偏師部隊渡河。又命李世民率劉弘基等諸軍五萬人，沿渭河北岸西進，迂迴包圍長安。這兩路大軍的集結，都是以長安爲最終的戰略目標，決戰的時刻就要來到了。

Q 巾幗不讓鬚眉的「平陽公主」

平陽公主是李淵和竇氏夫人的第三個女兒，丈夫柴紹。在李淵大軍集結長安的時候，她帶著在鄠縣招募的七萬人投奔父親，並將這七萬人的指揮權交給了李世民。唐朝建立後，她的主要任務就是防守李家的大本營山西，駐守的地方原名葦澤關，因她率數萬「娘子軍」駐守於此才更名娘子關。

李淵起兵前，平陽公主作爲官二代，一直定居在長安過著相夫教子的平靜生活。但李淵起兵後，情況突然變化，全家人成了朝廷的通緝犯。被通緝後，平陽公主讓丈夫柴紹獨身去投奔李淵，而她則留下來伺機招募義兵，準備接應李淵的大軍。一個女人也能作出這樣的決定，那就只能證明一點，這是個巾幗不讓鬚眉的女人。

平陽公主拋棄了兒女情長，在送走丈夫後，她迅速離開了長安這個危險之地，前往鄠縣。平陽公主去那裏可不是避難，反而變賣了李家在那的莊園和產業，開始招募義兵，等待父親的到來。在短短的三個月內，她就招募了三四支在江湖上已有相當規模的起義軍，在那個時代，可以說是真正的女中豪傑。

統領七萬人的起義軍，平陽公主是怎麼做到的呢？要做一個讓人欽佩的領導，首先要具備超強的組織能力和應變能力，因爲參加義軍的人成分複雜，有些人的上一份職業甚至是強盜；然後是嚴於律己、寬於待人，不然身爲通緝犯的平陽公主早被人捆了去向朝廷拿賞金了；還要善於用人，這樣才能成功統領這七萬人。

聽聞父親李淵成功渡過黃河，平陽公主就帶領著招募的七萬起義軍前去會合，並把這七萬人的指揮權交給了李世民。後來唐朝建立後，率領數萬娘子軍駐守於娘子關防禦外敵，被傳爲佳話。最後，平陽公主戰死沙場，以軍禮下葬，她是中國古代歷史中，唯一以軍禮下葬的女性。這彪悍的人生讓人膜拜啊！

平陽公主作爲一名古代女性，當天下蒼生遭受苦難的時候，不爲兒女情長所困，而是把滿腔的熱情投入到解放勞苦大眾中，這是無私、博愛！自己辛苦招募了七萬人，卻能主動交出指揮權，這是大氣！貴爲公主，帶兵作戰、鎮守邊防樣樣做得好，不愧爲巾幗英雄。她精彩的一生註定在歷史長卷上留下濃重的一筆。

Q 政治課的哲學

屈突通在聞知李淵渡過黃河後，迅速領兵急救長安，還好李淵採用任瑰的計策留有部分人馬對他進行圍攻和牽制，屈突通在新封被劉文靜、王長諧部所敗，最終走投無路投靠了李淵。也不能說隋朝的將領們沒人格，關鍵是李淵待人寬厚，只要還願意做朋友，那先前的事情就按住不提。

打著「反楊廣，立代王」解救天下百姓的旗號，李淵得到很多老百姓的支持。在長安決戰前，李世民兵力十三萬人，李建成有五萬人，李淵有八萬人，共計二十五萬人之多。看到自己手中的兵力已經相當充足，李淵命令兩個兒子李建成和李世民向長安進發。不多久，這兄弟倆一北一東，對長安形成鉗形夾攻之勢。

李淵進軍至長安，屯軍於春明門西北，與李建成和李世民合兵一處。選擇武力攻城不是首選方案，畢竟自己起兵的口號是擁護代王楊侑的。這個有點像搬石頭砸自己腳，攻進長安，天下就在眼前，但輿論會對自己很不利，自己苦苦經營許久的好名聲有可能就此敗壞了。鑒於自己起兵時的口號，暫不進攻長安。

代王楊侑雖然年幼，對李淵起兵的真實意圖還是很瞭解的。看到李淵大軍已經把長安圍得水泄不通，只好命令長安衛文升、陰世師等嚴加防範，並派出信使讓附近的隋軍速速趕來支援解圍。李淵帶大軍是來奪取長安不是回家省親的，你楊侑不主動投降，那我不用武力也可以採取最拿手的政治攻勢嘛，慢慢瓦解你的防禦。

李淵決定採取政治攻勢給楊侑施加壓力，鑒於霍邑之戰中柴紹的出色表現，這次也是由他出馬。柴紹跑到城門前，開始對守城士兵進行攻心戰：「唐公這次帶兵來長安，是爲了反楊廣擁立代王和清理代王身邊的小人，唐公沒有反隋之心，請代王不要多想。請回去告知代王，讓唐公進去做事。」

柴紹奉李淵的命令前去長安城開展政治課，還是很有誠意的，好話說得口乾，但堅持了十多天對方也沒一點回應。這下李淵身邊的武將們坐不住了，紛紛要求進攻長安城。諸將的態度，李淵是理解的，畢竟目的就是佔據長安。但是李淵知道，只有這樣才能表明自己「尊隋」的誠意，從而取得政治上的主動。

楊侑把守衛長安的重任交予了衛文升、陰世師，由衛文升負責統領全軍，但衛文

升是個已經七十多歲的老人，楊侑剛剛任命完畢，老頭子就病在了床上，沒等李淵打進長安，就病死了。楊侑只好將防守長安的重任交由陰世師來負責，同時讓骨儀協助他。讓二位擔此大任可見楊侑對他們的信任，但期望越大失望越大。

陰世師、骨儀能取得楊侑的信任，這與和平時溜鬚拍馬，懂得怎麼哄領導開心有很大的關係。雖然二人已經謀取上位，但仍然需要在官場中磨練許久，見不到刀光劍影也同樣危機重重，能混到領導身邊做事很不容易。官場如戰場這話不假，但真正的戰場血腥味更濃，拼的是你死我活，再搞那些見不得人的小動作，後果是很嚴重的。

李淵讓柴紹去政策攻心，十多天沒看到收效，鬱悶得不得了，還要繼續等下去嗎？守城的陰世師、骨儀此時做了一件見不得人的大事，將李淵在長安的親戚全都抓起來，以此作爲要脅，但收效甚微。二位接下來做的事情就太白癡了，居然挖掉了李淵家的祖墳，然後挫骨揚灰，而且搗毀了李淵家祭祀的祖廟。

在古代，中國人最崇拜的就是自己的祖先，陰世師、骨儀挖李淵家祖墳這些事，連他們的手下，都有些看不過眼，私底下議論紛紛。當李淵聽到這個消息時，有五雷轟頂的感覺，小宇宙也瞬間爆發。

李淵對長安只圍不打是爲了爭取政治上的主動，你抓我親屬威脅我忍了，但現在自家祖墳都被人挖了，無論誰都會站到我這邊在輿論上支持我，這事情就無需再忍。

進攻吧，攻進長安城去，把這些挖我祖墳的人抓起來，給社會一個交代，至於審判，就讓大家去決定他們的結局，正所謂「自作孽，不可活」。

西元六一七年十月廿七日，李淵下達了總攻長安城的命令。李建成負責攻打長安東、南兩個方向，李世民負責攻打西、北兩個方向。而李淵自己則在原地坐鎮指揮。剎那間，二十餘萬將士抬著攻城的器具，冒著隋軍的箭雨、滾木、石塊，衝向長安那高大堅實的城牆。經過十多天的奮戰，成功地打開了一個缺口。

西元六一七年十一月九日，軍頭雷永吉第一個登上了長安的城牆，緊隨其後的大部隊一擁而上，頃刻間，隋軍土崩瓦解，長安被攻陷了。攻城戰打了十多大，戰況慘烈到什麼程度呢？攻城需要的雲梯有百十道之多，建造這東西需要大量的竹、木材，戰爭中造了毀，毀了造，以至於圍繞長安城周圍的竹林、樹林都被砍伐完了。

長安城，你是我的了。當李淵來到皇宮大殿時，看到了被士兵們圍起來，受到驚嚇躲在桌子底下的代王楊侑。你想，楊侑當時還是個小孩子，見到一群手拿刀劍高喊要砍死他替兄弟們報仇的大漢們，被嚇得哇哇直哭。要是沒有先前李淵不得侵犯代王楊侑的命令，這孩子怕是早被趕到的義軍們剁成肉醬了。

李淵看著瑟瑟發抖的代王楊侑，和滿腹怨氣的士兵，有些小糾結，這楊侑是殺還是留呢？這時楊侑身邊有個叫姚思廉的，勇敢地站了出來：「唐公舉義兵，即是匡復

帝室，爾等不得無禮！」這句話也點醒了李淵，自己起義兵造的是楊廣的反，要擁立的正是楊侑，就是這次武力攻打長安也是被陰世師、骨儀二人逼的。

現在殺了楊侑實在是太容易了，還可以把責任推到士兵們報仇心切情緒失控上，但是李淵並沒有忘記當初起兵時的口號，何況，這個小孩子在未來還有利用價值。「放肆！都給我退下！」李淵斥退身邊的兵士，然後恭敬地向楊侑和姚思廉行了一個禮說：「我此次前來，確實乃是尊奉代王，匡復帝室。」

李淵斥退了圍觀楊侑的士兵，說明起兵的來意，並爲士兵的魯莽行爲向楊侑道歉，請求恕罪。姚思廉身爲高級知識分子也比較會說話：「唐公乃仁義之人，我相信唐公是不會食言的。」這個高帽子給李淵戴得好，你既然是仁義之人，說過的話就一定要做到，別在眾人眼前承諾得很好，背地裏對楊侑下黑刀子。

李淵攻入長安見到楊侑時，楊侑身邊只有姚思廉一個人，可見姚思廉不畏生死，很有骨氣，是個很有良心的知識分子，這樣的人才自己很需要。現在要進行的是安撫工作：「現在我來了，長安的事情就交給我吧，姚公趕快扶代王到後殿休息去吧。咱們擇個良辰吉日，再擁立代王爲帝。」

姚思廉身爲高級知識分子，不是那種迂腐的書呆子，你李淵既然攻入了長安，什麼擁立代王這些噱頭就別拿來唬我了。但大勢不可違，希望李淵你可以愛民如子，這個才是天下百姓最期望的。姚思廉的意思李淵自然是明白的，接下來也是這麼做的，他安撫百姓，不許軍隊搶劫百姓，宣布廢除隋朝的一切嚴刑峻法。

囚犯花名冊

李淵安撫百姓，其中一件就是大赦天下，下令將監獄中的囚犯釋放回去和家人團圓。但在翻看長安城囚犯的花名冊時，發現了一個人的名字，李靖。李靖，字藥師，陝西人，是隋朝大將韓擒虎的外甥，而李淵和韓擒虎以前在一個公司做事，私交還不錯。同事的外甥怎麼會在牢裏待著?叫他過來問問是個什麼情況。

李靖曾經擔任馬邑郡丞，算是個普通公務員，但他耐不住寂寞，一直在找機會準備做點大事業。當他聽說李淵在太原暗中招兵買馬，就覺察到李淵是打算起兵造反。因此當時很年輕的李靖作出了一個決定：前往江都向楊廣報告。

李靖想去江都楊廣那告發李淵準備造反，是不太好去的，因爲自己處在李淵管轄的地界，去江都是需要通關文牒的。自己準備揭發李淵的事情沒敢和領導說，看來得另想辦法。不如將自己打扮成囚犯的模樣，自己派人押送自己去江都。但很不湊巧的是，當他路經長安的時候，被士兵當成了真的囚犯，就地關押在獄中。

李淵派人叫來李靖，是出於關心，想瞭解下老相識的外甥怎麼會由一個公務員變成階下囚的。當知道李靖的目的是爲了向楊廣告發自己，李淵平靜的小宇宙頓時爆發了，老天爺有眼啊讓我碰到你，不殺你難解心頭怒氣。還好李世民得知了這件事，及時攔了下來，救了李靖一命，他知道李淵要殺李靖是一時的衝動。

李世民知道李靖殺不得，一是父親老相識的外甥，怕傷了和氣；二是李靖是隋朝的官員，向楊廣報告李淵謀反是理所應當的；三是雖然父親佔據長安，但周圍強敵很多，正是用人之際，而李靖是難得的人才；四是父親宣告說廣納賢才，但一個李靖都容不下，那些觀望的人可能會因此棄我們而去。綜上，李靖絕不能殺。

李靖聽說李淵要砍自己腦袋，不是跪地求饒，而是高聲大罵起李淵，拿隋朝的俸祿卻起兵造反屬於吃裏扒外。該死的李靖，你搞得這麼高調，就算是李世民求情要放了你，拖你出去砍頭的命令我也下過了，該怎麼辦才好呢，李淵此刻都要抓狂了。

在李靖是殺還是放的問題上，李淵有了明確的答案，但自己得先找個台階下。「父親啊，我看李靖已經通過您的考查啦。」李世民在旁邊大聲說道，「考查？哦，對對！來人啊，給李靖鬆綁！」瞬間李淵便明白了李世民是在給自己解圍。「其實我早就聽說你李靖是個響噹噹的漢子，剛才那是試探你，果然名不虛傳！」

李靖大罵李淵，本是想破罐子破摔，求速死，沒曾想半路殺出個李世民救了自己一命。李淵那老江湖也見風使舵，開始拉攏自己入夥。在生或死的選擇面前，不能再犯糊塗了，況且李淵佔據了長安，以後可能會效仿曹操挾楊侑以令諸侯，跟他們混看來還是很有前途的。算了，既然沒別的出路，能上賊船也不錯。

攝政王是通往皇位的路

自從李淵進了長安城後，有很多人勸他乾脆廢掉楊侑，自己稱帝。但是，老謀深算的李淵明白，目前稱帝的時機不成熟。身在權力的中心地帶，同樣也處在包圍圈之中。雖然隋朝的旗幟還在，但是此時的天下早已不是代王楊侑說的算了。只要自己敢稱帝，周圍的兵閥們就有了名正言順攻打自己的藉口，寡不敵眾就輸定了。

西元六一七年十一月十五日，李淵將年幼的楊侑迎接到了大興殿，給他舉行了隆重的登基儀式，把他推上了皇帝的寶座，號稱隋恭帝。李淵被楊侑晉封為唐王，統領新隋朝的政務、軍事、外交業務，這就是一攝政王嘛。要說，李淵是作出了很大讓步的，你想嘛，想做皇帝做不得，那就做王吧，還有心替皇帝分擔工作壓力。

李淵挾楊侑以令諸侯，做了攝政王，這步棋走得非常好。雖然李淵攻入了長安，但也實現了自己起兵時的承諾，擁立楊侑為代王。其他軍閥們也眼饞長安不假，但道義上面他們一旦有動靜，想去長安打醬油的話，李淵這個「正牌」的領導就可以以隋朝的名義，名正言順地出兵進行征討，這個壓力還是蠻大的。

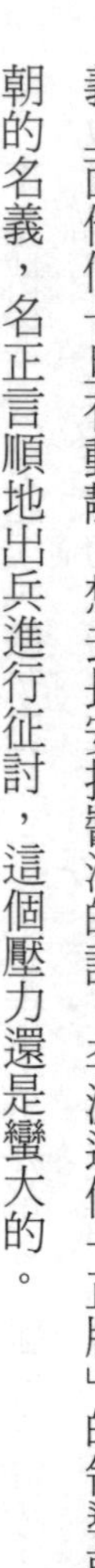

眾軍閥對李淵緩稱帝、做唐王的做法很不齒，但也沒什麼好的應對辦法，因爲他們當時都是各自爲戰，有時候還拿板磚互毆，一團散沙是成不了大事的。這麼看來，李淵應該很高興才是，但現在的情況在李淵看來，離成功還差很遠，雖然楊侑現在年齡小，可總歸要長大的啊。做一個名正言順的皇帝才是最終目的。

Q 皇帝的末路

身在江都的楊廣，現在的日子很難過。李密把洛陽圍得水泄不通，李淵又佔領了長安，這兩個地方自己都回不去了。李淵這傢伙又打著反對我的旗號，江都看來也不是很安全，那就把國都遷到南京，偏安江南一隅，離這些危險人物遠一點，日後也好東山再起。可是楊廣的這個打算，卻遭到了部分大臣的反對。

反對楊廣遷都南京的有兩類人：一個是大將軍李才。理由是皇帝應該保持威嚴，既然盜賊四起，那就應該下定決心平定叛亂，而不是想著偏安一隅。但問題是楊廣沒有平定天下的能力。另一個是門客李桐客。理由是江東面積狹小，恐怕養不了這麼多人，老百姓會負擔不起，到時還會有人造反，情況只會更難控制。

李桐客擔心的更差的形勢很快就變成了現實。守衛江都的是楊廣的禁軍，禁軍當中有很多關中人，如果長期不回關中，士兵的思鄉情結會越來越深，是會出現大批士兵逃亡的。而楊廣準備南遷的消息也在禁軍中傳播開來，士兵們思鄉的情緒更加嚴重。不久，禁軍中的一名首領竇賢就帶著一幫人集體逃跑。

楊廣聽說禁軍中有人逃跑，是很震驚的，這是守衛江都的精銳部隊。逃跑是個不好的信號，必須嚴加處置，抓回來一律格殺勿論！並且命令自己最信任的司馬德戡統領禁軍，駐紮在逃跑的必經之路上，防止有人再次逃跑。但楊廣忽略了一點，士兵逃跑是爲了和家人相聚，爲了那份親情，再危險也要嘗試一下。

楊廣讓司馬德戡統領禁軍，是因爲自己信任司馬德戡，但身爲關中人的司馬德戡其實和禁軍士兵們想法一致，人心思歸，擋是擋不住的。看到楊廣絲毫沒有西歸的意思，司馬德戡感到很失望。既然你不帶我們回去，那我們就自己回去。可是竇賢的下場，依舊歷歷在目，司馬德戡當然不敢輕舉妄動。

司馬德戡明白要想回到關中，必須聯合更多的人，法不責眾嘛，這樣才能分擔被殺頭的危險。於是司馬德戡去找死黨元禮和裴虔通商量：「現在到處都是反賊，關中讓反賊給占了，咱們的家屬還在那裏，真擔心啊！」這話說得很有技巧，一句沒提做

逃兵的計畫，反而從士兵最掛念的親人方面入手，試探大家的反應。

現在是亂世，各地都是戰火紛爭，親人們在遠方，安全沒有一點保障，太讓人掛念了，不如回家去保護他們吧。在看清大家的反應後，司馬德戡講出了自己心中的想法，不如咱們帶著禁軍一起回關中老家去，這個提議得到了大家的贊同。於是三個人開始分頭去聯合各自所熟悉的人，得到了很多人的回應。

如果是一個員工離職，說明不了什麼問題。但大部分員工集體罷工，說明員工和企業之間存在不可調和的矛盾。出現這種矛盾的時候，領導要第一時刻站出來協調問題，儘量滿足員工的要求，讓員工滿意，重新回到自己的工作崗位。如果協調不得力，那結果只能是一拍兩散。但企業沒了員工，就等著倒閉吧。

司馬德戡西逃的計畫，得到了很多人的回應，這表明楊廣這個領導很失職，很不得人心。但是這個計畫，遭到了宇文智及的反對，咱們回到關中不被允許，那是楊廣的決定。如果把楊廣弄下台，大家回關中應該就沒什麼阻力了。

在古代，皇帝是終身制，沒民主社會中的彈劾一說。楊廣做領導已經很多年，是不會輕易同意下位的。士兵的想法是比較簡單也最能解決問題的，既然楊廣不同意下台，那就幹掉他吧。在這裏爲楊廣悲哀一下，作爲一名古代的皇帝，沒有皇帝的威嚴，反而被別人當作擋路的垃圾一樣被清理掉，混到這份兒上太可悲了。

一個宮女知道了這件事，上報給楊廣。但楊廣的做法卻讓人怎麼都想不通，他責問宮女是否有證據，人家拿不出證據就認定是沒有的事情，擾亂人心是要被砍頭的。這麼一來，再沒人上報楊廣了。

作為一名皇帝，聽到上報說有人想造反，應該是寧可信其有，不可信其無地展開調查才對，楊廣的反應怎麼會這麼不同於大眾呢？楊廣要麼是腦子進水，要麼是對一切都聽之任之，準備撒手不管了。天下越來越亂，他卻覺得越來越力不從心，只能像鴕鳥一樣，一頭紮在沙子堆裏，眼看不見，耳聽不到，心才不煩。

楊廣被逼到江都後，就變得愈加頹廢。以前還是一名威震四海的君王，現在的偏安一隅，這落差太大了。他知道頹廢只能把一切變得更糟，卻仍然選擇了白我安慰。現在很多人想篡奪我的帝位，即使他們成功了，我身為前任，他們也會給我一條活路，封我一片土地，條件雖然會比現在差些，照樣可以吃喝玩樂。

在眾人眼中，楊廣是自己回關東最大的障礙，在幹掉他之前，需要推選出一個可以代替他的首領。最合適的人選出來了，是宇文化及。首先，人家爹比較厲害，是隋朝大將宇文述，有這麼個爹，人脈資源什麼的靠得住；其次，宇文化及曾違反楊廣的命令，差點被斬首，雖有人求情免去一死，但這個過節忘不了。

大家想，推選宇文化及上位，給他機會殺掉楊廣報仇，多好啊。但宇文化及可不

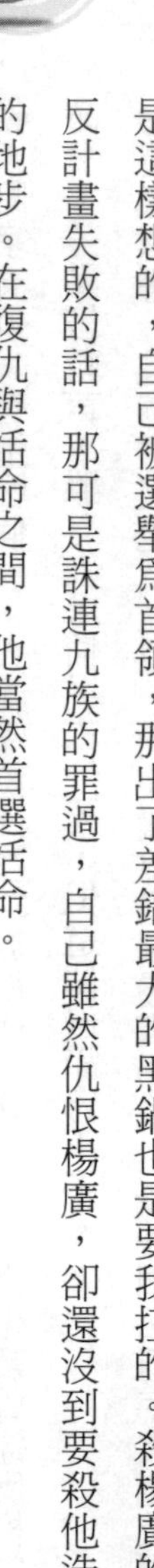

是這樣想的，自己被選舉爲首領，那出了差錯最大的黑鍋也是要我扛的。殺楊廣的造反計畫失敗的話，那可是誅連九族的罪過，自己雖然仇恨楊廣，卻還沒到要殺他造反的地步。在復仇與活命之間，他當然首選活命。

宇文化及被眾人推選爲殺楊廣的首領，他剛開始認爲是眾人往火坑中推自己，想要推辭。但沒想到弟弟宇文智及也參與到了兵變中，如果楊廣追查起來，自己同樣脫不了干係。宇文智及還及時提醒他，幹掉楊廣後，你還可以做皇帝。做皇帝這個誘惑，有誰能拒絕得了，再加上宇文智及等一幫人的慫恿，大膽幹吧。

宇文化及成爲了反軍的首領，現在要做的就是多拉攏人，讓越來越多的士兵聽從自己的指揮。雖然大家平常有怨言，但是這並非意味著關鍵時刻就真的會付諸行動，造反的風險大家是知道的。那麼，宇文化及可以假借楊廣的手，讓士兵們憤怒起來，一旦他們失去理智，就會更容易控制，剩下的只需要推波助瀾就好了。

在宇文化及的授意下，司馬德戡召集全體禁軍將士，故意散佈了一則假消息：「無道的昏君楊廣聽說大家想要回關中，特意準備了大罈的毒酒，說一會兒要宴請大家，準備把你們全部毒死！」

士兵們一聽到這個消息，頓時炸開了鍋，楊廣那個神經病，連他老爸都敢殺，現在又想殺替他賣命的我們，太沒有人性了。

士兵們聽說楊廣寧願毒死大家都不讓回家，慷慨激昂，準備集體罷工。司馬德戡又添了點油：「楊廣說過，誰要是敢逃走，定斬不饒！竇賢的下場大家看到了，如果我們逃走，恐怕下場會和竇賢一樣啊！」

士兵們一聽這個，徹底火大了，我們都要罷工了，你楊廣還在那擺譜，不給我們留活路，那就只有奮死抗爭這一條路了。

禁軍士兵們的怒火已經被點燃，也漸漸地失去了理智，既然楊廣不給大家活路，那就幹掉他，管他是不是皇帝。經過宇文智及、司馬德戡等人的密謀，反軍決定將城門全都關上，但都不要上鎖，這樣是爲了方便禁軍直接進入內殿。還分頭把守城內各處交通要道，防止楊廣事先得到消息逃跑，確保可以成功抓住楊廣。

宇文化及帶領眾人開始了幹掉楊廣的行動，並進行了明確的分工：第一、宇文智及率領一路人包圍整個皇城，搜捕皇親國戚及朝中大臣；第二、司馬德戡帶領一路人到宮中搶佔要地，清除障礙；第三、裴虔通帶領一路人直奔楊廣的寢室，捉拿楊廣。可以看出，這個計畫很完美，基本能把楊廣的勢力一掃而空，徹底打垮。

大家造的是楊廣的反，就一定要先抓住楊廣，不然一切都是徒勞。裴虔通當即帶領一千人以最快的速度衝向楊廣所在的成象殿，一路上雖然有個別人前來阻擋，但是在憤怒到極點的禁軍士兵面前，無異於螳臂擋車，被見一個殺一個。很快他們就到達

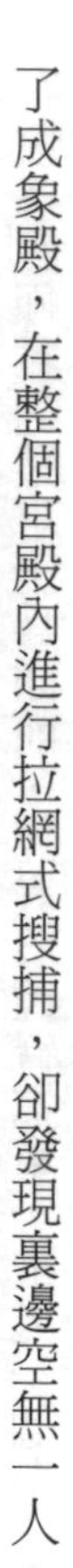

了成象殿，在整個宮殿內進行拉網式搜捕，卻發現裏邊空無一人。

裴虔通的責任是找到楊廣，活要見人，死要見屍。如果楊廣真的跑了，萬一給外邊的哪個將軍下道平叛的聖旨，那今天參與兵變的所有人都會死無葬身之地。但將士們把成象殿翻了個遍，也沒找到楊廣的蹤跡，裴虔通後背嚇得直冒冷汗。就在這個時候，一個禁軍將士忽然說道：「我們忘記搜永巷了，楊廣可能在那裏。」

永巷是皇宮中的長巷，是未分配到各宮去的宮女們的集中居住處，也是幽禁失勢或失寵妃嬪的地方，這是皇宮中最不起眼也是怨氣最重的地方，難道楊廣會跑到那裏去？不管有沒有，先去找了再說，於是大家一窩蜂地奔向永巷。進到永巷後裴虔通看到了一個宮女，在對宮女威逼詢問後，明確了楊廣的所在。

楊廣身爲一個皇帝，爲了求生竟然躲到宮女們的住處，真夠窩囊的。楊廣在面對抓獲他的令狐行達時，雖然臉色蒼白，卻沒有求饒或者轉身逃跑，而是聲音異常平穩地說到：「你們是想要殺我嗎？」

雖然虎落平陽被犬欺，但終究還是一隻老虎，平穩的聲音透出帝王的威嚴，即使不發威也會讓人戰慄。

令狐行達被楊廣的帝王之氣所震懾，扶著楊廣去見裴虔通。這時的楊廣，更多的是憤怒，他實在想不通這個在自己做晉王時就把他當作自己親信的人，這麼多年來始終保護自己的人，現在爲什麼會背叛自己。而裴虔通對此的解釋是：「我並不想謀反，只是將士們都十分想家，迫不得已，我也不過是想和陛下回關中罷了。」

楊廣見裴虔通百口莫辯的羞愧模樣，也轉變了語氣：「我想回去啊，只是長江上游的米船還未到，我想再等一等，既然大家都等不及了，那我就和你們回去吧。」事情已經到了這步田地，放楊廣你走是不可能的，後果太不堪設想了。造反這種事，誰還幻想著還能回到以前的親密關係，只能說很傻很天真。

裴虔通之所以抓到楊廣沒把他立即殺掉，是想帶著活人去向宇文化及邀功請賞。不管怎麼說，楊廣曾十分地信任他，殺掉楊廣自己會背負很多的罵名，就讓新領導宇文化及去決定他的生死吧。但鬱悶的是宇文化及一見到楊廣就心虛。這時候裴虔通再次站了出來，送佛送到西，讓手下幹掉了楊廣。

楊廣，曾是隋朝的最高統治者。隋朝在他的手中興盛，在他的手中衰敗，不得不讓人唏噓。臨行前，他還是向對自己下手的臣子追問爲什麼要殺他。是啊，爲什麼殺你？你忘記了冤死的數萬東征高麗而陣亡的將士，累死的修建東都洛陽的壯丁，慘死的父親楊堅和大哥楊勇。要知道，出來混早晚都要還的，安心走吧。

蕭皇后作爲楊廣的妻子，陪他走完了這一生。這個生前取得無數榮耀的男人，死後終於回歸寧靜。

後來，蕭皇后被迫前往突厥，在李世民大破突厥後，才被迎接回長安。西元六四七年，蕭皇后逝世。唐太宗李世民以厚禮將蕭皇后和楊廣合葬。生不同歸，死則同穴。經歷了無數的酸甜苦辣之後，夫妻二人還是走到了一起。

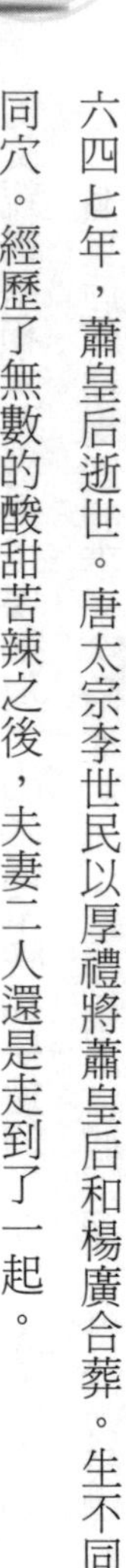

Q 皇帝輪流做

李淵所立的楊侑，是一塊空招牌。現在楊廣死了，他遭兵變被部下所殺的消息，就像夏天暴風雨來臨之前的一聲驚雷，震驚了無數人。李淵、李密、王世充、竇建德等人等待的機會終於來了，中國這麼大的國家怎麼可以沒個真正的主人，就看誰有能力成功站到權力的最高峰，誰才能開創出一個全新的屬於自己的時代。

楊廣死去的消息在網上公開後，作爲昔日市場競爭對手的李淵第一反應是驚詫，他雖然知道表哥在從前的日子裏，犯了罄竹難書的錯誤，但是當得知他被人殺死時，心中還是不免有些傷感。這畢竟是血濃於水的親情，怎能不傷感。

表哥楊廣去陰間做了「地下工作者」，活著的李淵開始不淡定了，樹倒猢猻散，薛舉和南方的蕭也都自立單幹，自己怎麼辦？李淵面臨著痛苦的抉擇，不過三秒鐘的思考中，李淵找到了強大的理論支持：無毒不丈夫，皇帝輪流做，今天到我家。當即決定，廢掉外甥楊侑，自己當一把手。

有了這個成熟的思想綱領，李淵就著手聯合眾位議員，準備彈劾。但計畫操作起來，還需要更加巧妙些，畢竟單幹得自己承擔風險。楊侑雖然是個傀儡皇帝，但畢竟是自己名正言順擁立的。楊廣的治國思想深入人心，加上經常在新聞上露臉，知名度極高。如果這個時候彈劾他，那李淵等於是在抽自己的耳光。

李淵不想讓人抓住話柄。於是他高薪誠聘高學歷的研究人員到自己別墅裏，實行基本工資（根據學歷高低而定）加提成（每設計一個合理方案有獎金），共商國事。其中一位高材生提出讓楊侑主動將皇位交出來，也就是傳說中的禪讓。這樣既可以實現不動一兵一卒就能和平過度權利的理想，還能抵擋天下悠悠之口。

楊侑雖然是個小學生，但畢竟是官二代，上學時又是班幹部，對敏感的政治問題也是有思想的，假如這種和平奪權的「禪讓」形式使用不當，楊侑來個死豬不怕開水燙，裝傻充愣不買賬怎麼辦？所以李淵認為沒有必要因循守舊做事，可以採取輿論的辦法衝破楊侑的心理防線，讓他徹底繳槍投降。

李淵認為成大事者必是說幹就幹，婆婆媽媽的是婦人行為。李淵打出了第一張牌是捧臭腳。就是讓自己的鐵哥們裴寂召集一幫文人騷客，通過微博製造輿論。內容就是大講歷史上的王朝更替以及禪讓的歷史，總之一句話——李淵大哥是救世主，你不

建立新國家，全國人民的小康生活就沒指望了。

李淵打出的第二張牌是用神仙唬人。當時的神仙是無所不知的。所以歷朝歷代想做皇帝的人都說自己是奉天承運。裴寂等人爲李淵策劃了最新的網路宣傳語：東海十八子，八井喚三軍，手持雙白鯊，頭上戴紫雲。這一招在那個科學並不發達的時代，屢試不爽，有很多人像相信喝綠豆湯能預防非典一樣信以爲真。

李淵打出的第三張牌是製造緋聞。話說有一天楊侑在後花園散步，忽然聽到牆那邊很熱鬧，就忍不住過去看個究竟，原來是花兒樂隊在演奏最炫民族風，秋香在跳霓裳舞，多麼快樂的演出啊！秋香還主動勸說楊侑：「何不讓奴家到陛下寢宮獻上一曲呢？」結果第二天隋朝日報就登出頭版：楊侑未成年，留宿歌舞伎。

李淵打出的第四張牌是恐嚇。十二歲的楊侑正處於青春期，雖然早熟了點，但年少無知經不住嚇唬。李淵給楊侑身邊的侍衛、宮女等人送點紅包，讓侍衛說楊廣被宇文化及大卸八塊了，宮女說他的幾個兒子也都被殺了，太監也死氣沉沉地說他要早點把皇位讓出去，就不會死了，說著還用手帕抹了抹眼睛。

四管齊下，勢如破竹。楊侑頓時感到心灰意冷，就像一隻身處牢籠之中的小鳥，心理防線也瞬間崩潰了：宇文化及可以殺死我爺爺，爲什麼李淵就不能殺死我？一邊是荆棘叢生，命懸一線；一邊是鶯歌燕舞，歌舞昇平。與其天天心裏發毛害怕會死不瞑目，倒不如做個太平王爺，出門有保鏢、司機，吃飯有人埋單算了。

雖然楊侑用阿Q精神說服了自己，但是每到夜深人靜的時候，都會暗自垂淚，因爲他知道自己是一個名副其實的孤家寡人。自己的每一步行動、每一句話，甚至每一個眼神，都在李淵的監視之下。雖然身邊還有一個姚思廉，但是他已經退居二線，是有名無實的古董了，你能指望他做什麼呢？還是保命最要緊。

不知經過了多少個夜晚的輾轉反側，又有過多少夜不能寐的膽戰心驚後，楊侑決定讓出所有股份，這個股東本來就不是我的，如今我把它歸還給應有的主人吧。楊侑到底是官二代，政治覺悟多有見地，他知道如果再不退股，到時候不僅沒有股份，連面子都沒了。最後楊侑決定把自己的位子禪讓給李淵。

西元六一八年五月二十日，李淵在長安太極殿正式向全世界宣布：大唐帝國武德中央人民政府於今日成立了。頓時鑼鼓喧天，鞭炮齊鳴，非常喜慶。裴寂還請來明星數位，健美操、街舞也來助興，著名男高音歌唱家唐三藏送上了他的「only you」，歌聲使得無數英雄競折腰。而這個時刻距離李淵起兵，正好一年的時間。

西元六一八年六月，李淵立大兒子李建成爲皇太子，封李世民爲秦王、李元吉爲齊王。

此後，李淵集團在眾人的努力之下，徹底掃平了國內動盪局面，在一片「問天下

誰是英雄，非老大李淵莫屬」的歌功頌德聲中，李淵實現了華麗的轉身，從一名皇親國戚變成了真正的皇帝，聞名世界的大唐帝國從此展現在世人面前，他的榮光爲中華民族積累了無盡的財富和信心。

＊微歷史大事記＊

西元五六六年　李淵出生於長安。
西元六一三年　李淵任衛尉少卿。
西元六一五年　李淵任太原留守。
西元六一七年七月　李淵在太原起兵反隋。
西元六一七年　瓦崗軍佔領興洛倉；李淵太原起兵。
西元六一八年六月十八日　李淵稱帝，建立唐朝；隋煬帝被殺，隋亡。
西元六二四年　李淵設立唐朝官僚制度並頒佈均田令。
西元六二六年七月二日　玄武門之變爆發，李世民登基。
西元六二六年九月　李淵被尊為太上皇。
西元六三五年六月廿五日　李淵病逝。

第二章

為了理想

李世民奮力一搏

打下江山之後

李淵在眾人的推崇下，在自己高貴血統的鼓勵下進行了反隋的正義戰爭，也一不小心，栽下了唐朝這棵參天大樹，過上了像花兒一樣的帝王幸福生活。和所有發跡的達官貴族一樣的套路，李淵同志在晉級爲大唐帝國一把手後便著手修飾李家世系族譜，以證明自己的血統純正高貴。

李淵同志的一生是光輝的一生（儘管晚年有點囧），戰鬥的一生，他是唐朝偉大的政治家、軍事家和革命家（也可以說是野心家）。他自始至終都不甘自覺學習和貫徹落實隋朝腐朽的路線、方針、政策和表哥楊廣的指示精神，而是藝術性地和表哥做起了不屈不撓的鬥爭。

李淵和許許多多的皇帝一樣，靠著他本人的辛勤努力，生下了N個兒子，而李世民只是其中的一個，雖然在李淵創業的過程中，李世民爲老爸打江山立了莫大的功動，但這說明不了什麼，最後李世民光榮地被老爸封爲秦王，而江山的繼承權卻與之無緣。

目前已經是國家高層的李世民心中有著一絲的不平衡，自己拚命換來的大唐企業

卻不能掌控在自己手中，李世民覺得這是一種徹骨的痛。

平日裏，李世民的時間除去用於學習外，主要精力是花在結交當地的文人名士上。這樣，一能增長自己的見識；二來文人的筆、名士的嘴是最好的宣傳管道，可以往自己臉上貼金，他通過與他們交往，能夠迅速提升自己在輿論界的知名度。所以在李世民看來，結交文人名士是一件有益無害的好事。

唐高祖李淵雖然有二十二個兒子，但爲竇皇后親生的，只有長子李建成、次子李世民、三子李玄霸和四子李元吉，雖然竇皇后去世時李淵還沒有坐上皇帝的寶座，但出於對愛情的忠貞，李淵做了皇帝之後仍然保留了竇氏的正妻地位，在選擇繼承人問題上，不管立嫡還是立長，李建成都當之無愧是李唐王朝的第一繼承人。

李建成比李世民大十歲，其實要論知名度，李建成在唐初和李世民是沒法比的，在兵荒馬亂的大隋末年，李淵前往山西就任太原留守時，首先選擇了帶著十九歲的兒子李世民，而已經快三十歲的李建成雖然可以獨當一面，卻被留在河東看家，從此處也可以看出李淵對李世民能力的肯定。

李建成作爲李淵的長子，能力也不是蓋的。其實在李淵起兵的過程中，他的戰功與李世民相比毫不遜色，這些老爸李淵心裏是有數的，雖然在沒人的時候按照大郎和二郎的排序稱呼他們，但在對他們的任用上是量才而用，根本沒有厚此薄彼之嫌疑，因此李建成當選太子無暗箱操作之嫌。

在後來的戰爭中，李建成和李世民的影響力之所以有很大區別，主要是戰鬥的分工不同，李建成後期主要任務是防備隋軍和瓦崗軍瓜分李淵的勝利果實，而李世民的主要任務是開疆擴土，所以李建成儘管責任不輕，卻無法施展，而李世民卻在戰鬥中發展了勢力，擴大了自己在國家的影響力。

李建成最精彩的一仗是長安攻堅戰，當李淵的部隊打到長安城下後，李建成部負責從東、南兩面攻城，李世民部隊負責西、北兩面。雖然哥倆都拚命想爭取做第一個攻取長安的人，但由於種種原因，最後還是李建成這邊從東邊率先突破，李建成在長安攻堅戰中立了首功，也成功展示了自己卓越的軍事指揮才能。

李淵成就霸業之後，李建成成了法定的接班人被立爲太子，李世民對此頗有微詞，但考慮到國家的大局，李世民還是南征北戰、東西殺伐，同當時各地割據勢力進行頑強的戰鬥，在這個過程中，李世民的名氣也就越來越大，威望越來越高，當然心也越來越野，他已經把如何成功做太子作爲自己的目標在腦海中確立下來。

李世民曾在攻打劉黑闥一戰中遭到前所未有的失敗，最後是大哥李建成出面收拾殘局，在他軟硬兼施之下不僅平復了叛亂，也收取了人心，爲李建成撈取了不少政治資本，李建成也有機會、有時間發展自己的力量，就是那一次，李建成和他的四弟李

元吉結成了政治聯盟，結果二人雙雙在玄武門外被殺。

由於李世民東征西伐，勞苦功高，老爸李淵下令，爲表彰秦王的豐功偉績，特爲李世民設置了一個新的職位「天策上將」，李世民從此不僅政治地位高於其他王子，而且還獲得了自己發行鈔票的特權，李世民享受到了除老爸之外最高的政治待遇，這讓太子李建成在心中有了些許的不滿。

李淵破格獎勵李世民，原意是籠絡兒子，但他後來還是看出了這麼做的不妥之處，爲了利用和稀泥的手段擺平這一切，他讓李世民東去洛陽，搞自治政府，他認爲這樣既可以籠絡兒子又可以讓他遠離首都，無法參與繼承人的爭奪，但他錯估了形勢和人心，李世民已經做好了爭奪太子位置的各項準備。

李世民的天策上將府衙門雖無法和老爸的金鑾殿相比，但各項機構一應俱全，他不但建立了自己的軍事參謀機構，還擁有尉遲敬德、秦叔寶、十八學士之類的文臣武將，有模有樣地組建了政治小團體，這些人對他唯命是從，甚至到了只知有秦王，不知有皇上的地步，這些都讓太子李建成感到心驚膽戰。

大臣封德彝曾向李淵打小報告，說秦王仗著自己立有大功，不甘心做一個親王，希望李淵早早防範。李淵聽了，沉思一陣，無可奈何的說，我這個兒子帶兵帶久了，平時專橫跋扈慣了，平時他又喜歡和那些讀書人交往，又被那些讀書人教壞了，已經不是我昔日的兒子了，實際那些讀書人也教不了他吧。

其實李世民早在剛剛平定王世充的時候，就和他的心腹房玄齡秘密探訪了一位能掐會算的道士。那道士在不知來人是誰的情況下，張口就問：「今天來的人中有聖人呀！莫非是聞名天下的秦王到了？」李世民大爲吃驚，然後虔誠的向道士卜問前程，道士說：「你以後肯定會做皇上的，要愛惜自己啊。」

李世民平時表現出的咄咄逼人，讓大唐太子李建成感受到了巨大的威脅，早在建國不久，李建成其實就已經感受到弟弟李世民的排場越來越大，如果不加以控制，早晚會威脅到自己太子的地位，爲了對付這種威脅，就要剪除秦王日漸豐滿的羽翼，李建成認爲除掉李世民的心腹劉文靜是當務之急。

李淵在晉陽舉兵造反的時候，劉文靜和裴寂都是李淵的左膀右臂，劉文靜還在李淵危難時出使突厥，功莫大焉。唐朝建立後，李淵對裴寂的封賞和信任卻遠大於劉文靜，裴寂做大丞相府長史，還被封魏國公，封賞無數，但劉文靜只做了大丞相府司馬，封魯國公，也沒有封賞，這些讓劉文靜內心很不平衡。

劉文靜和裴寂功勞持平，開國後享受的待遇卻相差很大，裴寂在皇帝眼中那是香餑餑，無論怎樣都是對的，而劉文靜就不一樣了，任職沒有實權不說，後來又被派到李世民的西討元帥府當司馬，結果又因戰爭失利被免官，直到和李世民一起平定了薛舉才復職，複雜的經歷讓他親近了李世民而把裴寂作爲了對手。

劉文靜因爲失寵不淡定了，作爲封建迷信的崇拜者，他請了法師來家中作法，目標對準了對手裴寂，卻被自己的二奶告發，驚動了皇上。本來這件事可大可小，卻因爲李淵對劉文靜很感冒而變成了大事，李淵馬上派人把劉文靜抓起來，並組成由劉文靜的死對頭裴寂任組長的案件審理委員會，劉文靜生死難料了。

李世民和劉文靜在戰火中結下了純真的友誼，劉文靜又是他的新下屬，李世民覺得自己對劉文靜比較瞭解，在此次巫術事件上比較理解同情劉文靜，在對劉文靜的審判過程中爲他私下做了一些工作，沒想到的是，劉文靜沾了李世民的光，李建成堅決要求裴寂除掉劉文靜，結果劉文靜以謀反罪被處死。

劉文靜對唐朝的開國立有大功，曾被李淵賜免死二次，結果就這麼一件小事就被結果了性命，劉文靜臨行前說出了「高鳥盡，良弓藏，故不虛也。」這樣的話，對劉文靜有些惺惺相惜之意的李世民聽了這句話感覺渾身發顫。的確，自己功勞再高，最終和老大李建成也只能是君臣相稱，誰知會不會落個如此下場呢？

李淵雖然做皇帝比較窩囊，但做父親還是可以的，對於自己的三個嫡子，他都非常重視，爲了保持兒子之間的平衡，他把老大建成立爲太子，做自己的合法接班人，老二封秦王，爲尙書令，統領群臣，就連頑劣少年老三元吉，也被封齊王，跟隨兩個哥哥四處征討，最終因戰功卓著被老爸任命爲司空。

李淵對兒子們的安排一直被人認爲是糊塗之舉，其實不然，他這麼做實際上是費了一番心血的，也是有自己不足爲外人道的苦衷，李淵的起家幾乎是踩著表弟隋煬帝楊廣的屍首而上的，以史爲鑒，他雖然對二兒子李世民比較看好，但爲了不出現隋文帝更換太子的亂局，他還是堅持立建成爲太子。

李淵爲了防止兒子之間互相爭鬥，他也採取了許多的防範措施，李世民被封爲天策上將，李元吉也同時成了司空後，李淵借劉黑闥起兵之際，命令李世民與李元吉前往討伐，戰事剛一平息，李淵就命令讓李元吉暫掌兵權，讓李世民回都述職，這種急於將兵和帥分開的做法，其實就是反映出來李淵對李世民的防範。

劉黑闥戰敗後陰魂不散，很快又捲土重來，太子李建成主動請纓，帶領弟弟齊王李元吉隨同出征，這次不但戰果輝煌，而且這次出征中，太子李建成與齊王結成政治聯盟。太子是爲了鞏固地位，李元吉則有著先除秦王再除太子的打算，兄弟倆各懷鬼胎地如此結盟，讓李世民的地位變得尷尬起來。

李元吉是個崇尚恐怖主義的半腦殘分子，和李建成結盟後，他爲了儘快達到先剷除秦王的目的，整日勸太子及早對李世民動手，甚至還表示自己願赤膊上陣親手殺掉李世民，有一次李世民和李淵一塊兒去他的地盤，他竟然派了刺客準備暗殺。據說還

是宅心仁厚的太子李建成及時制止了他這種沒腦子的行爲。

李淵認爲只要自己在三個嫡子中搞好平衡，和好稀泥，就能避免隋末皇子之間的流血奪權事件重演，當他看著李世民軍功越來越大，就不再讓他率軍征戰，李世民也就沒有了再建功勳的機會。小心起見，李淵每次出門，三兄弟裏也要帶走兩個，他認爲這樣把三兄弟分開，就不會有鬧事的機會了。

楊文幹是太子的護衛統領，深得太子李建成信任。李建成爲了對付秦王李世民，私自在外地招募了兩千餘人守護東宮，趁著老爸李淵帶領秦王、齊王外出，太子私下叫楊文幹帶這些人來到京師，結果此事被人揭發，楊文幹一看事情敗露，就索性舉兵反叛，最終李淵派李世民帶兵把這場叛變鬧劇給成功擺平。

李世民奉老爸的命令擺平楊文幹叛變之前，老爸李淵曾經隱約地向他許諾，如果此次叛變和太子李建成有關聯，平叛之後李建成肯定會受到牽連，李淵表示雖然不會殺掉李建成，但會廢掉李建成的太子之位發配蜀地。李世民被立爲太子的可能性非常大，得到這一許諾的李世民興奮異常，立馬奔赴戰爭的第一線。

楊文幹叛變被平，雖然查明此事和李建成關係莫大，但由於李元吉和嬪妃爲李建成說情，加上大臣封得彝在李淵面前力保李建成，李淵改變主意，仍以建成爲太子，一場事變最終風息浪止，大家又暫且相安無事。但此事在李世民心中埋下了仇恨的種子，不僅是對李元吉和封德彝，而且還對準自己的老爸。

隋唐時期，突厥軍事實力非常強大，已經對中原政權構成了很大威脅。唐朝初期，由於不堪突厥騷擾，朝廷上下紛紛建議遷都，連李淵、李建成都支持遷都，秦王李世民卻堅決反對，為此秦王還和太子發生了非常激烈的爭執，李建成害怕長期作戰會讓兵權落到李世民手中，而李世民想通過對外作戰，提升自己的影響力。

善於和稀泥搞平衡的李淵看到兒子為遷都之事爭執不下，又發揮了自己的特長，決定不再商量遷都，委派李世民和李元吉共同督軍出兵，抵禦突厥，就這樣既照顧了李世民的想法，又打消了太子的顧慮，看似高明之極，其實正是他這種姑息式的縱容，既害了三兄弟，又害了自己。

在李世民的心目中，自己功勞很大，並有著經天緯地之才，治理國家的方法和手段絕對不比太子哥哥差，但就是由於李建成比自己早出生幾天，結果自己無緣問鼎國家的最高權力，老天的不公沒有讓他氣餒，他作為意志堅強男，總想著找準機會能揪著哥哥的小辮子取而代之。

李世民對太子之位的渴望被許多人看在眼裏，李淵為了防止特殊事件發生，更加留意在他們兄弟之間大搞綜合平衡，李世民面對哥哥和弟弟成雙成對的聯手打壓，漸漸就處於下風。再加上太子的政治影響力和特殊地位，李世民在朝中越來越受到排擠

和非議，這讓忠於李世民的人感到非常糾結。

李世民爲了扭轉自己面對的被動局面，曾想過先發制人，他曾邀請時任靈州大都督的李靖和行軍總管李勣共謀大事，沒想到二人因顧慮重重沒有成功，李世民也曾和心腹房玄齡、杜如晦共商大事，卻被房玄齡、杜如晦委婉拒絕，可見李世民的所作所爲都被他人清醒地認識到是玩火自焚。

李世民試探性地找到心腹商量造反之事卻遭到了一口回絕，他雖然憤怒但仍沒有灰心，由於他有擔任過陝東道行台尚書令的經歷，所以他以形勝險要的洛陽作爲據點，在河南一帶積聚實力，以便「一朝有變，將出保之」，並且委派將領張亮到洛陽，用重金收買洛陽一帶的軍事力量，爲以後造反做準備。

李建成瞭解到李世民的最新動向後，他採納了魏徵的建議，利用徹底平定劉黑闥叛亂的時機，廣泛籠絡山東豪傑，培植自己私人的地方勢力，除了楊文幹之外，還秘密聯絡燕王李藝，借調三百精銳騎兵，增補東宮防衛部隊。同時挖空心思在河南發展自己的支持力量，這樣一來從中央到地方都形成了兩大陣營的對壘。

在朝廷中，李建成最重要的支持者是大宰相裴寂和慣於見風使舵的封德彝。裴寂由於深受李淵的信任，在朝中威望很高，封德彝這個人就不好說了，起初他比較看好秦王，曾經數次在秦王面前獻計如何對付東宮李建成，後來卻又投入李建成的懷抱，江湖人稱見風使舵派掌門人。

李世民在朝中最主要的支持者是蕭瑀、陳叔達等人，蕭瑀和裴寂相同，深得唐高祖李淵的信任，他本身是隋煬帝的小舅子，結果投誠之後被李淵任命爲禮部尙書、宋國公，可見他在李淵心目中的地位。陳叔達是朝廷中堅定的挺秦王派，由於其在朝廷中的重要地位，爲李世民登基做出了很大貢獻。

就這樣，唐初在老闆李淵的帶領下，李世民和李建成整日陷在你死我活的爭鬥之中，他們不但拚命培植自己的力量，還要在後宮尋求各自的支持者，更要千方百計打擊或者收買對方的屬下。兩派力量的紛爭讓唐初的朝局變得一場糊塗。

李世民有次因軍功賜給淮安王李神通幾十頃良田，結果李淵的寵妃張婕妤之父非要這塊地，秦王令在前，皇上令在後，所以李神通不買帳，於是要地的妃子後來都完全倒向李建成一邊，李世民暫時失去了後宮的支持，最後李世民還是靠著老婆長孫王妃拿著大把的鈔票向後宮示好，才重新獲得後宮的支持。

唐武德九年，數萬突厥騎兵再次入塞，大唐不得不安排人去和突厥作戰，按以往的慣例，應該還讓有和突厥戰鬥經驗的秦王統兵禦敵，但由於害怕出征會使軍權再次落入秦王之手，所以太子李建成提議由齊王李元吉和燕王李藝帶隊出征，只給李世民留了一個軍事觀察員的地位，一場血雨腥風即將開始。

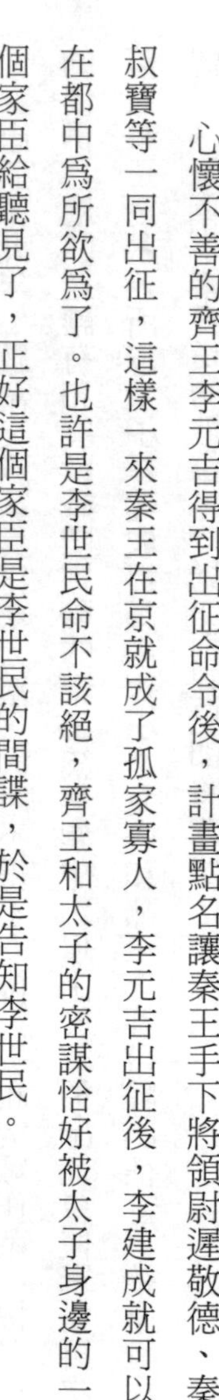

心懷不善的齊王李元吉得到出征命令後，計畫點名讓秦王手下將領尉遲敬德、秦叔寶等一同出征，這樣一來秦王在京就成了孤家寡人，李元吉出征後，李建成就可以在都中爲所欲爲了。也許是李世民命不該絕，齊王和太子的密謀恰好被太子身邊的一個家臣給聽見了，正好這個家臣是李世民的間諜，於是告知李世民。

李世民通過密報瞭解到太子和李元吉準備對自己動手，他立即與長孫無忌、尉遲敬德等親信密商對策，最後大家一致認爲先發制人、後發制於人，可是這是個關係重大的決策，事到臨頭卻有些躊躇難定，尉遲敬德鼓動他說該下決斷的時候，猶猶豫豫是不明智之舉，狹路相逢只有勇者才能勝利。

Q 玄武門事變

該發生的事情最終還是要發生，大唐武德九年六月三日，李世民完成了政變的所有部署後，進宮向老爸舉報了建成和元吉給老爸戴綠帽子的事實，六月四日李淵在無法抉擇之下命人將幾個兒子叫來問話，在兒子到來之前，李淵還饒有興致地在太極宮中「泛舟海池」。

當李淵在太極宮泛舟之際，大唐皇宮宮城北門玄武門發生了一場和政治有關的流血事件，李世民買通玄武門守將常何，他親自率領自己的精銳力量埋伏在玄武門，靜靜地等待李建成和李元吉的到來。當二人毫無防備地來到玄武門時，隨著李世民一聲大喊，伏兵四出，李建成死於李世民箭下，李元吉則被尉遲敬德射殺。

收拾完李建成和李元吉之後，李世民命令尉遲敬德全身披掛硬闖入宮，代替自己嚇唬自己的父皇，李淵看到尉遲敬德果然非常驚慌地問道，外面亂七八糟到底發生了什麼事？是誰在作亂？你來這裏幹什麼？尉遲敬德以保護李淵安全爲藉口軟禁了李淵，然後李世民以老爸的名義發號施令。

李淵對於政變之策可謂非常熟悉，看到自己大勢已去，召集了左右老臣商議對策，蕭瑀和陳叔達乘機獻言說建成、元吉本身對國家並沒有特別大的功勞，況且他們造反在先，這次被秦王誅殺也是順應天意民心，現在不如你識相點，把屁股底下的位子讓給秦王，這樣一來估計天下就又太平了。

李淵順應潮流，急流勇退，先下了「令諸軍並受秦王處分」的敕令，宣布天下事都歸秦王處理，三天後又立李世民爲太子，同時宣布：今後凡國家大事，讓皇太子看著辦，最後只要和我說一聲就行，一個多月之後，李淵主動辭職，讓位於新太子李世民，完成了新舊領導人的平穩順利交接。

＊微歷史大事記＊

西元五九九年六月廿三日　李世民出生在陝西武功。

西元六一八年　李世民被封為秦國公。

西元六二一年　李世民打敗竇建德，消滅夏政權。

西元六二六年　李世民發起玄武門之變，殺死太子，迫李淵退位。

西元六二七年　李世民元貞觀。

第三章

實現夢想

成就貞觀輝煌之治

好皇帝需要包裝宣傳

李世民是靠搞陰謀、發動政變搶得皇位的。他發動玄武門事變，不僅率人殺死了親哥哥太子李建成和親弟弟齊王李元吉，而且將他們兩人在世的十個兒子全部殺掉，最後又逼迫父親唐高祖李淵退位，進而取而代之。所以李世民成功上位後馬上對自己的行爲進行了包裝宣傳。

李世民剛剛被老爸宣布爲太子，他就意識到自己作爲這個帝國的主宰者，應該有著大海一般的寬容胸襟。在玄武門事變之前，大哥李建成集團的人是自己的敵人，但是現在要想治理好這個國家，必須注意敵我立場的轉化，只有讓昔日的敵人爲我所用，才能實現國家的繁榮富強。

李世民登基之後做的第一件事就是赦免太子集團的人，他爲了籠絡這些人，簽署了一個非常人性化的命令，宣布對東宮集團的人既往不咎，願意跟著我幹的，保留官位，不願意跟著我的，發給盤纏，回家養老。東宮的老班底中位置較高的紛紛回家，但太子的下屬軍官，紛紛回到朝中效命。

李世民的赦免令穩定了太子集團的人心，他們認爲這道命令其實是對自己的肯

定，既然肯定了自己，死要面子活受罪已經沒有什麼意義，於是投奔李世民的人越來越多，都得到了重用，他們中有兩個代表性的人物：薛萬徹和魏徵，對他們的重用徹底表明了李世民海納百川的胸懷。

薛萬徹原本是太子李建成的死黨，在玄武門事變中，如果按照他的想法應該派人直接攻打秦王府，致李世民於死翹翹的境地，玄武門之變後，他認爲自己罪大惡極，立即逃往終南山做了草寇。李世民很快就向薛萬徹伸出了橄欖枝，邀請他回到朝廷爲國效力。

薛萬徹在太子李建成死後明白，再想依靠舊主建功立業是癡人說夢，先前之所以逃出長安，就是因爲怕李世民不肯容納自己，現在李世民主動向他示好，他抓住了這個機會，回到了新朝廷，他用自己的行動向李世民證明他的能力，在後來的戰場上他南征北戰，最終立下蓋世功勳。

作爲太子集團的紅人，魏徵不能馳騁沙場，但他有一樣別人不具備的特點——耿直，在李世民心目中，耿直的人往往也大多是忠義之士。玄武門事變後的第八天，李世民召見了魏徵，魏徵的耿直也給李世民留下了深深的印象，李世民決定不惜一切代價留下魏徵爲國所用。

李世民在位廿三年，進諫的大臣不下三十人，「進諫專家」魏徵一人就「上訴」

了兩百多次，講諫數十萬言，炮轟皇帝的言辭之激烈古今少有，如果有「文字獄」，他死兩百次都嫌少。歷朝歷代都沒有過這麼牛的專門給領導挑刺討嫌的專家，由於魏徵的功勞，李世民也成為了中國歷史上最偉大的皇帝，而不是之一。

得到了魏徵這樣的賢臣，李世民真是賺到了，可以毫不客氣地說，貞觀盛世的開創和大臣敢於直言有著很大關係，而直諫之風正是以魏徵為代表開創的，李世民用自己的個人魅力征服了薛萬徹、魏徵這樣的太子集團骨幹，在他的帶領下，這些人齊心協力開創了中國歷史中的輝煌時代。

新官上任三把火，李世民的第一把火就是停止宗教改革。李淵在唐初就下令削減出家人數量，原因很簡單，出家人越來越多，已經影響到了國家的根本，這些人不事生產，而老百姓實在沒有能力養活數量如此龐大的出家人。

李世民剛剛上任，考慮到自己立足未穩，根基尚淺，為了籠絡人心，他把目光投向了數量龐大的宗教組織，在古代除了政府具有第一影響力之外，最具影響力的就屬宗教組織了，李世民對宗教的解禁令，得到宗教組織的一致擁護，李世民也成功控制了宗教這個輿論的主要陣地。

玄武門之變，李世民就是在尉遲敬德的鼓勵而下定的決心，這對李世民的觸動很大，當上皇帝之後他認為政府想要做出合理的決策，僅憑皇帝拍腦門決定是不行滴，

要做出正確決定還是要靠集思廣益，考慮到皇帝的屁股摸不得，大臣往往不敢對皇帝的提議說出自己的真實想法，這對國家是個很大的損失。

李世民敏銳地觀察到了言路暢通對國家的種種益處，爲了讓大臣暢所欲言，他下定決心排除萬難，以各種手段和方法鼓勵大臣們積極上書言事，在國家大事上各抒己見，爲了給大臣們創造寬鬆的政治環境，他規定只要提出對國家有利的建議，一經採納不但重重有賞，而且還會給以後的職稱評定和職位升遷加分。

老爸李淵在位時，由於李淵的小資情調，宮廷生活相對來講是比較奢華的，浪費現象極其嚴重，李淵爲了享樂曾開鑿了人工湖以供遊玩，這些奢華最終都是要由百姓買單，所以百姓苦不堪言，李世民上台後下令國家宣導勤儉節約之風，所有奢華用度必須停止，從而開了一個勤儉治國的好頭，受到了百姓擁護。

李世民上台後的所作所爲大都是爲了維護自己的政治統治，但有一道人性化的命令彰顯出了他內心的仁慈。中國古代宮女的命運是極其悲慘的，一生不能出宮卻又得不到皇帝的寵愛，她們受著生理和精神上的雙重折磨，李世民瞭解宮女們的悲慘生活，他下令釋放宮女，讓她們享受人的生活。

李世民上台之後的新舉措，給朝廷帶來一股清新的風氣，尤其是一些人性化的舉措，一掃他在人們心目中兄弟相殘的暴力形象，人們覺得這個昔日的秦王雖然年輕，但他是一個很有見地的新式君王，在他的領導之下，國家很有可能實現清明大治，於是全國上下出現了一派生機勃勃的繁榮景象。

與突厥的渭水之盟

武德九年八月，趁李世民登基之後立足未穩，突厥頡利、突利二可汗率兵十餘萬人向長安發起了軍事大遊行。

突厥人雖然野蠻，但也深通「無利不起早」的定律，以前唐朝老闆李淵總是和自己裝孫子，現在唐朝老闆換人，李世民對自己的態度還是個未知數，所以他們想利用這次機會探探路。

其實突厥這次襲擊也並不代表他們自己的主觀想法，他們受到了當時僅存的軍閥梁師都的忽悠。梁師都作爲割據軍閥，看到唐朝江山一統，盤算到最終有一天唐朝的屠刀會架到自己的脖子之上，想主動和唐朝進行軍事對抗又沒有這個實力，所以狡猾的梁師都想借突厥之手教訓一下唐朝，讓他們自顧不暇。

突厥大軍一直打到距離長安城西北的二十公里處渭水便橋才停下腳步，畢竟這次突厥的主要任務是試探，頡利可汗到了這後就意識到這裏已經是大唐的核心國土，能

夠侵佔到這兒，就已經能夠證明突厥的軍事實力，況且突厥此次是客場作戰，長安作爲唐的首都，必然重兵守衛，他們也不敢輕舉妄動。

突厥首領是個謹小慎微的人，爲了知己知彼，他派心腹執失思力去長安探聽虛實。嚴格地說，正是突厥可汗一個個令人匪夷所思的決策挽救了大唐的國運，執失思力可能是個威猛的武將，但對於外交完全是門外漢，他在面見大唐新任皇帝李世民之時，本想吹噓一番，卻遭到李世民一頓呵斥，並被關押起來。

面對突厥的襲擊，雖然自己在戰場上和突厥是老對手，但李世民還是感覺到了沉甸甸的壓力，根據目前唐朝兵力，和突厥正面對抗只能是死路一條，不過善於用兵的李世民敏銳地察覺出突厥人這一次和以往的搶了就跑的作風不同，突厥人裹足不前其實是想不戰而屈人之兵，唐朝想勝利就不能在氣勢上輸掉。

面對突厥的使者執失思力來訪，李世民手心捏了一把汗，不過突厥既然首先派人談判，作爲大唐皇帝應該先看看態度再做決定也不遲，不過令人想不到的是執失思力吹牛吹破了天，讓老狐狸李世民看出了破綻，於是他用大唐皇帝和突厥親屬的雙重身分教訓了他一頓，然後決定親自會會突厥可汗。

面對突厥十幾萬大軍，李世民發揚了超人的風範，在沒有超人能力的情況下，他僅僅帶了房玄齡、高士廉等六人勇敢進入了突厥的大營。

李世民的異常舉動顯然讓突厥可汗有點不知所措，在摸不清虛實的情況下，再看看李世民身後旌旗搖擺，人頭攢動，突厥可汗在和李世民交談一番之後果斷地撤兵回國了。

李世民的空城計發揮了巨大的魔力，突厥可汗在佔據絕對優勢的情況之下果斷退兵，李世民也因孤身退敵十幾萬成爲了中國軍事史上的經典人物，這一仗沒有耗費一分一毫的兵力，卻很好地樹立了李世民在唐朝的良好形象。當然這絕非偶然，李世民此次表現出的絕非是匹夫之勇，而是對敵軍心理的正確判斷。

當然某些善於刨根問底的人們最終認爲可能是李世民許以突厥某種好處，才讓突厥乖乖退兵，但這不是問題的關鍵，我們應當看到突厥退兵是事實，而唐朝並沒有給突厥任何好處也是事實，更爲確鑿的事實是兩天之後，爲了表現互相尊重，大唐天子李世民與頡利可汗在渭水河畔斬白馬爲誓，結下「渭水之盟」。

作爲在政治和軍事中摸爬滾打的李世民，他知道政治協議只是一紙空文，如果軍事實力不夠強大，和平是不會實現的，突厥和大唐結盟不過是權宜之計，最終雙方都少不了一場大戰，不過對於飽經戰亂的唐朝來講，暫時的和平也給國家帶來了喘息的機會，終有一天，大唐的軍隊會踏平突厥的每一寸土地。

Q 一定要展現的君王風範

玄武門之變之後，大唐國內百廢待興，突厥的軍事危機這個插曲過後，李世民不得不面對國內另一個問題：如何安排李建成和李元吉的後事。雖然他們已經肉體消失，但在我們這個注重倫理道德的國家中，你對待死者的態度在很大程度上決定了生者對你的態度，如何安葬他們成了李世民面前的一個難題。

在魏徵的建議下，李世民追封李建成爲息王，謚號隱；追封李元吉爲海陵王，謚號刺，並親自重新安葬李建成和李元吉，武德九年十月，李世民率領文武眾臣親自護送兄弟二人的靈柩到墓地，整個過程中李世民都嚎啕不止，相信李世民不是在作秀，皇帝也是人，同胞兄弟骨肉情深，痛哭也是人之常情。

拋開玄武門之變不說，李世民應該說是一個有良心的人，尤其是在對待李建成和李元吉問題上，他完全可以在他們死後將他們拋屍荒野，然後讓那些所謂的文人運用輿論力量搞臭他們，讓他們永世不得翻身，但他沒有這樣做，反而使用了人性化的方式使他們的靈魂得以安息，這才是胸懷寬廣的君王風範。

李世民之所以取得這樣偉大的成就，一方面是因爲他具有超強的政治素養，另一方面和玄武門之變也有著很大的聯繫，應該說那次血腥的事件影響了他的一生，不管是在青年時期的施政方案還是晚年對待繼承人的選定上，都有著儘量避免血腥事件發生的影子。

以王道治國才是主流

聰明的人不會永遠活在過去的陰影之中，在解決了李建成和李元吉的後事問題後，李世民把全部精力投入國家的建設大潮中，因爲他知道只有大唐帝國在他的手中繁榮富強，才能向世人證明自己繼承皇位的正確性。爲了實現大唐的繁榮富強，李世民決定建立一個高效廉潔的高素質管理隊伍。

玄武門之變後，正式掌權的李世民爲了回報多年來支持自己的夥伴，決定對這些人進行封賞，根據眾人在李世民心目中的地位，房玄齡、杜如晦、長孫無忌、尉遲敬德、侯君集被封爲國公，爲了表示民主，李世民還故意客氣地問了問群臣的意見，沒想到他的叔叔淮安王李神通對此次封賞提出了尖銳的意見。

李世民的叔叔淮安王李神通認爲房玄齡和杜如晦不過是草根人物，封賞決不能在自己這個王叔之上，再說李神通本人是第一個回應秦王政變的人，也有很大的功勞。

李神通這句話代表了出身高貴的大臣和自認爲功勳卓著的人的心聲，在朝堂之上有很大的殺傷力，李世民卻當場對李神通進行了不留情面的抨擊。

李世民對當朝大臣進行了分析之後認爲，目前朝廷中分爲三大不同的派系：武德舊臣派，秦王府舊屬和太子集團舊黨，這三個派系在利益的糾纏之下整日爭奪不休，嚴重影響了國家事務的處理，這也是李世民決心建立一種高素質管理團隊的初衷。李世民公開斥責叔叔李神通其實就是想震懾某一部分大臣。

唐太宗李世民當政初期，大臣們中間的太子集團舊黨由於不屬於嫡系，心理處於弱勢，因此沒有大的政治訴求。而秦王府舊部，是李世民的嫡系部隊，紀律嚴明，也沒有在朝廷中產生惡劣影響，最讓李世民頭疼的就是武德舊臣派，他們仗著自己的出身和骨灰級資格，和李世民的思想非常不合拍。

相比那些工作效率低下的武德舊臣令李世民生厭，朝廷中的李靖和李世這些另類人物能時時讓李世民感到快慰，他們屬於逍遙自由派，對朝廷鬥爭無動於衷，在工作上卻屬於埋頭幹活型，如果說貞觀之治文臣得益於房玄齡、魏徵、杜如晦等人，他們作爲武將也爲盛世的開創提供了有力的武裝保障。

爲了解決權力分配問題，李世民在朝堂上公開進行了關於如何治理國家的大討論，魏徵認爲只要運用王道，大亂之後必有大治。而武德忠臣封德彝認爲如果按照魏徵的辦法，天下很難出現清明之象，只有實行霸道的治國方案，才能實現天下太平。封德彝的思想和魏徵對立起來，但李世民明顯同意魏徵的理論。

李世民執政後，對領導班子的調整整整持續了四年，直到貞觀四年，李世民才組建了以房玄齡爲尙書左僕射，李靖爲尙書右僕射，溫彥博爲中書令，魏徵爲秘書監參與朝政，戴冑爲吏部尙書參與朝政，侯君集爲兵部尙書參與朝政爲中堅力量的強有力的領導班子，他要開始大幹一場了。

要攘外必先安內

本著攘外必先安內的原則，安排完了內部事務，李世民把目光投向了北方的強大對手——突厥。突厥是一個困擾中原政權多年的一個少數民族，由於戰鬥力強大，一百多年中，所有的中原王朝解決突厥問題的方式都是和親加上貢。可這種解決方式治標不治本，不但沒有阻止突厥進攻，反而助長了他的囂張氣焰。

隋文帝楊堅是個有著遠大理想和抱負的人，在他執政期間，他看到了突厥給中原政權帶來的巨大危害，在他的心中一直希望用武力解決突厥問題，楊堅時刻準備徹底打垮突厥，隋開皇三年突厥由於入侵隋朝被隋軍重創，內部發生了內訌。突厥的軍事

實力被大大削弱，最終被隋軍趕到西邊的河套地區。

唐朝建立之後，突厥人不斷支持劉武周、梁師都、劉黑闥等軍閥割據勢力對中原的騷擾，但由於種種原因，李淵都採用了裝孫子戰術，包括後來的渭水之盟，李世民也體面地裝了一回孫子，這成了李世民心中永遠的痛，可打擊突厥需要找到一個合適的切入點，思前想後，李世民決定從朔方的軍閥梁師都處入手。

梁師都是軍閥中的猛人，那麼多軍閥都被消滅，他卻還依然不倒，不是因爲他自身實力強大，而是後台突厥比較硬，李世民軍事委員會經過商量，決定出兵滅掉梁師都，如果突厥出兵相助梁師都，那麼就找到了收拾突厥的合適理由和切入點，連突厥一塊收拾。

貞觀二年四月，李世民下令右衛大將軍柴紹和殿中少監薛萬均率軍進攻梁師都所在的朔方，同時命令夏州司馬劉蘭成做好攻擊突厥的準備。事情的發展正好符合李世民的預料，在梁師都的哀求下，突厥派出援軍趕往朔方解救梁師都，唐朝和突厥正式開戰。

唐朝採用圍梁師都打擊突厥援軍的辦法，在包圍朔方的同時，劉蘭成對突厥援軍進行了狠命的阻擊，最終突厥打敗而回，失去突厥支援，梁師都很快也撐不住了，在唐軍多日的包圍下，朔方城嚴重缺糧，梁師都的堂弟梁洛仁爲了能吃頓飽飯，毫不猶豫地獻出了哥哥的腦袋，唐初最後一個軍閥被消滅。

在李世民休養生息的政策指引下，到了貞觀三年，唐朝的綜合國力已經恢復到往日的模樣，經濟的寬裕又讓李世民動了解決突厥問題的心思。但出於身分的考慮，已不允許他親征突厥，於是他把自己的希望寄託在李靖身上。他希望李靖能夠解決困擾自己多年的突厥問題。

李世民之所以被稱爲軍事家，是因爲他在軍事上不是個蠻幹的人，對於突厥問題，他有自己的一整套戰略計畫，他想利用大唐在國際上的影響力，首先從四周孤立東突厥，然後伺機而動消滅敵人。爲了能聯合突厥周邊各部，李世民決定收服最強大的薛延陀部。

突厥周邊有許許多多的小部落，由於飽受突厥欺負，這些部落搞起了聯合，他們一致推選薛延陀部首領乙失夷男爲最高領袖，聯合抗拒突厥。對於部落的聯合推選，乙失夷男連連推辭，他清楚如果沒有強大的靠山，這些弱小部族即使聯合也無法抵擋突厥的侵略。

李世民就是在這種情況下找到了乙失夷男，在給了他無數的鈔票之後，大唐使者堅定地告訴他，和我們合作消滅突厥吧，大唐做你們堅定的靠山。做夢才有的好事乙失夷男當然同意。乙失夷男在唐朝的支持下，通過各方整合成立了薛延陀汗國，並正

式向世界宣布薛延陀汗國爲大唐的附屬國。

解決了突厥周邊問題，征討突厥被李世民提上了議事日程，在代州都督張公瑾有意請求下，李世民看到理由充分，人選合適，立即發佈了戰爭總動員令。貞觀三年，十一月二十三日，十萬大唐軍隊在李靖的帶領下，浩浩蕩蕩殺向突厥。

一代軍神李靖

即將奔赴戰場的主將李靖這幾天都在激動的心情中度過，首次對外作戰，他的領導李世民就把主將的位置交給了自己，可以說他得到了領導無比的信任，作爲本次作戰的總指揮官，他非常清楚，此戰只許成功不許失敗，因爲它事關十幾萬人的生命和唐朝皇帝的面子問題。

六路唐朝部隊攻擊突厥，卻發現突厥軍隊並不像傳說中的那麼可怕，很快好消息傳來：十一月二十八日，任城王李道宗在靈州擊敗突厥，十二月二日，在薛萬徹的進逼下，突利可汗投降唐朝。其他三路大軍也不同程度地打擊了敵人，此時大軍總指揮李靖也帶領大家來到了突厥邊境馬邑。

李靖明白，馬邑再往北就是沙漠，在沙漠作戰由於後勤補給的限制，必須速戰速

決，可怎麼能速戰速決呢？李靖認爲要想速戰速決，必須集中優勢兵力，打一場殲滅戰，消滅突厥的主力部隊。於是他下達總指揮令，命令其他幾路大軍向馬邑集結，以便於集中力量消滅敵人。

貞觀四年正月，經過一番思量，李靖親率三千輕騎兵，攻擊突厥重要的軍事據點定襄城。李靖不是傻子，他的戰略思考是利用輕騎突擊拿下定襄城，然後死守定襄，集合大軍就地打援，結果沒想到雖然順利攻下了定襄，突厥人卻不敢去援救，結果計畫落空。

頡利可汗深通兵法，他及時識破了李靖的計策，讓李靖計畫落空，經過慎重的考慮，頡利可汗選擇龜縮到磧口不出。他這一舉動讓李靖的速戰速決成了一句口號而無法形成現實，李靖通過觀察分析，得出了一個比較無恥的結論——只要能在突厥軍中實施離間計，一樣可以打贏突厥。

作爲突厥高級將領，康蘇密是個不折不扣的倒楣蛋，李靖不按套路出牌，主動進攻定襄城，給了他一記悶棍，他無奈之下被迫撤回突厥大營，把定襄拱手讓給李靖。沒想到李靖又搞假宣傳，說康蘇密是無間道，定襄城是主動讓出的，這可要了康蘇密的老命了，頡利可汗徹底對他投了不信任票。

在康蘇密本身，他堅定地認爲身正不怕影子斜，可他慢慢發現頡利可汗眼中對他

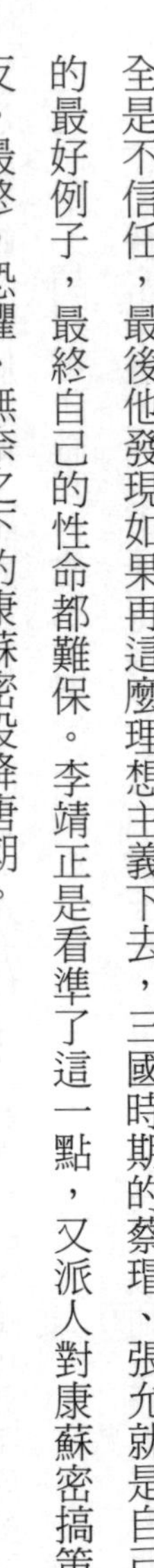

全是不信任，最後他發現如果再這麼理想主義下去，三國時期的蔡瑁、張允就是自己的最好例子，最終自己的性命都難保。李靖正是看準了這一點，又派人對康蘇密搞策反。最終，恐懼、無奈之下的康蘇密投降唐朝。

頡利可汗聽到康蘇密降唐後，十分震驚，他不明白康蘇密是如何從自己眼皮底下溜走的。不過爲了徹底拖垮唐朝軍隊，頡利可汗決定繼續後撤到陰山以北，從而繼續引誘唐軍深入。頡利可汗的逃跑主義給李靖帶來無盡的煩惱，想到領導李世民期盼勝利的眼神，李靖熱血沸騰了，他決定賭上一把。

由於突厥可汗要後撤到陰山以北，李靖調並州道都督李世率軍火速趕往白道截擊突厥，然後讓張公瑾和自己一起去和李世會和，勝敗在此一賭了。李世在兩天兩夜的緊急行軍後，追上了突厥主力部隊，李世來不及喘息馬上投入戰鬥，毫無防備的突厥潰不成軍，頡利可汗拚死突圍，退到鐵山。

頡利可汗有著前所未有的鬱悶，想當年自己帶領大軍迫使唐朝簽下渭水之盟，那是何等的威風，可僅僅四年光景，突厥還是那個突厥，唐朝怎麼就不是那個唐朝了呢？根據目前情況看，如果繼續打下去，自己肯定會敗得更慘，爲了保存實力，他再次派執失思力到長安，不過這次是投降求和而來。

正在爲李世打敗突厥可汗興奮的李靖接到李世民的詔書，告訴他國際形勢突變，突厥求和，成了一家人了，命令李靖率兵護送唐儉到突厥大營。李靖雖然嚴格執行了皇帝的命令，卻在仔細閱讀詔書時發現並沒有讓自己撤兵的消息，憑著自己對皇上的瞭解，李靖認爲應該一鼓作氣徹底把突厥打殘爲止。

李靖自作主張繼續襲擊毫無準備的突厥，頡利可汗由於放鬆了警惕，他被李靖打得落荒而逃，李靖又痛打落水狗，派李世大軍在磧口攔截頡利可汗，屢次遭受板磚之苦的他最後不得不去投靠吐谷渾，結果又被唐朝將領張寶相生擒送往長安，不久在鬱悶中死去。

李世民興仁義之師北征突厥大獲全勝，最終生擒突厥可汗，取得了邊境永久的和平，大家班師回朝，李靖等人受到了李世民的豐厚獎賞。貞觀四年五月，西北少數民族爲李世民請來「天可汗」的尊號，這一年是唐朝繁華樂章的起始，大唐帝國在李世民的手中開始了他的榮耀之旅。

＊微歷史大事記＊

西元六二六年　李世民登基，史稱唐太宗。

西元六二六年八月　突厥軍臨長安，李世民與突厥簽定「渭水之盟」。

西元六二六年十月　李世民赦免原太子李建成舊部，啟用魏徵、薛萬徹等人。

西元六二八年　李世民派遣柴紹、薛萬均征討梁師都，梁師都部被滅。

西元六二九年　李世民分散瓦解突厥政權。

西元六三〇年　李世民組建以房玄齡、魏徵、李靖為首的領導班子，貞觀之治從此正式拉開帷幕。

西元六三〇年　李世民被四方少數民族尊為天可汗。

第四章

功成名就

李世民的帝王情懷

偉大皇帝評選第一人

唐朝從唐太宗李世民開始進入了中國歷史上的鼎盛時期，疆域甚至超過中華第一帝國漢代，是當時世界上經濟最強盛的超級大國。當時只有歐洲的拜占庭帝國和中東阿拉伯帝國勉強和唐朝相提並論，這兩個帝國的經濟就類似於現在的美日，唐朝的國都長安可以說是現在的紐約，頗有世界之都的風範。

唐朝的興盛，也造就了唐朝光輝燦爛的文化現象，韓說柳文奠定了哲學和古文的地位，文壇也出現了「盛唐氣象」，連唐朝大和尚鑒真去日本傳教都廣受歡迎，大大火了一把，至今小日本還對鑒真津津樂道。由於國力強大，所以華人被稱爲唐人，西方現在仍有很多「唐人街」。

奠定強盛唐朝基石的李世民，是一個實打實的民族英雄，能文能武，是「貞觀之治」的開山領袖，世界超級大國的掌舵人，偉大的地主階級革命家、政治家，卓越的軍事家和書法家，傑出的文學家，久經考驗的封建主義戰士。如果有偉大皇帝評選的話，我想他一定高票當選，類似於美國偉大總統華盛頓、林肯什麼的。

李世民的幸福在於他在任期間有著燦爛的文化生根發芽結果，玄奘的故事就是個

典型的例子。

高僧養成術

玄奘其實當初出家的目的並不純潔，玄奘十歲的時候父母雙亡，出家人雖六根清淨，但兄弟之情還是要的，爲讓弟弟討個活命，當時已經是小有名氣的二哥長捷法師，把玄奘留在了身邊。

玄奘從小在廟中長大，在寺廟佛教氛圍的影響下，十歲的玄奘逐漸對佛學產生濃厚的興趣，自學佛法十分刻苦，但身在寺廟並不能說明你是僧人，在隋唐時期，要想成爲一名僧人是很嚴格的事情，必須經歷佛學高考和官方剃度，然後再由政府發給你一個佛教專用身分證。

玄奘抱定了成爲僧人的願望，自認爲滿肚子佛經的玄奘在專心等待政府選拔僧人的考試。很快，這個機會出現了，在玄奘十三歲那年，隋煬帝楊廣派大理寺卿鄭善果到洛陽剃度僧人，可遺憾的是玄奘由於年齡的關係，無法參加考試。玄奘急得在考場之外到處亂轉。

由於機緣巧合，主考官鄭善果看到了在門口東張西望的玄奘，鄭善果由於多年從

事剃度職業，對僧人相面很有一套，他覺得這個孩子不一般，便和他攀談起來，當得知玄奘非常想成爲一名高僧但由於年齡原因無法實現時，鄭善果給他提供了方便，使他順利實現了自己的僧人夢。

玄奘在僧人錄取中走了鄭善果的後門，如願以償成了實習僧人，但要想轉正還需要一個漫長的過程。玄奘在十九歲之前，在洛陽淨土寺一心不聞窗外事，專心唯讀佛法書，爲了提高自己的佛法理論水準，他常與其他寺廟的高僧交流心得，在學習和交流的過程中，玄奘的佛學理論在洛陽當地逐漸開始嶄露頭角。

如果按照玄奘目前的情況直線分析，他會在研究佛法中接著熬資歷，評職稱，等到有一天職稱足夠高，年齡足夠大時去做一名住持。但上天註定了玄奘不會是個普通的僧人，在他十九歲那年李密和王世充在洛陽進行了一場曠日持久的戰爭，戰爭中不但老百姓逃亡，連玄奘和他的哥哥長捷法師也未能倖免。

由於戰亂，玄奘和他哥哥長捷法師去了佛學臨時中心四川，在這個高僧雲集的地方，玄奘看到了自已和那些高僧們的差距，他更加刻苦地鑽研佛法。直到有一天他遇到了一名在佛學界比較有話語權的高僧道基法師，道基法師認爲玄奘相貌奇特，有仙風道骨之像，以後必成正果。

高僧就是高僧，一年之後，在道基法師的幫助下，玄奘受了具足戒，終於成爲一

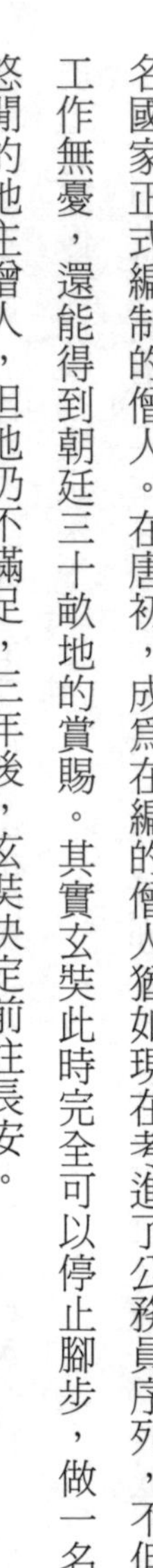

名國家正式編制的僧人。在唐初，成爲在編的僧人猶如現在考進了公務員序列，不但工作無憂，還能得到朝廷三十畝地的賞賜。其實玄奘此時完全可以停止腳步，做一名悠閒的地主僧人，但他仍不滿足，三年後，玄奘決定前往長安。

玄奘懷揣傳播佛學的夢想來到長安打拼，也是機緣巧合，剛到長安，他聽說印度來了一位名叫波羅頻迦羅密多羅的高僧，到長安來講經，印度是佛教的發源地，是世界佛學中心，來自發源地的高僧講經玄奘豈能錯過這個大好機會，玄奘虔誠地聆聽了這位高僧的講解，從這時起，玄奘有了遠赴國外交流佛法的想法。

玄奘爲了能合法出國交流佛法，他組織僧人向朝廷上書請求允許，但得到的回答讓他大失所望。朝廷不允許玄奘西行，其實是情非得已，初唐時期，國力衰弱，因此與周邊國家的關係非常緊張，而且剛剛經歷戰亂的國家急需勞動力，爲防止勞動力外流，唐朝政府下達了禁止出國務工的命令。

在鐵的政策面前，玄奘表現出了自己的靈活性，政府不是不讓出國嗎？我非法偷渡出境，正好貞觀元年出現了重大自然災害，爲了百姓的生存考慮，朝廷下達了災民可以自由乞討的命令，玄奘抓住這個機會，混進災民的隊伍離開了長安城。沒有鮮花和掌聲，玄奘開始了自己偉大的西行之旅。

沒有孫悟空，也要去取經

自古英雄多磨難，準備偷渡出國的玄奘在經過涼州時，又被涼州都督李大亮發現，勒令玄奘立即回到長安。不過幸運的是，由於李大亮忘性較大，沒有派專人強行押送玄奘回長安，玄奘找了個機會又逃跑了，李大亮趕忙下達追捕玄奘的通緝令，可此時玄奘已經到達了瓜州地界。

瓜州的刺史令狐達接到玄奘的通緝令時，已經知道玄奘到達瓜州的消息，令狐達作爲一名虔誠的佛教徒，完美地協助玄奘完成了非法偷渡的夢想。然而玄奘沒想到的是，雖然前方等待他的不是政府的通緝，但他必須要經過一片方圓八十里的沙漠，玄奘憑藉自己驚人的意志最終征服了這片沙漠，走出了唐朝國界。

玄奘西行遇到最大的困難就是如何穿越沙漠，在過了八十里的沙漠之後，還必須要經過邊關五道烽火台，這五道烽火台中間隔著六百里的沙漠。缺德的大自然爲玄奘設置的障礙太強悍了，玄奘面臨著士兵的襲擊和隨時會因缺水而出現死亡的威脅，但他沒有退卻，希望上帝保佑玄奘一切順利吧。

要說佛教的力量真是強大，玄奘在去水源地取水時就被第一座烽火台的士兵抓

獲，他又一次面臨絕境，沒想到這個烽火台的守將也是個佛教徒，在玄奘沒有行賄的前提下，他不但釋放了玄奘，而且還親自護送玄奘過了剩餘關口，接下來玄奘所面對的將是對人類極限的挑戰。

Q 佛祖保佑力量大

玄奘歷盡千辛萬苦，耗費了將近一年的時間，偷渡出了國境，可他實在沒想到他的西行之路竟然和沙漠打起了交道，很快他又來到西行的必經之路方圓八百里莫賀延沙漠，在這裏他時刻接受身體極限的挑戰，兩天之後，他迷路了，水囊裏的水也不小心打翻了，或許是佛祖顯靈，最終找到了綠洲才得以生存。

玄奘西行到達的第一個國家就是高昌國，這個國家位於現在的新疆哈密，雖然是老少邊窮地區，但他們和中原交往緊密，國王伯雅曾親自面見過隋煬帝。不過對於玄奘來說，最主要的是這是一個崇尚佛教的國家，玄奘進入國境的消息傳到時任國王的文泰耳中，他馬上派出使者邀請玄奘到首都高昌探討佛經。

玄奘本來不想去高昌面見文泰，但文泰的地盤文泰做主，爲了順利實現西行，玄奘還是接受了邀請，沒想到見到文泰後，文泰在幾次好吃好喝招待後，提出要玄奘留在高昌的請求，並威脅如果不行就把他送回長安，玄奘心裏這個氣呀，我九死一生來到這裏容易嗎？

高昌國王文泰想把玄奘留在高昌傳揚佛經，沒想到受到玄奘的堅決抵制，玄奘為了讓文泰死了這條心，以絕食相抗。三天水米未進對有著深厚絕食功底的玄奘倒沒什麼，卻嚇壞了文泰，如果一名得道高僧被自己折磨而死，佛祖肯定會降罪的，無奈之下，文泰只好放玄奘繼續西行。

在玄奘西行途中，他看到了從未見過的奇怪民俗，比如龜茲國，以扁頭爲美。爲了追求時尚，他們在新出生嬰兒的頭頂上緊緊地綁上一層木板，以求日後頭型稍扁。更讓他深有感觸的是這些國家對大唐的崇拜之情，他們這些國家的行政結構甚至生活起居都以大唐爲流行風。

玄奘西行途經姑墨國，穿過終年積雪的大凌山，繞過大清池，途經康國、史國、活國、梵衍那國、迦畢試國以及諸多小國後，來到了印度。

當時的古印度是由許多國家構成的總稱，玄奘進入印度國家其實離他的目的地那爛陀寺還有相當長的路程。

進入印度後，玄奘很快來到那揭羅曷國的醯羅城。醯羅城面積雖小，但卻是佛教聖地之一，據說在城郊的一個山洞中與佛有緣的人都能看到佛影，玄奘虔誠地在這兒

等待了很久，終於等到了佛影現身。

玄奘在古印度的這些年裏，他參觀了各地的佛教聖地，讀到了無數的佛教經典著作，並且熟練掌握了一門外語，在這些愛好佛學的國王的支持下，他無償進行了大量佛教經典著作的翻印工作，並結合兩地的佛學特點，和印度許多高僧進行了坦誠的學術交流。

貞觀五年，玄奘經歷了無數的生死考驗，徒步行走十萬多里路後，玄奘終於到達了心中的佛學聖地——摩羯陀國的那爛陀寺。

那爛陀寺雖飽經戰亂，但由於此地是世界上搜集佛學典籍最大最全的圖書館，吸引了無數高僧雲集，在玄奘之前就有義淨、慧輪等國內高僧到過這裏。

玄奘在那爛陀寺生活的十年中，他博覽經書，仔細鑽研，並同當時的著名高僧廣泛交流，最終聲名鵲起。

他曾應東印迦摩縷波國國王鳩摩羅的邀請講經說法，一連十八天全印度的無數高僧竟無一人敢站出來和玄奘辯論佛法，玄奘達到了佛學界無人企及的高度。

載譽歸國的高僧

玄奘不僅是個虔誠的佛教徒，更是個愛國主義者，在國外漂泊十年之後，他帶著無限的榮耀和對故土的眷戀，謝絕了戒日王的高薪挽留，毅然回國做了海龜一族。貞觀十九年正月，玄奘回到了闊別已久的長安，他在印度的出色表現早已傳到了國內，祖國也早已原諒了他當初非法偷渡的犯罪事實。

玄奘從印度載譽歸來進入長安時，收視率再創新高，據記載長安城內當時萬人空巷，一時間商人罷市、學生罷課、官員罷工去爭相目睹這位爲了給祖國人民掙得榮譽而不惜偷渡的高僧。當時太宗皇帝李世民正在洛陽，玄奘在進入長安稍事休息後，馬上被安排去和李世民會談。

玄奘當年西行沒有政策，沒有助手，當然也沒有贊助商贊助汽車、飛機等交通工具，他靠著自己的雙腳一路走到印度，現在他載譽歸來，作爲大唐皇帝李世民深感內疚，爲了表達歉疚之情，他親自規勸玄奘還俗爲官，卻遭到玄奘婉言謝絕，在玄奘的心中，還有著一個爲了心願，那就是翻譯經書。

從貞觀二十年（西元六四六年）一直到唐高宗麟德元年（西元六六四年）一月玄

奘逝世之前，玄奘在人們的目光中淡出，在此期間他默默地在寺廟裏，翻譯著從印度帶回來的佛學經典，在玄奘六十四歲圓寂之後，人們統計，他依靠自己的才學，翻譯經書七十五部，總計一三五五卷。

Q 天天想到大唐玩

在皇帝李世民和一班能工巧匠的打理下，唐朝大踏步地向著小康社會邁進。套用一句時髦的話來說就是，此時的中國正以嶄新的姿態重新屹立在世界的東方，那個時候歐洲各國正在掐架，也沒有裁判，拜占庭帝國犯規也沒人吹哨，穆罕默德還處在創業階段。說唐朝此時是世界上最強盛的國家，那是公認的。

尤其是貞觀四年唐朝收拾了東突厥後，大唐帝國更是扶搖直上，威名遠播。先前提到的周圍各個國家公認李世民爲「天可汗」，天天想找中國玩，就是最好的證明。

當時世界上很多國家都想和唐朝套交情。玄奘西行求法時，走過哪個國家，哪個國家想招玄奘做上門女婿，好多還真的特意前來進貢爲自己的閨女求婚，幸虧玄奘熊頂住了，否則不知得因爲重婚罰款多少美元。爲了感受中國的繁榮，許多國家僧侶，還有少部分的「師、樂工和舞姬」，也不辦理護照就自己划船過來了。

當時的唐朝很強大，和西亞各國也有聯繫，尤其是和伊斯蘭教關係很鐵。在武德時期，伊斯蘭教就已開始在中國東南沿海的民間進行傳播。貞觀六年，穆罕默德的舅母稱旺各師，親自到長安宣誦《古蘭經》，而且受到了李世民的禮遇，後來乾脆嫁在了長安，建立大清真寺，從而開啓了雙方的官方往來。

伊朗、阿拉伯雖然距離唐朝很遙遠，但是沒有最遠，只有更遠。當時最遠的其實是印度洋西岸的東非等國。據史料記載，武德九年十月，非洲的殊奈國曾派使者在海上航行了六千海里，輾轉來到長安覲見皇帝李世民，並且帶來了當地的土特產，讓李世民和朝臣一時間大開眼界。

當然，直到今天爲止，與唐朝關係最密切的，是依然保持著唐風韻味的國家——日本。

日本遣唐使的人員來到唐朝並不是旅遊觀光的，他們每個人依據自身的職責和特長，接觸唐朝各個領域的人，學習中國的文化，回國時，將在中國學到的文化理念以及各個領域的技術帶回本國。唐朝做爲老大哥，就是大方，每次都是毫無保留地向日本人傳授著各方面的成功經驗。

那麼日本向唐朝學習，究竟爲日本國帶來了什麼樣的變化呢？經濟方面，打破日本傳統的氏族制，仿照唐朝的「均田制」和「租調製」，將土地收歸國家所有，土地

租用者向國家負擔義務。國家擁有主權，種地的擁有使用權，這很大提高了老百姓的種糧積極性。

這次改革是一次依照原裝正版唐朝制度自上而下進行的，相信如果沒有遣唐使在唐朝學到的知識，日本是不可能進行這樣改革的。在這次改革中，日本效仿唐朝的三省六部制設立官職，在法律方面，仿效《唐律》，頒佈《大寶律令》，其中規定的五刑、六議、八虐可謂是唐代刑法的山寨版本。

日本在飲食、服飾、建築等方面也向唐朝學習。例如當時日本京都的建築就是山寨版長安，甚至說京都的街道幾乎和長安完全一樣，也有「朱雀大街」、「東市」、「西市」等名稱。我們今天看到日本皇族所穿的和服，其實就是唐朝的服裝，稱爲「唐服」。雖說他們的是水貨，但他們仿真版的物品真讓人信服。

如此看來，日本的進步，實在不應該忘記唐朝這位「老師」。可惜的是，一千多年後，日本這個「學生」，實在有負師恩，居然將重重的拳頭砸向曾經讓自己進步的「老師」，難道他們不懂「一日爲師，終身爲父」的道理嗎？或許他們懂，或許在他們的心中，曾經的老師只是一個被利用者。

在孝德天皇下令改革的二十年後，中國和日本就開始了歷史上的首次交鋒——拳王ＰＫ爭霸賽。

這次交鋒以唐朝全勝而告終，因爲日本人個子太小，相當於中國的三級殘廢，你想他會是對手嗎？不過在貞觀初期，小日本還是很老實的，因爲他怕挨揍。

此時的唐朝是全世界矚目的地方，在長安，你可以看見中亞人、日本人、阿拉伯人、印度人、波斯人。是的，長安，一座萬世矚目的城市，因爲它那豪放豁達的胸襟，因爲它那海納百川的胸懷。長安相當於現在的紐約，世界經濟中心、窗口和聯合國所在地。

發昏的吐谷渾

任何事總會有特殊性，當時在世界上所有的國家都仰慕大唐的威名時，有一個國家很「勇敢」，他想跟大唐比劃比劃，挑戰大唐的權威。這個國家的名字叫吐谷渾。我感覺他是夠昏的，想讓雞蛋和石頭的硬度相等。除非豬都會飛了，但豬都會飛了，誰還買飛機？騎著豬上天不就行了。

隋朝建立後，隋煬帝楊廣聯合鐵勒汗國打敗吐谷渾，當時的吐谷渾可汗伏允不得不流亡國外，隨後楊廣將吐谷渾設爲西海、河源、鄯善、且末四個自治區。隋朝末年，伏允又不老實了，想造反，在隋朝沒空理會西部的時機，趁機復國。

應該說，隋朝建立後，吐谷渾和中原的關係一直比較緊張，要不是隋煬帝楊廣將天下搞得一團糟，吐谷渾也許永遠不會有復國的機會。所以在當時吐谷渾人的心中，對於中原人實在是沒什麼好感。但是他應該對隋煬帝有好感，因爲畢竟隋煬帝是再生父母，給了他第二次生命。

唐朝建立後，吐谷渾屢犯唐朝邊境，唐初由於忙著進行全國統一實在無暇顧及，所以對於吐谷渾的擾亂，基本上是睜一眼閉一眼。只要不大舉進犯，讓他搶些東西，滿足一下他的虛榮心也就罷了，他還真以爲自己長大了。但是到了貞觀九年，一切都改變了，吐谷渾的好運即將終結。

說吐谷渾的好運已經耗盡，是事出有因的，是因爲一個人的進言。這個人就是伏允身邊的大臣天柱王。天柱王在居民戶口本上叫什麼名字，史書已不可考，在當時來講，天柱王是伏允的第一寵臣，我們只要記住他那「蔣幹式」的計謀就可以了。

貞觀八年六月，天柱王上書伏允，請求出兵進犯唐朝的廓州和蘭州，理由是這兩個地方地產豐富，可以搶劫很多財物和美女。在我看來，天柱王其實犯了一個嚴重的錯誤，那就是沒有考慮世民很生氣，後果自然很嚴重。

先前吐谷渾進犯唐境，基本上都是小打小鬧攻打一些小城鎮，搶一大堆東西然後歡天喜地，而這一次天柱王計畫攻打的廓、蘭二州是唐朝的西北重地，除了物產豐富之外，這兩個地方還是唐朝通往西域的咽喉之地。如果這兩個地方失守，那麼唐朝將會徹底失去河西走廊地帶。誰讓人掐了脖子還不反抗？

這次吐谷渾的進犯，讓李世民前所未有地重視起這個西鄰自己的小國。但同時，李世民並不想仗著自己「天可汗」的威名，去欺負一個周邊小國，他相信，通過這一戰，伏允應該能夠老實一陣。但事實證明，狗是改不了吃屎的。一個月後，伏允捲土重來，進犯涼州。

真是好了傷疤忘了疼！面對吐谷渾的再次進犯，李世民決定要徹底解決這個來自西部的威脅。最好的辦法就是讓他消失，他就徹底老實了。李世民先禮後兵：我曾給過你機會，是你無知地錯過。伏允，這一次，你不會再有機會了。

貞觀八年十二月三日，李世民高薪返聘右僕射李靖爲西海道行軍總司令，統帥兵部尚書、積石道行軍總管侯君集，任城王、鄯善道行軍總管李道宗，涼州都督、且末道行軍總管李大亮，岷州都督、赤水道行軍總管李道彥，利州刺史、鹽澤道行軍總管高甑生和歸唐的東突厥契何力等軍進擊吐谷渾。

李靖作爲大唐第一名將，讓他統帥三軍是不成問題的，但此時的李靖已是六十五歲的高齡。在此之前，老將李靖退休在家裏養老，所以對於是否返聘李靖，李世民有些爲難。李世民實在擔心李靖的身體，萬一在征途上李靖有什麼閃失，這個遺憾將是

永遠無法彌補的。

但是當李靖老了、老夠意思了，知道唐軍將要大舉征討吐谷渾的消息後，主動請纓出戰。他明白，這是皇帝李世民被尊為「天可汗」之後的第一戰，這一戰絕對不容有失，得給老闆掙面子。

軍人！當馬革裹屍，或棄屍於草野之間！在李靖的心中，自己的生命早已和戰場緊密相連，真是戰在人在，戰亡人亡。這是李靖最嚮往的一戰，因為這一戰，大唐的威名將會遠播四方。這也是李靖的最後一戰，經歷了一生戎馬生涯，他太累了，也確實該歇歇了。

Q 猛男名將訓練班

侯君集，豳州三水人，是一位猛男，很早就追隨李世民南征北戰，多立戰功，歷任左虞侯、車騎將軍，封全椒縣子。在玄武門事變中，他跟隨李世民參與了整個政變，是貞觀功臣派的重要人物，但是論資排輩他是無法和李靖、李世相比的。

在貞觀四年北征突厥後，由於文彥博的彈劾，李靖主動辭去了兵部尚書的職務，而繼任者就是侯君集。從貞觀四年一直到貞觀八年，侯君集在這個職位上穩穩地待了四年。可見這個人除了勇武之外，爲官之道也是很有一套。要知道能在政界混且屹立不倒，是比泡妞難得多的事情。

這次李世民讓侯君集跟隨李靖遠征吐谷渾，其實是有意培養他。李靖雖然能征善戰，但畢竟已是六十五歲的高齡。大唐的開疆拓土不可能永遠依靠李靖一個人，而侯君集又是李世民的嫡系，所以在李世民的心中，有意培養侯君集成爲未來大唐第一猛男名將。

李世民確實沒有看錯人，侯君集將在這次征途中，表現出一個軍事天才的決斷力和意志力。李靖帶著四萬唐軍浩浩蕩蕩地向西而去，一路下來，動作就跟今天的大型收割機一樣，將敵人一個個放倒，伴隨著唐軍西進的腳步，時間進入了貞觀九年。

三個月的行軍後，唐軍進入了吐谷渾境地。四月八日，先鋒部隊李道宗部在庫山遇到伏允的主力部隊。李道宗一通黑磚拍下去，吐谷渾軍隊就眼暈了，伏允當機立斷，燒盡糧草，放棄輜重，帶領部隊輕裝退入沙漠地帶。

準確地說，伏允撤退的方向是柏海。在伏允看來，從庫山到柏海，中間基本上全是荒漠，唐軍一定會像上次一樣，不會貿然進兵，等唐軍撤走，再組織幾班「兩搶一盜」輪番出來搞一陣，就當徵收稅收了。

四月二十三日，李靖在饅頭山忽然發現伏允的蹤跡，沒等伏允緩過神來，李靖就

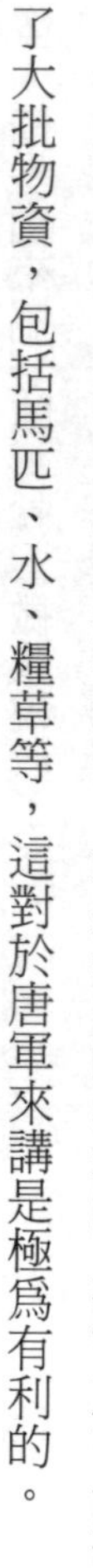

讓部將薛孤兒拍了他黑磚。這一戰除了斬殺很多吐谷渾的王族之外，更重要的是奪取了大批物資，包括馬匹、水、糧草等，這對於唐軍來講是極爲有利的。

伏允雖然打仗很水，但逃跑的技術與世界很接軌，絕對處於世界領先水準。饅頭山一役後，他迅速帶著部隊接著跑。伏允比較倒楣的是，李靖是個擅長追擊戰的老手，上大學開運動會時，李靖的長短跑都經常拿第一。

四月二十八日，伏允跑到牛心堆。正當伏允準備稍事休息的時候，李靖就追了上來，毫無懸念，伏允又是慘敗。爲什麼一碰到唐軍，伏允肯定是戰敗呢？其實，不是吐谷渾軍隊的戰鬥力不行，而是缺乏必勝的信念。或許李靖的名頭實在太響亮，還沒開戰，伏允的人就被嚇跑一半了。

自從和唐軍交手後，伏允無一勝績，其實他也反省，到目前爲止，始終是唐軍在追，自己在跑，究竟跑到什麼時候是個頭呢？伏允忽然覺得，自己先前的想法可能是錯誤的。他總是僥倖地認爲唐軍絕不會深入自己的腹地，所以一直沒有採取堅決的抵抗。可是隨著戰局的發展，他發現形勢對自己越來越不利。

ＰＫ的地點就選在赤水源。事實上，這一次伏允距離成功只差零點一毫米的距離！接連的勝利，卻讓唐軍士氣大振，爲了不給伏允喘息的機會，李靖命令薛萬均、薛萬徹兄弟和契何力帶領一萬名騎兵爲先鋒部隊，先大部隊而行去追擊伏允。

在薛氏兄弟先行沒多久，李靖似乎預感到了什麼，於是他讓校尉追上薛氏兄弟，告誡他們一切要小心謹慎，萬萬不可輕敵。同時，李靖決定，加快自己的行軍速度。多年的征戰經驗讓李靖隱約感覺到，前方或許不會是一片坦途，有可能是荊棘叢生。

對於李靖的告誡，薛氏兄弟最初確實是記在心裏的，絲毫不敢大意，但隨著部隊的前行，沒有遇到任何抵抗，薛氏兄弟開始放鬆下來，由放鬆到懈怠。終於，這種懈怠讓薛氏兄弟付出了慘重的代價。由於輕敵貿進，一萬名騎兵一步步地進入伏允的伏擊圈。

在看到唐軍的旗幟後，伏允迅速下令讓弓箭手向唐軍猛烈地射箭，一時間箭矢如雨，唐軍傷亡慘重。唐軍一時大亂，面對著紛紛倒下的士兵，薛氏兄弟瞬間不知所措。他們唯一能做的除了一邊抵擋飛來的箭矢，一邊高聲告訴士兵不要驚慌。鬼才聽你忽悠，轉眼就會一命嗚呼，轉頭你都不讓。

在一通猛射過後，伏允手下的天柱王迅速帶領兩萬步兵，向唐軍發起猛烈的衝擊。轉眼間，一萬名騎兵還剩下不到三千人。就在這千鈞一髮之際，契何力騎著馬忽然從不遠處殺過來。仗著坐騎快速的衝擊力，契何力將圍住薛氏兄弟的吐谷渾士兵瞬間衝散，利用這個時機，將薛氏兄弟救出重圍。

這一仗，唐軍徹底慘敗，一萬名唐軍騎兵損失殆盡。不過幸運的是，對於戰敗的

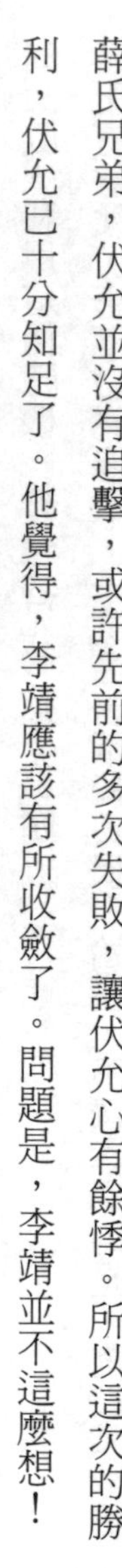

薛氏兄弟，伏允並沒有追擊，或許先前的多次失敗，讓伏允心有餘悸。所以這次的勝利，伏允已十分知足了。他覺得，李靖應該有所收斂了。問題是，李靖並不這麼想！

當李靖看到滿身血污的薛氏兄弟時，就知道先前的預感已變成了現實。李靖並沒有責怪這兄弟倆，也許本來救兵應該分兵出去。作爲全軍主帥，李靖覺得自己是有責任的。所以他做了自我檢討。

勝敗乃兵家常事，一朵花的凋零不會影響整個春天，一次失敗並不會丟掉整個戰爭的主動權，但前提是意志不可動搖。一代軍神李靖當然明白這個道理，他認爲伏允這次小勝一場，必然會有所鬆懈，所以他當機立斷，全力迅速追擊！

至此李靖的這場追擊戰，實在有一些「瘋狗精神」，不咬你個狼牙狗啃誓不甘休！在李靖「瘋狗精神」的震懾下，伏允一敗再敗，從積石山敗到河源，再從河源敗到且末，最終敗到伏俟城下。從積石山到伏俟城，李靖橫掃吐谷渾境地數千里，如今總算「咬」到了伏允的門口。

伏允是很聰明的，在退到伏俟城下時，並沒有進城。他知道自己是守不住這座城的，進城就等於進了死胡同，所以留下天柱王代替自己守城之外，獨自帶著數千名精兵，遠走西部的突倫川。

與李靖北路軍不同的是，南路軍遇到的除了人爲的困難之外，還有自然災害。就在和李靖分兵之後不久，侯君集和李道宗率領兩萬唐軍進入了一片荒漠。這片荒漠沒名字，估計跟死亡遊戲裏的境地差不離，但是它有一個恐怖的面積，全長兩千里。

侯君集和李道宗帶著這兩萬唐軍在這片荒地中足足行進了二十多天的時間。迷路了，他們依靠太陽、月亮、北斗星和風向來辨別方向。西域的氣候多變，荒漠之中更是陰晴不定，兩萬唐軍將士頂著炙熱的驕陽，漫捲的風沙，一步步地向前走著。雖然氣候惡劣，但是沒有一個人退縮。

因爲所有的人都明白，這是一場只能進不能退的行軍。因爲他們是大唐的士兵，爲了大唐的威名遠播，絕不退縮！就這樣，侯君集和李道宗以及兩萬唐軍將士一步步地走出了這片兩千里的荒漠。當他們走出荒漠的時候，兩萬人齊聲歡呼，他們知道自己不僅戰勝了自然的侵襲，更戰勝了自己內心的恐懼。

接下來侯君集和李道宗卻遇到了一個棘手的問題，天降霜雪！而更加嚴重的是，唐軍士兵都是夏天的裝束。侯君集和李道宗雖然打仗一等一地在行，可是對於西域惡劣的天氣，還是有些估計不足。褲衩不能當褲子穿。如何克服這惡劣的天氣呢？侯君集下令，全軍加快行軍速度！

全軍加快行軍速度！這個方法雖然不是很高明，但至少比行軍慢了，所有的人受凍要好。仗著這種以多運動促進血液循環的方式，唐軍又一次成功闖過了一關。但當

他們到達破邏真谷的時候，南路軍遭遇了一路上最為難闖的一關。

破邏真谷這個地方，的確像它的名字一樣，很破，居然破到連一滴水也沒有。侯君集無奈之下，下令人吃冰，馬吃雪，夠不著了騎在馬背上，依靠老天爺施捨的這些東西，勉強繼續前行。

俗話說得好，火車跑得快，全憑車頭帶。幹部帶了頭，闖關有勁頭，我們也確實見識到了侯君集和李道宗的意志力，而作為南路軍總指揮官的侯君集無疑是唐軍能夠連闖三關的功勞最高者。要知道在兩種情況下，軍心是十分容易渙散的。軍心渙散有兩種情況：一種是打了敗仗，另一種就是遭遇極端的惡劣天氣。

而這一次，唐軍在侯君集的總體指揮下，連闖三道難關，從中可以看出，侯君集是一個穩定軍心的高手。穩定軍心不一定非得是封賞許願，有的時候思想工作更有效。當領導組織能力要強，唬人智商一定要高，對了，還得口才好，五分鐘憋出四個字的領導，是難以服眾的。

雖然史料上並沒有記載侯君集是如何穩定軍心的，但我認為在那個艱難的環境中，侯君集一定對手下人說了很多感人肺腑、激勵人心的話，從而讓手下的將士，有信心從容不迫地笑對艱難的處境。向前，就會看到希望，再向前，就會到達勝利的彼岸。跟我走吧！天亮就出發，夢已經醒來，心不會害怕。

五月一日，南路軍到達烏海，與吐谷渾王族梁屈突率領的人馬相遇。王族算什麼？在兩千里的荒漠中，老天爺都不能奈我何？拍他！這一仗毫無懸念，梁屈突基本算是白給，不僅打敗，而且被生擒活捉。剛剛擺脫了惡劣環境的困擾，梁屈突就奉獻上一份大禮，大大振奮了唐軍的士氣。

憑藉著這股士氣，唐軍從烏海一路打到星宿川。很可惜吐谷渾沒有星宿老仙、法力無邊那樣的高人幫忙，一敗塗地。唐軍又奮起直追，出柏海，一路翻山越嶺，碰到的敵人個個跟老鼠見了貓一樣，只顧逃命了。

最終，南路軍在經過三千多里的一路拚殺後，在伏俟城東成功與李靖會和。侯君集正是憑藉著這次追擊戰的突出表現，而成功躋身唐初名將之列。在不久的將來，侯君集將接過李靖手中的旗幟，獨自帶領大唐的鐵騎，在西域廣闊的土地上馳騁，去實現他那軍神之夢！

苦命太子成功記

慕容順時來運轉，在侯君集即將到達大非川的時候，李靖已經開始準備對伏俟城展開進攻。伏允準備開溜，把守衛王城的重任交給了最信任的人天柱王。天柱王對於守城還是兢兢業業的，但他沒有想到，就在自己努力完成伏允交給的重任時，一雙冰冷的眼睛，在背後注視著他，這個人就是伏允的長子慕容順。

慕容順雖然身為太子，卻是個苦命之人，只因為他的身分有些特殊。他的母親是隋朝光化公主，也就是說慕容順有一半是漢族血統。當年隋文帝楊堅為了籠絡吐谷渾人，將光化公主和親給了當時吐谷渾的首領世伏，後來世伏被手下人殺死，他的弟弟伏允即位，伏允不僅繼承了王位。順便將哥哥的老婆一併接手。

在我們看來，似乎伏允的行為讓人有些不齒，其實在當時的少數民族地區，哥哥死了，弟弟娶嫂子；老爹死了，兒子娶後媽的事情是很正常的。這是一種時尚，所以我們不必用漢族人的道德觀念來衡量他們。

由於長期不歸，伏允漸漸地對這個寶貝兒子失去了信心，最重要的是，自己必須要有繼承者。如果哪天自己突然撒手西去，到時國家沒有主人，那將會亂成一鍋粥，所以無奈之下，伏允從其他兒子當中找出一個還算比較優秀的，立其為太子。

武德二年，李淵將慕容順送回國內。回到國內的慕容順忽然發現自己做了多年的「隋吐」友好使者後，太子地位竟然沒了，於是開始心懷不滿。但是不滿也僅僅是在心裏，面對強勢的老爸，他還是不敢發作的。

或許是身上流淌著一大半的漢族血液和崇拜中原文化的緣故，讓慕容順本能地有一種「親漢」傾向。這次天柱王向伏允建議騷擾唐境，就遭到了慕容順的強烈反對，但他的反對遭到了伏允的白眼。沒辦法，先前他多年不歸的陰影始終籠罩在伏允的心中，所以對於慕容順的反對伏允並沒有理會。

隨著唐軍的大兵壓境，伏允一敗再敗，慕容順是看在眼裏，痛在心裏。他很想利用自己曾經的身分優勢，爲父親做點什麼，但隨著伏允不顧自己匆匆西逃，一切都變成幻影。看著其他的兒子可以追隨伏允而去，慕容順的心裏產生了極大的落差。

同樣都是爸爸的兒子，爲什麼地位差距就這麼大呢？更可惡的是，守城的重任完全可以交給我，爲什麼要交給可惡的天柱王？要知道我才是你應該信任的人，如果不是那個天柱王，你無論如何也到不了今天這個地步。

要挽回頹勢，讓吐谷渾在我的手中重新振作，想實現這個願望，首先的一步必須要與唐軍實現和解。在慕容順看來這個願望不難實現，但前提是自己必須要掌權，可是現在老爹將大權完全交給了天柱王，要想掌權就必須除掉天柱王這個絆腳石。

在前邊我們說過，處於兩種形勢下，是最容易軍心渙散的，一種是打了敗仗，另一種是在惡劣的自然環境下。很明顯，這次伏允的慘敗，讓伏俟城中的所有人感受到了一種前所未有的恐懼。他們不知道這座城還能堅持多長時間，唐軍如果攻陷城池的話，會有什麼樣的後果。

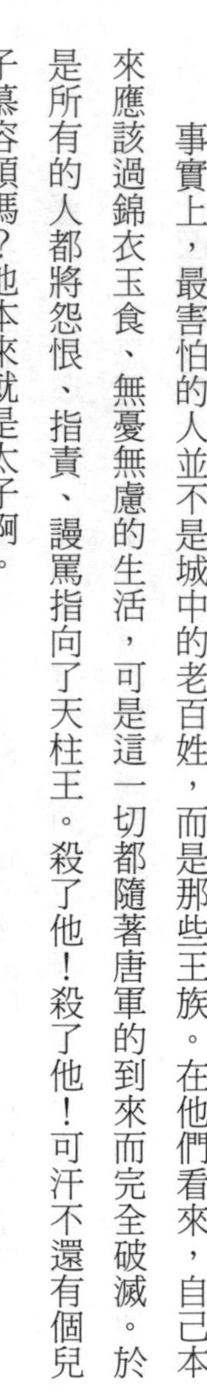

事實上，最害怕的人並不是城中的老百姓，而是那些王族。在他們看來，自己本來應該過錦衣玉食、無憂無慮的生活，可是這一切都隨著唐軍的到來而完全破滅。於是所有的人都將怨恨、指責、謾罵指向了天柱王。殺了他！殺了他！可汗不還有個兒子慕容順嗎？他本來就是太子啊。

好了！慕容順你終於時來運轉了！在慕容順的精心聯合下，在諸多王族的支持下，那個天柱王在一片謾罵聲中，被慕容順送上了西天。一刀揮落，伏俟城就此免於戰火。殺掉天柱王後，慕容順自立爲可汗，然後他做的第一件事就是舉城投降。

此時的伏允身處於突倫川磧沙漠中，忍受著李靖派出的薛萬均、薛萬徹、契何力等人的連續擊打。可惜，伏允同志的抗擊打能力實在太差，一路敗逃至突倫川磧深處，在這裏他終於等來了自己的末日。

伏允最終被那些不滿現狀的軍官砍下了頭，他帶著無限的希望，以及復國的光榮夢想去西天和天柱王相會了。而他那顆高傲的頭已變成手下人向唐軍邀功請賞的籌碼！在屢戰屢敗的事實面前，在艱難惡劣的自然環境下，伏允沒有侯君集那樣穩定軍心的手腕，所以，信心也就變成了空談。

伏允用他不斷騷擾唐境的實際行動，深切地告訴了我們一個道理：出來混，遲早要還的！常在河邊走，總有一天會濕鞋的。

可是剛剛回到長安，部將高甑生就誣告李靖謀反。高甑生這樣做是因爲在剛出征吐谷渾時延誤了會和的時間，結果被李靖責罰，所以懷恨在心的高甑生在回到長安後，想出了誣告的辦法來報復李靖。高甑生自認爲這一次李靖必死無疑，很顯然他低估了李世民的智商。

最終，在紀檢部門的精心調查下，李靖謀反純屬子虛烏有的事情，高甑生被判流放。李世民用實際行動還給了李靖一個清白。也就是從此時開始，李靖獨自悄悄地回到家中，關上了自家的大門，從此閉門謝客，過起了隱居的生活，就連自己的親戚也很少能見到他。看透了官場的險惡，是時候該退出了。

我們稱指揮千軍萬馬的人才爲將；爲將者很少打敗仗的被我們稱之爲名將；能夠將自己的用兵之道傳諸於後世的，被我們稱之爲軍神。而李靖就是名副其實的軍神！

太上皇的孤寂晚年

在李靖拿下伏俟城不久後，躺在病床上的李淵得到了消息，他滿臉皺紋的臉上綻放出了久違的笑容。之所以說是久違，是因爲自從當了太上皇，李淵的心裏一直充滿煩惱。皇帝的老爸難道也有煩惱？沒錯！這種煩惱，完全源於李淵的一種矛盾心理。

自從退位後，李淵就搬出了太極宮，離開了那座代表最高權力的宮殿，搬到了弘義宮居住。李世民為了讓李淵安享晚年，將弘義宮改名叫太安宮。搬到太安宮的第一天晚上，李淵一夜沒有合眼。角色的轉變，形勢的突變，讓李淵有些始料不及，同時瞬間的孤寂讓身為太上皇的他產生了巨大的心理落差。

他想重整旗鼓，努力改變一切。但又有什麼辦法能夠改變呢？如果李淵真能改變這一切的話，他也就不會從那個皇帝寶座上被李世民請下來了。更何況他的年事已高，禁不住一絲風浪的拍打了。還是面對現實吧！現在的處境至少比當年隋文帝楊堅要好很多啊！

此後的日子裏，李淵基本上不再過問朝政，只是用看書、賞花、下棋來消磨時間。但是在他的內心深處，玄武門事變的心結終究是無法解開的，他不甘心看著李世民改變了自己先前設計好的一切，可是卻又無力改變。正是這種複雜的矛盾心態，讓李淵的內心始終充滿煩惱。

貞觀三年，老臣裴寂病故。為此，一連很多天，李淵都沉浸在悲痛之中。要知道在諸多大臣中，裴寂是李淵最為信任的人，兩個人甚至已經超越了君臣之禮，成為了一對惺惺相惜的摯友。李淵不會忘記兩個人在一起喝大酒裝孫子的那段歲月，更加不能忘記為了自己成功登上帝位，裴寂甘願帶領群臣做鋪路石。

貞觀四年平定東突厥後，李世民設宴慶功，身爲太上皇的李淵也出席了這次盛宴，這是李淵逝世前爲數不多的快樂時光。突厥問題的解決，讓李淵激動得淚流滿面，要知道爲了大唐帝國的建立，李淵沒少挨突厥人的揍。

這次宴會，是李淵退位四年多來說話最多，笑容最多的時候，激動之餘，他還親自彈起了心愛的土琵琶，唱起了動人的歌謠。時而婉轉，時而激昂，那感人的旋律、美好的回憶，已和李淵自己完全融合在了一起。當時就連李世民也高興地跳起舞來，文武百官一醉方休，直到深夜李淵才返回太安宮。

李淵最後的一次公開亮相是在貞觀八年三月，這一年，李世民已被尊爲「天可汗」。爲了顯示大唐帝國的國威，李世民特意在城西舉行盛大的閱兵儀式，而作爲太上皇的李淵是特邀嘉賓，當然要到場。

這次閱兵儀式，讓李淵想起了當年晉陽起兵時的誓師大會，於是他全然忘記了自己已經是一個六十九歲高齡的老人，大聲喊：「各位辛苦了！」頻頻向將士們揮手致意，只是此時他的手已經有些顫抖。或許是這次閱兵興奮過度，或許是長時間地矗立在外，這一年的秋天，李淵染上了風疾，從此再也沒有能夠站起來。

只是，在他的心中，似乎還有些遺憾。今天的盛世局面本應該有更多的人能看到，李建成、李元吉、裴寂、李智雲、李玄霸、平陽公主，以及自己的妻子竇氏夫

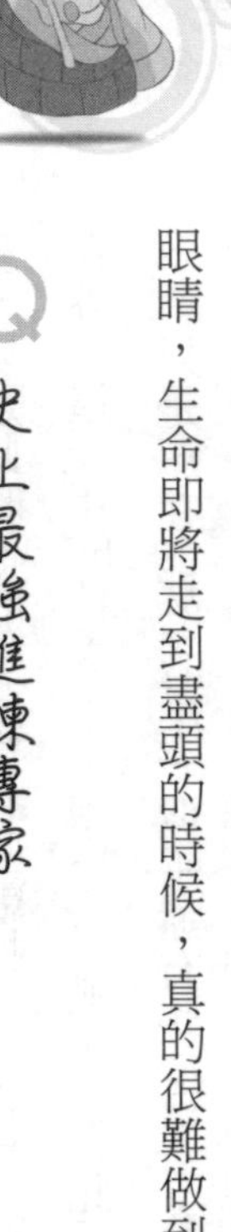

人，甚至還有劉文靜；想到這裏，李淵的眼角淌下了一絲淚水。他依依不捨地閉上了眼睛，生命即將走到盡頭的時候，真的很難做到徹底的了無牽掛。

Q 史上最強進諫專家

貞觀時代的文臣在歷史上具有很高的人氣和大量的粉絲，這是因爲他們除了具備治世的才能外，還具有不同的個性，而他們每個人不同的個性，間接地開創了具有鮮明特色的貞觀新風。接下來，我們就深入地認識一下其中的部分人。

魏徵的家族本是河北的名門望族，曾祖父魏顯義，文武雙全，在中原一帶很有威望，祖父魏彥士人出身，具有很高的文才。父親魏長賢早年曾在河洛一帶上大學，準備考公務員，但卻在申論上寫了當時北齊政府的荒淫無道，而遭到棄用，一個年輕人的遠大前程就此斷送。但是在魏長賢看來，這根本不算什麼。

成爲李世民的重臣後，魏徵繼續發揚父親直言敢諫的優良品行，在貞觀時代實現了自己的理想，僅在貞觀初年他就先後向李世民進諫二百多次，對當時朝廷的決策產生了重要影響。除了在國家大事上敢於直諫之外，就連李世民的個人生活和皇室的內部事務他也不放過。

貞觀六年，長樂公主即將出嫁。長樂公主是李世民和長孫皇后所生的女兒，一直被李世民視爲掌上明珠。公主出嫁是朝廷的大喜事，爲此李世民賞賜很多珍貴的寶物給長樂公主作嫁妝。據史書記載，這次的賞賜超過高祖當年給永嘉公主（李世民的妹妹）賞賜的一倍。

當時沒有人注意到賞賜超過高祖當年給永嘉公主這一點，即使注意到了也沒有人會提反對意見出來。大臣們都明白，皇帝嫁女那是相當高興的，多給些賞賜也是正常的，誰讓人家是皇帝呢？但是有一個人卻在李世民最高興的時候，潑了一盆冷水，這個人就是魏徵。

魏徵的理由很充分：天子的姐妹封爲長公主，女兒封爲公主，長公主比公主輩分高，而且地位更尊貴。即使陛下愛女之心可以理解，但是也不能壞了規矩，所以給長樂公主的賞賜是不應該超過當年高祖給永嘉公主的。

給長樂公主的賞賜是不應該超過當年高祖給永嘉公主的。這實在是太過於鑽牛角尖，當時就連房玄齡、文彥博等人都說魏徵是小題大做，但魏徵卻不這樣認爲。其實魏徵所看重的，並不是賞賜有多少，而是這次事件背後隱藏著一個關乎國家生存的法則——禮法。

在奉行儒家傳統文化的中國古代，對於禮法是相當看重的，而作爲全國老百姓帶頭人的皇室成員，必須要為所有人作出表率。如果連領頭人都壞了禮法，那這個國家將會逐漸地崩潰。魏徵正是以超越常人的敏感，時刻提醒著李世民，類似於這樣的小事，還有很多很多，可以說，魏徵做到了大事、小事，事事進諫。

早在貞觀元年就有人向李世民告發魏徵以權謀私，李世民讓御史大夫溫彥博配合紀檢監察部門調查此事，結果證明並不屬實。但文彥博卻提醒李世民說，既然有人告發魏徵，說明魏徵言行肯定有不妥之處，於是李世民就讓文彥博提醒魏徵讓他注意自己的言行，凡事要少說多做。

從效忠李建成，到效忠李世民，魏徵想博得忠臣的美名也不可能了，所以只能用「良臣」的概念來說服李世民。不過魏徵這番關於「良臣和忠臣」的論述，直到今天為止，仍給人們以深刻的啓發。正是憑藉著這番論述，魏徵成為了中國歷史上諍臣的代表人物。

魏徵的美名在於自身的努力，更在於貞觀時期寬鬆的政治環境。設想魏徵如果在楊廣的手下，恐怕滿頭都是頭都不夠砍。魏徵的理想與李世民的現實需要可謂是一拍即合，正像我前邊所說的，君臣二人的共同合作，在歷史上留下一段佳話。魏徵以其鮮明的個性，開創了中國歷史上諍臣的新局面，那就是犯顏直諫。

優良宰相風範

所謂房謀杜斷，是指房玄齡的「謀」和杜如晦的「斷」。房玄齡和杜如晦是李世民手下的老資格成員，甚至可以說是嫡系，除了很早就已投靠李世民之外，兩個人在玄武門事變中也是首席功臣，所以想不得到李世民的重用，都很困難。

貞觀三年二月，房玄齡和杜如晦分別被任命爲尙書左、右僕射，兩個人同時撐起了李世民的宰相班子。剛一上班，李世民就將選拔人才的重要事情交給了兩個人，而且是絕對地信任。李世民對兩個人說道：「你們身爲宰相，一定要廣求賢良之士，依據個人的才能授予相應的官職，這是你們的職責。」

要知道，房玄齡和杜如晦可是剛剛被任命，在宰相這個位置上，還沒有做出任何成績，而李世民對他們的信任就已超過了對其他人的信任。我想除了他們是李世民的嫡系，除了兩個人的才能之外，李世民看重的是兩人良好的工作作風所產生的那股「合力」。

雖然，杜如晦在貞觀四年不幸病逝，但「房謀杜斷」的這種精神並沒有瓦解，相反由於杜如晦的不幸早逝，讓李世民更加堅定將「房謀杜斷」的精神不斷發揚，最終

成爲燎原之勢，後來李世民選拔出來的很多黨政公務員，都用這種精神作爲考題進行面試。

杜如晦病逝後，李世民悲痛不已，有一次忽然夢見和杜如晦探討國事，而且杜如晦的形象和生前沒有差別。醒來後，李世民爲之流涕，立即派人帶上禮品前去慰問杜如晦的妻小，並且宣布保留杜如晦生前的那些官銜。

房玄齡性格上也有致命的缺陷，那就是決斷力太差，總是顧忌太多，這就使他在某些時候總是處於一種平常的角色。魏徵可以犯顏直諫，長孫無忌憑藉著自己外戚的身分，可以與李世民探討一些敏感的問題，而房玄齡只能充當一個辦事員的角色，盡心盡力地完成李世民交給的任務，不敢有絲毫的越軌行爲。

房玄齡給人留下的印象總是很低調，做了不少事，卻好像不如魏徵那樣成爲人們矚目的焦點。或許他知道太多李世民的秘密，所以爲了自身考慮，不得不隱藏自己。

Q 後宮家務事

在古代，皇帝除了處理好朝政之外，還要處理好後宮事務。對於皇帝來講，後宮事務是和朝政一樣的大事，你想呀！後院著火了，前廳安靜得了嗎？皇帝由於事務繁忙，不可能照顧全面，所以就需要一位賢明的皇后來替自己打理後宮的具體事務，長孫皇后就是一位名副其實的「賢內助」。

都說一個失敗的男人背後，會有幾個女人支持；而一個成功男人的背後，只有一個鼎力支持的女人，後半句話用在李世民和長孫皇后這對夫妻身上，實在是量身定做的。除了妻子應盡的義務之外，長孫皇后還常和李世民討論詩書、研究歷史，使李世民受益頗多。

大家應該還記得，在玄武門事變之前，所有人都凝神等待時，她的出現，一個淺淺的笑容，一句「同志們要注意安全哦」的溫暖話語，激勵了所有在場的人。從這個細節就可以看出，長孫皇后是一個心細之人，而且爲了自己夫君事業的成功，即使讓她一個婦道人家掛帥出兵，也在所不辭。

李世民即位後，長孫皇后助政之功尤其多。貞觀元年七月，李世民進封長孫無忌爲尚書右僕射、左武侯大將軍、吏部尚書。在這裏我們不談李世民當時內心深處真正的想法，單說長孫皇后。當她聽到這個消息後，心中惴惴不安，多次向李世民建議辭退自己哥哥的公務員身分，爲此還說了幾句謊話。

事實上，在長孫皇后的心中，一直嘀咕著一件事。那就是外戚專權！自幼歷史學得很好的長孫皇后對漢代呂氏和霍氏專權頗爲熟悉，她明白，外戚如果權勢過大，會

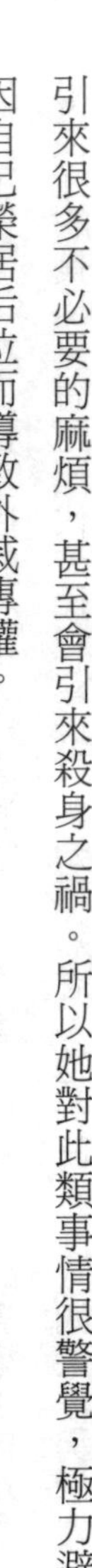

引來很多不必要的麻煩，甚至會引來殺身之禍。所以她對此類事情很警覺，極力避免因自己榮居后位而導致外戚專權。

長孫皇后無疑是很聰明的，她明白，人的內心欲望是無止境的。國家政權本來是不屬於她這個家族的，而外戚一旦執掌大權，由於內心欲望的不可遏止，很可能會導致亂政的出現，所以長孫皇后要把外戚專權的苗頭扼殺在搖籃之中，在招聘公務員考試中，娘家人連報名的資格都沒有，爲此還讓家人臭罵了一番。

長孫無忌最終辭去僕射的職位，不能不說與長孫皇后的阻諫有關。在前邊我們說過，李世民很有可能是在考驗長孫無忌，或許長孫皇后早已猜透李世民的心思，除此之外，她也儘量不讓自己的親戚在朝中爲官，尤其是公檢法司幾個顯眼的部位，她知道高處不勝寒。

不論如何，長孫皇后以自己身體力行，極力維護李唐皇室的長治久安，同時也是爲了保障長孫家族的安全。長孫皇后的賢明還體現在對李世民一往情深上。李世民有一次得了重病，很長時間不見好轉，她晝夜侍奉，而且爲自己準備了一包毒藥。她的想法是，如果李世民一旦病故，自己也將追隨夫君而去。

貞觀十年，長孫皇后病危，太子李承乾想奏請李世民釋放囚徒和召方士入宮爲母親做佛事，以祈求母親儘快好起來。兒子的孝心，母親當然能深刻地體會，但長孫皇后拒絕了，她說：「生死由命，富貴在天，閻王讓我三更死，我就看不到黎明的曙光，不要勞民傷財，讓皇帝受百姓的口水指責。」

彌留之際，長孫皇后取出了那包保存已久的毒藥，然後告訴李世民說：我以前隨時將這包毒藥帶在身上，目的是如果皇上一旦有什麼不測，我將追隨陛下而去，誓死不做專權的呂皇后。一句話，讓李世民頓時痛哭流涕，眼淚跟水龍頭似的，頃刻變成一個淚人皇帝。

直到長孫皇后去世很久後，後宮的司籍官員才把《女則》這部作品呈現給李世民，李世民閱覽後，悲痛不已，說道：「皇后這書是高等院校的女人禮儀書。《女則》共三十卷，其內容總結了歷史上婦女的得失教訓。作爲後宮女子應效法古賢，砥礪自己。」遺憾的是，由於年代久遠，這部作品已經遺失。

立志成為大唐女婿的吐蕃

自從貞觀九年平定吐谷渾之後，一直到貞觀十二年八月，可以說李世民的文治達到了一個極盛時期，在「天可汗」的威名感召下，四方臣服，不斷來賀。但是從貞觀十二年九月開始，唐朝在西部開始了一連串的征討。接下來，在文臣表演之後，大唐

帝國的武將們繼續書寫自己開創武功的傳奇故事。

在唐吐關係的起始階段，雙方還是很友好的。對於松贊干布的朝貢，李世民很是高興，於是派遣使節馮德遐進行回訪。讓李世民萬萬想不到的是，他派出去的這個馮德遐是個名副其實的成事不足、敗事有餘的菜鳥。他按豬的審美觀，認為自己基本算得上是個帥哥，年輕人實在有點浮漂。

作為回訪的使節，要清醒地認識自己此去的任務，那就是盡到禮數，不失國體，當然，如果能力突出的話，在回訪的過程中，能夠展示自己國家的國威那是更好，但如果沒有十足的把握，最好不要多講話。

數月後，馮德遐離開吐蕃回到長安，與他同行的還有松贊干布派出回訪唐朝的使節。松贊干布對於這次回訪唐朝的目的很明確，那就是想當唐朝的姑爺。松贊干布滿懷信心地等著李世民的好消息，他相信自己這麼主動要當女婿，李世民一定也會樂意的。但讓他感到意外的是，李世民斷然回絕了他。

當李世民聽吐蕃使節松贊干布求婚的意圖時，臉色頓時變成了鐵青，一來吐蕃和唐朝是剛剛才有了交往，二來作為蠻夷之邦的首領，哪裡配得上我大唐公主？以前和親突厥和吐谷渾，是權宜之計，你以為我是發自內心地想呀，雙方剛剛才有了接觸，就惦記上大唐公主了，一點都不含蓄。兩個字：不幹！

李世民的回絕，讓松贊干布不爽。他實在不明白，自己不過是按照李世民的意圖來做，爲什麼李世民又要回絕？鬱悶的松贊干布實在不甘心，在他的心底漸漸升起了一股怨恨之氣，而現在李世民率先撕破臉皮，所以他決定和這個大帝國掰一掰手腕。

松贊干布先用自己的實力，挑戰一下李世民「天可汗」的威名。在他看來，李世民拒絕和親，其實是在藐視自己。他認爲李世民對吐蕃的實際情況並不瞭解，而這就是自己最大的優勢。至少目前松贊干布是這樣認爲的。不久之後，他將徹底否定了自己先前的想法。

當松贊干布率領大軍到達距離松州三十里的地方時，命令部隊停止前進。畢竟從前和唐朝並無多少往來，唐朝不瞭解自己，而自己同樣不瞭解唐朝，松州城究竟是個什麼狀況，松贊干布心中也是沒底。

如果趁著這個機會，韓威這貨能夠充分重視眼前這個對手，加固城防，或者率領足夠的兵力突襲遠道而來的吐蕃大軍，勝算還是很大的。但我們自大的夜郎韓威先生居然只帶領一萬名輕騎兵出城迎敵，在他的印象中，吐蕃的軍隊不過是幾個散兵游勇，不用費勁。

當李世民看完求援的文書後，頓時火冒三丈，自平定吐谷渾之後，四周還沒有哪個國家跟我大唐掰手腕，這次松贊干布膽敢前來，在李世民看來，這是有意和唐朝爭

奪霸主的地位。李世民一拍桌子，當機決定，替他爸爸用武力來教訓一下不知天高地厚的吐蕃人，這一次被李世民選中出征的人是侯君集。

這次的軍事行動，除了侯君集是第一次獨領三軍之外，隨之出征的都是後起之秀，具體有左武衛將軍牛進達、左領軍大將軍劉簡、右領軍大將軍執失思力，除了執失思力資歷稍老之外，基本上都是新人擔綱。真是江山代有人才出啊！也就是從此時開始，侯君集逐漸爬上了他人生的最高點。

李世民如此信任自己，侯君集心中很是激動，他發誓自己一定要打個漂亮的勝仗回來，不辜負皇帝對自己的信任。事實證明，侯君集勝得那是相當輕鬆。爲了儘快解除吐蕃對松州的包圍，侯君集在帶領大軍離開長安之後，就命令左武衛將軍牛進達率領兩萬名輕騎兵爲先鋒敢死特種部隊，急速趕往松州解圍。

吐蕃人從小習慣玩家家酒，缺乏大戰經驗，在唐軍衝進陣營的一剎那，全都四散逃走，帶頭逃跑的人是松贊干布。不過他也很無奈，在絲毫沒有準備的情況下，如果貿然倉促應戰，風險實在太高，唐軍走過，地面狼煙滾滾滾，松贊干布實在不知道這次唐軍到底來了多少人。

吐蕃人的撤退速度還是能跟世界接軌，相當快，可以稱得上處於世界領先水準，在松贊干布的帶領下，二十萬人頃刻間全都退回吐蕃境內。而牛進達在偷襲得手之

後，並沒有繼續追擊，因爲松州之圍已解，任務已經完成。

當消息傳到侯君集那裏時，這位雄心壯志的主將內心感受頗爲複雜，一方面他爲自己能夠如此順利解除松州之圍感到高興，另一方面，他又覺得這次出征實在很不過癮。仗還沒真正開打，吐蕃人怎麼就屁滾尿流地跑了呢？侯君集成就軍事偉業的夢想看來還要繼續等待下去。

一〇一次求婚

唐吐首戰，以吐蕃人的敗退而結束。此時，松贊干布明白了，目前以自己的實力，還不足以和大唐帝國對抗，自己現在所要做的就是和唐朝保持友好關係。腦袋開竅的松贊干布爲此專門派出特使，到長安向李世民道歉。當然，這位仁兄依然沒有忘記向唐朝求婚。搶著當人家女婿，是因爲丈人家實在很富有。

松贊干布的成功求婚，其實經歷了一個漫長的過程。貞觀十二年的這次求婚，李世民只是答應了他，但沒有立即付諸行動，一直到貞觀十四年年底的兩年時間裏，松贊干布三次派出使節前往長安，希望能夠儘快促成和親之事。最終在貞觀十五年，李世民選中宗室之女文成公主入藏和親。

吐蕃的王城邏些城距離長安八千里，而且土地貧瘠，物產匱乏，作為生活在長安皇宮內院的文成公主，為什麼要主動應徵前往呢？或是出於對那片神奇土地的好奇，或是對那片雪域高原的憧憬，或許她明白兩國和親的意義所在，總之一句話文成公主堅信自己將會完成這個神聖的使命。

貞觀十五年十二月，十六歲的文成公主向著故都長安依依不捨地投去最後一瞥，問世間情為何物，直叫公主頻頻回頭，然後在夏王李道宗和吐蕃送親專使祿東贊等人的護送下，踏上了通往雪域高原的八千里路程。

消息傳到松贊干布那裏，松贊干布顯得十分興奮，多年做唐朝姑爺的願望就此美夢成真。興奮之餘，松贊干布決定親自率軍遠行至柏海迎候。在離黃河源頭不太遠的紮陵湖和鄂陵湖畔，松贊干布建起柏海政府招待所，一對異族夫婦便在這美麗的地方，開始相識、相知、相愛。

Q 文成公主和番記

在柏海行館停留了一個月後，松贊干布和文成公主等一行人隨即入藏。當他們到達邏些城外時，受到了成千上萬藏民的夾道歡迎。人們載歌載舞，歡騰雀躍，爭相目睹這位從舉世聞名的唐朝不遠萬里來到這裏的美女公主。

文成公主入藏後，和松贊干布始終相親相愛。值得一提的是，松贊干布爲了表達對愛妻的至深之情，特意爲文成公主修建了一座華麗的宮殿。這座宮殿就在今天西藏拉薩市北京中路，所有到西藏旅遊的人，都會去瞻仰這座美麗的宮殿，因爲它已經成爲西藏的標誌性建築。找個遠地方的媳婦也有好處哦！

而文成公主也的確盡到了一個妻子的義務，她以款款柔情善待松贊干布，使得這位生長於荒蠻之地的吐蕃國王深切體會到漢族女性的修養與溫情。文成公主憑著自己從唐朝那裏學來的知識和思想，細心體察吐蕃的民情，然後提出各種合情合理的建議，幫助丈夫治理這個地域廣闊、民風剽悍古樸的國家。

但文成公主又不是那種極有權勢欲的女人，這一點，她很像長孫皇后。她參與治國，卻從未要求松贊干布給自己一個官職，對於吐蕃國的重大政治決策，她只是提出自己的看法，並不強行干涉。因此松贊干布和大臣們對她非常敬重。常向她討教唐朝的政治制度以作爲他們行政的參考，而廣大的吐蕃民眾更視她如神明。

文成公主在吐蕃一共生活了四十多年，除了幫助松贊干布處理政務之外，同時還親自教藏民們種植玉米、土豆、蠶豆、油菜、小麥等，極大地豐富了當地的物產。其中小麥在高溫氣候的作用下，不斷變種，最終長成了藏族人民非常喜愛的青稞。你現

在喝的青稞酒，吃水不忘挖井人，該感謝的對象是文成公主。

當時唐朝的佛教盛行，而吐蕃卻沒有一絲佛教氛圍。文成公主是虔誠的佛教徒，所以到達吐蕃後，決定在當地弘揚佛法。著名的大昭寺就是文成公主主持修建的，而且寺廟建成後，文成公主與松贊干布親自到廟門外栽插柳樹，而柳樹意外地活得很長青，這就是「唐柳」的由來。如今已成爲漢藏兩族人民友誼的象徵。

關於文成公主在吐蕃的功績，一天一夜也講不完。總之，從文成公主入藏開始，到唐高宗咸亨元年薛仁貴率兵征討吐蕃爲止，整整三十年的歲月，由於文成公主上大學時博學多能，對吐蕃國的開化影響很大，不但鞏固了唐朝的西部邊防，更把漢民族的文化傳播到西域，極大促進了吐蕃社會的進步。

唐高宗永隆元年，文成公主逝世，吐蕃國爲她舉行了隆重的葬禮，真是鑼鼓喧天，鞭炮齊鳴，人山人海，痛哭流涕。松贊干布親手用千年松柏給她紮了靈車，那場面是相當壯觀，爲了銘記這位偉大的女性，人們爲她修建了一座塑像，至今這座塑像依然矗立在拉薩市內。

多民族的和親政策促進了各民族的交流和溝通，其實李世民不是純粹的的多民族主義者，他之所以同意把自己的女兒遠嫁他鄉，是爲了追求國家利益的最大化，自從唐朝打通了通往西域的道路，大唐帝國在西域有了自己的利益訴求，如何經營西域成了大唐的新課題，文成公主和松贊干布的婚姻就是經營策略之一。

拔掉高昌這顆眼中釘

李世民坐擁長安城，胸懷全世界，他前瞻性地觀察到要想讓絲綢之路保持永久的繁榮，必須在西域安插自己的棋子，從而牽制和削弱北方遊牧民族的勢力，這樣還能夠保障河西、隴右的安全，有效防止南、北兩個游牧民族手拉手過上幸福生活，這樣一來除西藏之外，高昌國也是戰略要地之一。

高昌和大唐帝國之間曾有過一段甜蜜的回憶，憶往昔，文泰的老爸伯雅去世，唐朝派遣專使前往弔唁。親人越走動越親熱，貞觀四年，文泰親自前往長安就國內國際局勢和周邊關係問題和李世民進行了親切會晤，李世民親自主持儀式歡迎，應文泰老婆的請求，李世民還把她納入皇室族譜，並且封爲長樂公主。

高昌國還有一個近鄰，就是消停好久的西突厥，東西突厥分家之後，西突厥在了乙毗陸可汗的努力，綜合國力逐漸強盛起來。本來西突厥和唐朝關係也不錯，可隨著唐朝經營範圍的不斷擴大，尤其是地球人都能看到的大唐對西域的苦心經營，西突厥心裏不平衡起來，要知道，他可是西域傳統的霸主呀。

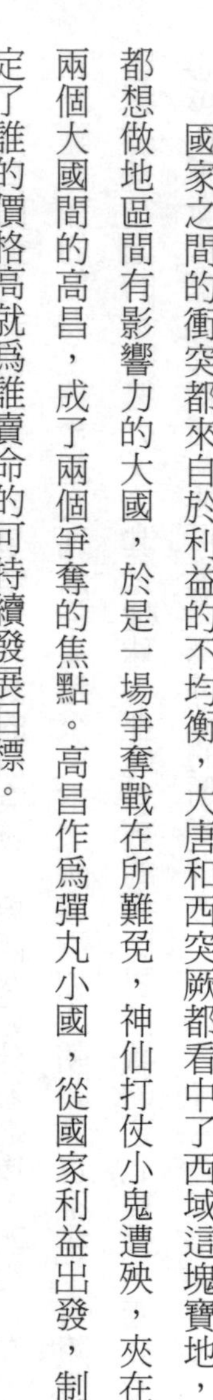

國家之間的衝突都來自於利益的不均衡，大唐和西突厥都看中了西域這塊寶地，都想做地區間有影響力的大國，於是一場爭奪戰在所難免，神仙打仗小鬼遭殃，夾在兩個大國間的高昌，成了兩個爭奪的焦點。高昌作爲彈丸小國，從國家利益出發，制定了誰的價格高就爲誰賣命的可持續發展目標。

爲了尋求高昌的支持，西突厥表現出了和少數民族不相對稱的智商水準，他們先派大將阿史那步真率軍進至可汗浮圖地區，用武力威脅高昌，然後又派朝臣阿史那矩以學習爲名，充當西突厥的間諜探聽高昌動向，同時西突厥還糾結了一些流落於突厥部落的國際難民，販賣到高昌充當廉價勞動力。

大唐仗著自己和高昌的國王文泰是好哥們，在高昌爭奪戰中並沒有許給高昌以實際利益，這讓文泰有點不高興，再怎麼說自己現在也是國家紅人，沒想到大唐這麼不上路，在利益面前高昌不爲純真的友誼所拘泥，立馬臣服於西突厥，爲了表現自己的忠誠，他們果斷地中斷和大唐的雙邊交往，並召回駐唐使節。

高昌國王文泰是個虔誠的佛教徒，但在現實生活中一旦面對實際利益，別說如來佛祖，就是耶和華也難以吸引他的興趣，他是典型的有奶便是娘主義者。更有甚者，爲了顯示自己對西突厥的忠誠度，文泰還強行扣留唐朝的難民，禁止他們回國。當唐朝派人交涉時，這哥們來一句：我的地盤，我做主！

高昌國王文泰小丑般的跳樑表演，最初李世民都報以寬容的態度，表現得還是十分理智，並沒有和高昌徹底決裂。可貞觀十二年，高昌和西突厥勾搭起來，竟然攻打唐朝的西域屬國焉耆，並接連攻破焉耆的三個重鎮，俘虜人口無數，焉耆無奈之下向父母國大唐求援，李世民這才下決心發兵攻打高昌。

李世民面對高昌不知天高地厚的做法非常氣憤，在李世民看來，焉耆被欺負倒還不算重要，關鍵是唐朝在西域的面子和利益遭受挑戰，在多次警告無果的情況下，李世民決定爲了自己的利益，亮劍出鞘，動用武力拔掉高昌這顆眼中釘，重新樹立大唐在周邊國家的形象。

貞觀十三年十二月，李世民以軍事委員會委員長的身分簽署命令，任命兵部尚書侯君集爲交合道行軍大總管，統領全軍正式討伐高昌。這次出征大唐集結了十五萬軍隊，並派出了以侯君集爲代表的明星將軍陣容，李世民爲了唐朝在西域的利益可謂是下了血本。

貞觀十四年元月，十五萬唐軍在侯君集的率領下，一路向西殺去。

高昌國王文泰聽說侯君集準備直搗高昌都城時，不但沒有絲毫驚慌，反而氣定神閒地評論唐軍西征高昌是癡人說夢。他相信依靠高昌國內的兩千里沙漠和惡劣的自然環境，哪怕是李世民親自指揮也斷然沒有勝利的可能，因此他判斷不出二十天大唐軍

隊必定大敗而回。

雖然吹牛不用上稅，但文泰忘了有時候吹牛是要付出代價的，他認爲唐軍後勤補給困難使得唐朝難以戰勝自己，可他忘了總結最近四年間唐朝軍隊之所以能夠打敗東突厥、吐谷渾兩個強大對手的原因，文泰哪裡知道決定戰爭勝負的關鍵是什麼。

貞觀十四年四月二十日，唐軍在侯君集的率領下，通過契何力這一出色嚮導的指引，順利跨過兩千里的沙漠，到達距離高昌王城二百里的柳谷，侯君集此時才鬆了一口氣，爲了能一舉攻破高昌王城，侯君集下令大軍就地休整，派人去前方刺探情報，沒想到探馬卻帶來了讓他哭笑不得的消息——文泰暴病而亡。

唐朝將領都想趁文泰安葬時偷襲高昌王城，把高昌的精英們一網打盡，然而侯君集卻認爲大唐軍隊是仁義之師，如果趁高昌安葬國王之時偷襲王城，將會失去江湖道義，爲人所不齒，這也與唐太宗的王道治國方針相違背，所以他決定放棄唾手可得的王城，轉而向田城進發。

在田城之下，侯君集沒有趁人之危立即攻城，而是架起高音喇叭，對城樓上的守將做勸降工作，但很遺憾的是，守城軍士不但沒有表現出有朋自遠方來不亦樂乎的儒雅，反而採用堅守之策，任爾東西南北風，我自巋然不動。這可惹惱了侯君集，忍無可忍之下他下達了攻城令，一日之內攻破田城。

高昌國的新主人智盛絲毫沒有新軍登基的喜悅，相反他每日愁容滿面，老爸不顧組織紀律，在沒有和自己商量的情況下就去西天找如來佛祖報到去了，老爸算是到了極樂世界，可眼前的唐軍卻沒有去追趕老爸，反而叫囂著父債子還，堅決要向高昌王城拍板磚，真是愁死人了。

老子英雄兒好漢，文泰生前就是英雄，所以他的兒子也不是狗熊一族，看到已經到達了高昌都城之下的唐朝鐵騎，他立刻就想出了退敵之策——求和。本著對國家負責、對自己負責的態度，智盛派人和侯君集進行溝通，並親筆告訴侯君集：「老爸得罪唐朝，現在已經得到報應，我沒有得罪你們，請你們放過高昌。」

高昌國王智盛的求和信得到了人們的一致同情，這封信中表現出的謙卑、可憐讓聞者無不動容。但大唐西征高昌主要是為了保護唐朝在西域的核心利益不受侵犯，而智盛的搖尾乞憐根本實現不了這個戰略意圖，所以在利益面前，智盛言辭懇切的求和信如同一張廢紙起不到一點作用。

侯君集命令高昌國王智盛主動出城，舉手投降，面對如此不平等的條件，智盛確實無法接受。怎麼面對唐朝大軍呢，狡猾的智盛在戰與降之間找到了一條中間道路——拖延。只要拖到一定時日，唐軍糧草用盡，唐軍自然不戰而退，到時如果伺機而動，說不定還能撿到一些便宜。

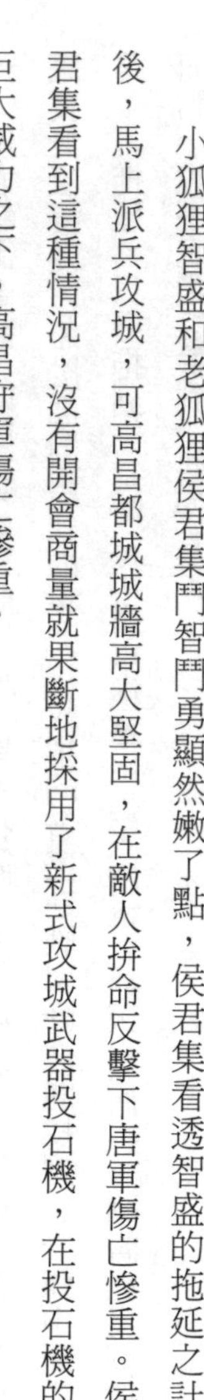

小狐狸智盛和老狐狸侯君集鬥智鬥勇顯然嫩了點，侯君集看透智盛的拖延之計後，馬上派兵攻城，可高昌都城城牆高大堅固，在敵人拚命反擊下唐軍傷亡慘重。侯君集看到這種情況，沒有開會商量就果斷地採用了新式攻城武器投石機，在投石機的巨大威力之下，高昌守軍傷亡慘重。

在唐軍攻擊高昌之時，戰場上始終看不到高昌的主子西突厥的身影，難道是因爲資訊不暢或者是高昌根本沒有向他求援？都不是，在唐軍還沒有到達高昌都城的時候，智盛就已經向西突厥發出雞毛信求救，他相信憑著老爸在世時和西突厥簽訂的軍事互助協議，西突厥不會坐視不管，可現實讓他非常失望。

內部的抱怨聲和外面唐軍的猛烈攻勢，都讓年輕的智盛心驚肉跳，怎麼才能度過這場危機？在極端的糾結與內心矛盾反覆交織的壓力下，智盛想起來一條無數失敗者走過的道路——投降。對智盛來說，投降不但可以實現內心的安寧，而且還可以拯救百姓於戰亂，五月七日，智盛向唐軍遞交了請降書。

伴隨著智盛出城跪地求降的謙卑之聲，侯君集率領大唐的將士們，以勝利者的姿態威風凜凜進入高昌王城，然而侯君集沒有就此停歇，經過短暫的休整，他再次命令薛萬均、契何力等人分兵征討其他城池，僅僅半年時間，唐軍在侯君集的率領下徹底攻滅高昌，高昌國從此以唐朝的一個地區出現在世人面前。

樂極生悲的猛將

貞觀十四年十二月，侯君集攜帶者超級俘虜智盛，雄赳赳氣昂昂回到郡城長安，在向皇帝述職之後，他在觀德殿向李世民展示了自己的戰利品——智盛。李世民並沒有虧待這個敗國之君，他以博大的胸懷容納了高昌的背叛，宣布對智盛既往不咎，並任命智盛為左武威將軍，加封金城郡公。

回到長安之後，侯君集整日趾高氣昂，高昌之戰的勝利，為國家在西域的利益提供了有力保障，此戰中侯君集表現出的軍事素質足以說明他是目前武將一哥，領導李世民為表彰他的蓋世功勳，戰勝回國後為侯君集舉行盛大的慶功宴會，侯君集憑藉自己的努力終於達到了人生的高潮。

我們有理由相信一旦來到山頂的最高峰，如果再往前一步就是萬丈深淵。很可惜，侯君集馬上就要面臨這足以讓人粉身碎骨的萬丈深淵。侯君集慶功宴剛剛結束，無所不諫的言官們就開始彈劾侯君集，說他在高昌之戰中，私自扣留高昌珍寶，造成惡劣的政治影響，雖然他立下大功，但應賞罰分明，治侯君集的罪。

不知道唐朝的言官是否還兼職間諜，反正在對待李靖、侯君集上，他們瞭解的資

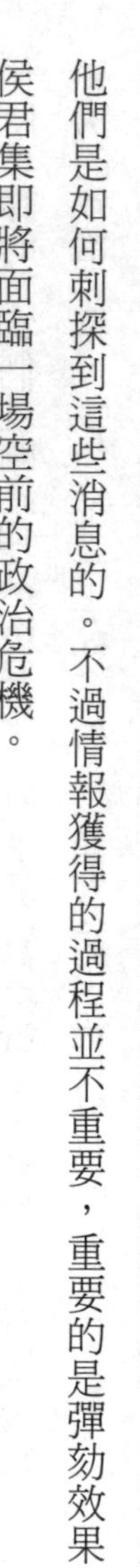

訊是五花八門，且人證物證俱全，在跟蹤儀器和監控系統還不發達的唐朝，真不知道他們是如何刺探到這些消息的。不過情報獲得的過程並不重要，重要的是彈劾效果，侯君集即將面臨一場空前的政治危機。

在盡職盡責的言官們努力之下，剛剛在高昌立下大功的侯君集，被唐朝軍事法庭以私自扣留國有物品罪起訴，經法院審理後認定事實清楚，證據確鑿，罪大惡極，隨即他被李世民投進監獄。失敗與榮光只有一線之隔，侯君集徹底享受了冰火兩重天的極限享受。

然而，李世民可能並不想真正對他處以刑罰，他的目的只是想敲打一下功臣，讓他們爲以後的人生之路定好位，所以在關押了侯君集一陣之後，中書侍郎岑文本請求釋放侯君集，李世民也不失時機地接受了岑文本的建議，將侯君集釋放出獄。

Q 誰來續寫大唐傳奇？

李世民終於可以高枕無憂了，隨著高昌國的平定，大唐帝國百姓富裕，萬邦敬仰，文治武功無人可比，大唐註定要在李世民的手中，繼續書寫著盛世的傳奇故事。然而李世民沒有被這些繁榮的表像迷惑，作爲一個思想家，他一直在思考著如何能讓自己的子孫續寫大唐的傳奇故事。

李世民在很多年前的秋天，已經確定長子李承乾爲太子，他爲什麼還在苦苦思索呢？原因很簡單，隨著時間的推移，他認爲李承乾其實並不適合選擇未來的皇帝這一職業。這絕對不是偏見，而是經過了無數次的考驗和觀察得出的結論。

現任唐太宗法定繼承人李承乾生於武德二年，因其出生在長安承乾殿，取名叫「承乾」，武德九年十月即李世民即位不久，李承乾就被立爲太子。據說這哥們小時候特別聰明，讀書也很上進，每天都在念叨著好好學習天天向上，長大做個好皇帝。

少年時期的李承乾表現相當好，我們可以把所有加在小學生身上的優秀評語都用在李承乾身上，如爲人忠誠老實，團結同學，認真聽取老師的教誨等等等等。尤其是貞觀九年爺爺去世時，老爸爲了專心哀悼爺爺，讓李承乾獨自處理政務，最終經老爸考核，每次政務處理都很優秀。

李承乾到了青春期，由於他是龍子龍孫，青春期叛逆綜合症在他身上表現極爲明顯，也可能是他的青春期過長，十八歲後的李承乾叛逆表現更是突出，他不再是老師眼中的好學生，老爸心中的好太子，反而沾染了一些不良習氣，喜歡聲色，沉迷打獵，漫遊無度，當然更聽不進別人對他的諫言。

爲了子女的教育問題，李世民可謂是煞費苦心，由於身分的特殊，皇子們不可能

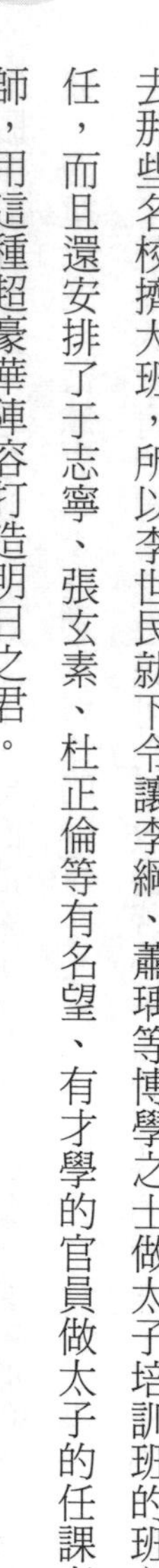

去那些名校擠大班，所以李世民就下令讓李綱、蕭瑀等博學之士做太子培訓班的班主任，而且還安排了于志寧、張玄素、杜正倫等有名望、有才學的官員做太子的任課老師，用這種超豪華陣容打造明日之君。

李世民的期望和一系列的安排，應該說煞費苦心。那些被他派到東宮的官員也確實盡職盡責，可是這些終究是外力，是客觀因素，而決定一個人未來發展走向的是主觀因素。

李世民對太子李承乾的態度轉變了無數個輪迴，從最初的大加讚賞到現在的怒其不爭，李世民每次想到這些都覺得心中有著一種說不出的痛，可憐天下父母心，李世民看到李承乾一次又一次的不良舉動，但都一次又一次地原諒了他，李世民從內心希望兒子能早日長大成人，做一位受人尊敬的皇帝。

雖然李承乾自己不良舉動很多，但作爲太子他深知形象的重要性，他也特別注重打造自己的形象工程。唐朝以仁孝治天下，爲了將自己打扮成一副忠孝仁厚的模樣，每次在公開場合，李承乾都會大談忠孝仁道，怒斥違背綱常倫理之輩，有時說到動情之時，還會流出激動的淚水。

與李承乾在眾人面前的表演秀相對應的是，他一回到自己的東宮，李承乾馬上像變了個人似的，在宮中恣意飲酒作樂。每當有人向他規勸進諫，他都會表現出一副虛心接受的模樣，滿臉嚴肅和後悔，讓人覺得他是個能虛心納諫的賢明太子，其實轉過臉去他可能就會對來人的親友進行一番不友好的問候。

李承乾虛僞的面具瞞過了很多人，但在飽經風霜的老爸李世民面前，他簡直就是個透明人，根本瞞不過一絲一毫，在李承乾肆意妄爲的同時，李世民冰冷的眼神時刻在注視著他，不經意間，李世民對李承乾能否擔當未來皇帝產生了懷疑，因爲作爲一名優秀的政治家，李世民需要一個有著卓越政治才能的繼承人。

看到老爸對大哥李承乾越來越失望，李泰心中樂開了花，敏銳的直覺告訴他，如果大哥被廢，作爲李世民和長孫皇后的次子，自己當上太子的可能性非常大。

由於李泰在老爸面前的突出表現，李世民對他寵愛有加，到後來，地球人都能看出李世民對李泰的寵愛已經超過了太子李承乾，李世民的這一危險舉動被大臣看在眼裏記在心裏，但大家都看透不說透，畢竟這是皇帝的家務事。但在朝廷中有兩個人卻對李世民當場進行了反對，他們是褚遂良和魏徵。

面對褚遂良和魏徵提出的李泰待遇過厚問題，李世民表明雖然深以爲然，但在內心深處卻有著自己的考慮，因爲李世民本身就不是嫡子，但卻登上了皇位，所以他對「立嫡立長」有一種排斥心理。如果李承乾是個出色的太子，或許李世民的這種扭曲心理不會表現出來，但實際情況是李承乾不但不出色，反而非常遜色。

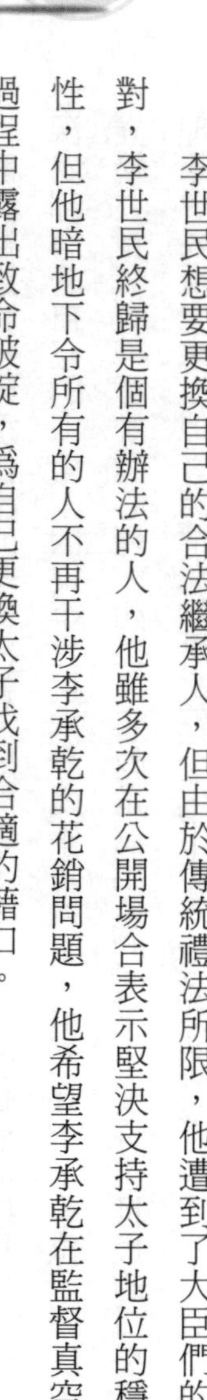

李世民想要更換自己的合法繼承人，但由於傳統禮法所限，他遭到了大臣們的反對，李世民終歸是個有辦法的人，他雖多次在公開場合表示堅決支持太子地位的穩固性，但他暗地下令所有的人不再干涉李承乾的花銷問題，他希望李承乾在監督真空的過程中露出致命破綻，爲自己更換太子找到合適的藉口。

貞觀十七年，魏徵由於工作的特殊性去閻王那兒諫言去了，魏徵的去世使李世民在更換接班人問題上少了一個障礙。李泰在新形勢下也逐漸開悟，他明白老爸對自己寵愛的含義，由於那些頑固派的反對，僅僅由於比大哥晚出生兩年的自己，雖然有能力但始終不能得到太子的地位，這是現實版的不公平現象。

李泰憑藉老爸李世民對自己的寵愛，準備伸手把同胞哥哥李承乾拉下太子的寶座，自己取而代之，爲了讓想法變爲現實，他獨家設計了爭儲計畫，首先他大講哥們義氣大肆拉攏朝臣，培植自己的力量，通過他艱苦卓絕的工作，他和包括韋挺在內的一幫具有很大影響力的高幹子弟結成了死黨。

面對弟弟李泰的步步緊逼，李承乾感受到了前所未有的壓力，老爸瞧不起自己，弟弟勢力日漸增大，而自已卻沒有一個鐵杆同盟，傷不起呀！爲了扭轉這種被動局面，李承乾決定轉守爲攻，不過他使用的招數卻很讓人鬱悶，告黑狀。他專門組織了一批挑撥離間之徒寫匿名信狀告李泰有謀反嫌疑。

李承乾本想用匿名誣告的方法打垮弟弟李泰，卻被老爸李世民識破，不過李世民出於維持和諧的目的，沒有對此事深究。然而李承乾卻不甘心失敗，誣告沒有成功，他又想到了另一個極端的手段，暗殺。

太子李承乾對李泰制定了定點清除行動，不過遺憾的是這次仍然沒有成功。兩次行動失敗，讓李承乾認識到了自己缺乏鬥爭經驗，權力之爭是個長期而又複雜的過程，要想徹底扳倒李泰，必須穩紮穩打，瞅準破綻一劍擊殺，如果僅靠一時衝動不但不能成就大事，反而會釀成大錯。

在太子爭奪戰中，李泰一方的主要成員包括有皇室宗親比如漢王李元昌，也有朝廷封疆大吏比如洋州刺史趙化節，還有功臣之子比如杜如晦的兒子杜荷，也有內宮宿衛比如左屯衛中郎將李安儼，更有刺客殺手比如紇干承基。這些人出身各異，成分複雜，但對李泰都忠心耿耿。

而作為太子的李承乾，也在鬥爭中不斷培植自己的勢力，他利用太子的身分廣羅人才為其所用。和李泰集團相比，李承乾的同盟者不但遍及朝廷的各個角落，甚至還有江湖人士。在太子的同盟者中，名氣最大，含金量最高，而且最為鐵杆的當屬時任吏部尚書的侯君集同志。

雖然太子李承乾不受李世民待見，但不得不承認李承乾還是有著獨特能力的，從

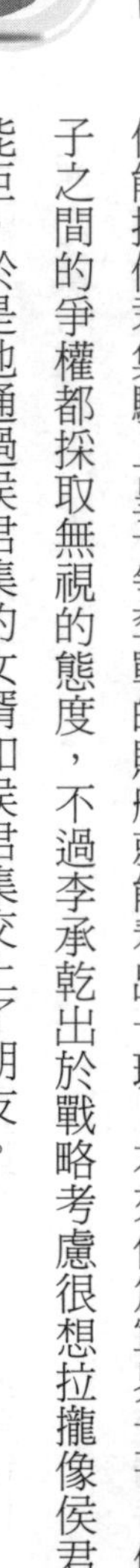

他能把侯君集騙上皇子爭奪戰的賊船就能看出一斑。本來作爲軍界一哥，侯君集對皇子之間的爭權都採取無視的態度，不過李承乾出於戰略考慮很想拉攏像侯君集一樣的能臣，於是他通過侯君集的女婿和侯君集交上了朋友。

侯君集自始至終是個厚道人，自從他成爲太子黨骨幹以後，他就不斷教唆李承乾效仿老爸搞軍事政變，在他的影響下，李承乾的內心開始動搖起來，當年老爸就是爲了皇位的繼承權而尋求自保，目前自己的情況和當初驚人相似，我何不再次採用這種獨特的方法來維護自己的地位呢？

軍事政變由於其性質的特殊，必須要在秘密中進行，於是在一個月黑風高的夜晚，李承乾在密室中召集他的同盟者，認真策劃「謀反大業」。爲了能成爲一根繩上的螞蚱，他們還割血爲盟，一起發誓同生共死，其實這些同盟者未必不知道這是一條不歸路，但由於李承乾的特殊身分，讓人覺得其實謀反是很容易成功的。

齊王李佑是李世民的第五個兒子，如果沒有意外，他也就只能在封地做個悠閒的王爺，無論從哪方面考慮皇位的繼承資格都和他無關，李佑也承認這一點。不過李佑是個心浮氣躁的人，容易被別人拐騙，他的舅舅陰弘智看到他這個特點之後，串通別人合起夥來勸李佑造反，沒想到李佑還真接受了這個建議。

李佑準備造反的消息傳到李世民耳朵之後，李世民對他採取了寬容的政策，爲了讓他不誤入歧途，李世民特派敢於直言進諫的權萬紀到李佑的王府擔任長史，讓他輔助和監視李佑。權萬紀進入齊王府後，拿李世民給的雞毛當起了令箭，在不把齊王李佑當外人的情況下，處處監管李佑的行爲言語。

權萬紀的性格惹惱了齊王李佑，但他仍毫不知情，他多次規勸李佑向老爸自首自己的造反問題，結果由於方法不得當遭到了李佑的記恨。爲了調節權萬紀和兒子李佑的矛盾，李世民想把二人召到京城勸解，沒想到李佑誤解了老爸的意思，認爲去京城必死無疑，於是他殺掉權萬紀，走上了造反之路。

聽到齊王李佑造反的消息，李世民沒有顧及到父子之情，派九路兵馬去向齊地平叛，誰知大軍還沒到齊州，卻收到了李世民的命令，讓軍隊原路返回，因爲李佑已被部下生擒，此時正押往京城。最後李佑被李世民賜自殺於內侍省，齊王李佑造反的鬧劇就此落下帷幕。

太子也造反？

坦白從寬，抗拒從嚴是檢察部門的一貫政策。齊王李佑謀反，紇干承基是參與者之一，李佑爲了回應政策，還告發了另外一件大家想不到的事情，太子密謀造反。本

來是審問李祐謀反的細節，不曾想審出了這麼個爆炸性的資訊，負責審理此案的刑部官員，立馬向皇帝李世民彙報。

相比兄弟齊王謀反，兒子李承乾的謀反更讓李世民大吃一驚，你身爲太子，我死後這天下就全是你的了，幹嘛要坑爹啊？打小時候起，太子就腿有殘疾，但太子很乖巧聽話，比較惹人憐愛，搞不好是紇干承基誣陷他。於是，李世民召來眾元老組成專案調查組，嚴查太子謀反一事是否屬實，但調查的結果讓他徹底傷了心。

長孫無忌等元老組成的專家組，對太子李承乾是否有意謀反一事進行了科學的分析論證，最後的結論是太子確實有謀反的意圖。太子謀反，讓人想不通啊，李世民決定親自審問李承乾。父子二人在監牢中相見，讓人不由地感慨，到底是什麼原因會導致兒子造父親的反呢？真相即將浮出水面。

李承乾面對父親，羞愧難當，痛哭流涕：「您是我父親，我怎麼會對您下手。只是弟弟李泰一直眼饞我太子的位子，不停地攻擊我。您也知道我雙腿殘疾多有不便，一旦被廢了太子，李泰肯定會想辦法殺了我。我之所以拉攏大臣，就是爲了多團結一些力量，增加自己能安全存活的砝碼，父親您能體察到吧。」

李承乾自知謀反是重罪，想繼續做太子是無望了，可能是當時太激動，腦子進水想拉李泰一起背黑鍋：「侯君集、李元昌等，看透了我的心思，有意攛掇，我一時迷

了心竅，才企圖謀反。我也知道已經犯下大錯，求父親原諒的話就不說了。但是父親一定要提防李泰，他是個小人，決不能把太子的位子給他。」

李世民看到李承乾承認意圖謀反，正在氣頭上，你李承乾就事論事，坦白謀反的前前後後就好。現在還想拉弟弟李泰下水，不由得更加憤怒。還好李世民聽取大臣的意見，最終，李承乾免死罪，被貶爲平頭百姓。

新太子之爭

聽到太子李承乾謀反事發，被李世民廢黜，那些攛掇太子謀反的，如侯君集、李元昌之流，被砍了頭。這下太子黨算是遭受重創，李泰很幸災樂禍，但是沒有表現出來。在父親李世民面前，表現得越發乖巧，越發讓李世民歡心，李世民居然曾口頭答應立李泰爲太子。但立太子這件事，口頭說不算，還要聽取下眾大臣的意見。

李承乾被廢，但還有兩個人選，魏王李泰，晉王李治。李世民立魏王李泰爲太子的提議，遭很多大臣的反對。有些大臣覺著李泰心機太重，比較殘暴，擔心李泰登基必然會翻以前的老賬，借此大開殺戒。而倖存的太子黨本著對死敵就要抗爭到底的態度，也不認同李泰。李世民想既然現在大臣們不同意，那就緩緩吧。

魏王李泰、晉王李治，同是李世民和長孫皇后生的兒子，爲什麼李泰比較招李世民喜歡呢？因爲李泰十分善於在李世民面前表現自己，印象分較高。李治屬於老實人那種，雖然爲人仁厚但缺乏霸氣，所以不怎麼招李世民待見。膽大吃飽飯，膽小遭磨難，就是這兄弟倆的真實寫照。

低調做人，高調做事。李泰覺著自己在父親面前很吃得開，就把鬥爭的矛頭指向了李治。李治性格老實，爲人仁厚，這種人一般好欺負。李泰找到李治，並不是聊家常增進兄弟間感情，而是借前太子謀反一事，對李治進行栽贓。因爲李治和李承乾的朋友李元昌關係很好，你李治肯定知道他謀反的事情卻沒有稟報。

事關前太子李承乾謀反這件事，李世民的態度是很明確的，無論是誰，只要有牽連就鐵定要受到處理。現在李泰把這髒水潑到了李治身上，李治是一老實人，受到了不小的驚嚇，搞得天天憂心忡忡的。有天恰好被李世民看到，李世民出於關心就問候了一下。李治就把李泰誣陷自己的事情向父親說明，順便表了下自己的忠心。

李世民是經過大風大浪才坐上皇帝寶座的，道行很深。李治把李泰的話原封不動地敘述了一遍，李世民就明白了李泰的用意，這是在恐嚇和威脅李治不要在太子一事上和他相爭。之前李泰曾和自己打包票說如果繼承皇位的話，會再把皇位傳與李治，李世民認爲李泰看重兄弟感情，識大體，沒想到竟在背後搞這些小動作。

李泰暗地裏恐嚇李治這事本來是小事，但在李世民看來，卻是個警示的信號，對李泰的印象分也大打折扣。短短時間，爲了爭搶自己的皇位，死了一個弟弟、一個兒子，廢了一個兒子，另外兩個兒子眼見又要拚個你死我活。李世民的心情很複雜，也很痛心，彷彿看到了玄武門之變時的自己，這是上天對自己的懲罰嗎？

不能讓李泰和李治兄弟再手足相殘了，立太子一事要儘快敲定。李世民在兩儀殿召見長孫無忌、房玄齡、褚遂良等朝廷重臣，這幾位是自己最信得過的，希望能協助自己做個明智的決定，確定太子的人選。人選一旦確定，把無關的皇子們封到離長安遠些的地方，兄弟相殘的事情也就可以避免了。

李世民向長孫無忌、房玄齡、褚遂良等朝廷重臣給出了立太子的備選人員名單：李泰、李治。但李世民忽略了一件事，他讓晉王李治在旁邊服侍，這不是明擺的事情嗎，大臣們腦子進水的才會選擇李泰。算了，咱們推選李治靠譜些。不然等李治登基做了皇帝，哪天無聊想起今天的事情，隨便給個小鞋穿，壓力山大啊。

大臣們內心是怎麼想的，李世民肯定不知道，沒那特異功能啊。但眾人推選李治，給出的理由是「晉王仁孝，非他莫屬」，還是比較討李世民歡心的。李治老實，爲人仁厚，應該不會對自己的親兄弟下毒手。剛好此時魏王李泰前來打探消息，李世民就乘機將他拿下，暫時禁閉，免得心有憤恨受刺激走極端。

Q 太子寶座不好坐

李治坐上了太子寶座，可以說是因爲李承乾、李泰相爭，他坐等得利。但問題是李治做太子的時候年齡太小，性格又老實，跟少年的李世民相差很遠。但有一位皇子，文兼武備，很有李世民年少時的樣子，獲得李世民的多次誇獎，他就是排行第三的吳王李恪。看不慣李治的老實人樣子，李世民又動了換太子的心思。

李世民選擇了李治做太子，就希望他可以繼承自己的長處和事業，可以讓自己的成就得以發揚光大得以延續。但李治還是個孩子，又太老實，雖然自己多次教誨，就是看不到有什麼成效。而且邊界也不太平，突厥人偶爾還會來搶個劫什麼的，老實人做皇帝，打仗行不行，到時候會不會被敵人欺負呢？

在李世民的眾多皇子中，李承乾是老大，老二很早就夭折了，吳王李恪是老三。後來李承乾被廢，李恪自然成了眾皇子中的大哥。爲什麼李世民再立太子的時候沒提他呢？原因很簡單，李恪是妃子所生，不是嫡子，還輪不到他。而李治是皇后所生，舅舅長孫無忌又是李世民眼中的重臣，出身和環境決定了這一切。

李治被教導多日，李世民慢慢失去了耐心。經過多日的思考後，他叫來了長孫無忌，準備換立和自己相像的李恪爲太子。

李承乾、李泰、李治三兄弟都是長孫皇后所生，長孫無忌是他們的舅舅。自己的親外甥被立爲太子，做舅舅的肯定也會跟著沾光。現在的太子李治，是三個外甥中最後一個有機會繼承皇位的。爲了自己，爲了姐姐長孫皇后，一定要保護李治順利地繼承皇位。只有這樣，自己的辛苦才不會白費，付出的才確定能有收獲。

李世民準備換立李恪做太子，長孫無忌聽到這個消息很吃驚，李治才坐上太子的位子多久啊，又沒有聽說李治意圖謀反什麼的，怎麼會突然要廢掉呢？李世民你準備鬧哪樣嘛。長孫無忌明白李世民覺著李治太老實，沒什麼潛力。但老實不等於傻啊，李治爲人仁厚，這是古往今來受人稱讚的帝王都要具備的條件。

李治被百官推選爲太子，理由就是仁厚二字，大家眼中的優點，到李世民這怎麼成缺點了。難道真的是喜歡你不需要太多理由，討厭你只有一條就夠了，不能這樣啊。既然李世民只看到了李治的短處看不到長處，那我就找出李恪的短處讓李世民看到才好，長孫無忌是這麼想，也是這麼做的。

李恪最大的短處，就是他的身世。李恪的生母，是李世民的妃子楊氏。這個姓大家很熟悉吧，因爲妃子楊氏的親爹是楊廣。這下搞笑了，李世民的江山正是從楊家手中奪來的，現在好嘛，你立李恪爲太子，也就是相當於讓楊廣的外孫繼承皇位，把江山又還了去。那你李世民辛辛苦苦打江山是為了什麼？

李家的江山是從楊家手中奪來的，現在打算由流著楊家血脈的人繼承，李世民你是怎麼想的？李恪的特殊身世，早晚會有人告訴他，知道天下原是自己的姥爺的，自己的爺爺取而代之，建立大唐，他會怎麼想？如果李恪登基做了皇帝，念起母親的好，脫離李家，恢復隋朝的建制，那李家的江山就徹底斷送了。

最後，長孫無忌羅列出了換立李恪後出現的種種災難性後果，又放大李治的長處，終於讓李世民打消了換太子的念頭。

Q 李治的青春戀曲

時光荏苒，歲月如梭，李世民一天天地老了，身體也不斷地出問題。為人仁厚又身為太子的李治，每天去陪侍父親李世民。在父親病情危急的時候，需要一直待在旁邊，時刻關注病情的發展情況。此時，李治廿一歲，正值青春期，渾身有用不完的精力，慢慢地對服侍父親的武媚娘產生了好感，兩人都有了互相來電的感覺。

李世民病入膏肓，但他一生經歷了很多風浪，觀察力還是很敏銳的，察覺到了李治和武媚娘之間的關係超乎平常。李治是自己的兒子，人老實容易受欺騙。武媚娘可不是簡單人物，一個小女子卻城府很深，很有心計，外表嫵媚，但做事很果斷。自己升天之後，李治將繼承皇位，這武媚娘看來是有意和李治在玩曖昧。

李世民做了一生的強者，對武媚娘這種看似嬌弱實則強硬，會玩手段的女人是比較喜歡的。但喜歡歸喜歡，你有意和李治眉來眼去，當我已經死了啊。無緣無故殺了她，這個不妥。可以先試探下她的態度再做決定：「我病情越來越嚴重，估計要不行了。我沒了，武媚娘你一個弱女子怎麼辦啊？」

在古代，君王駕崩的時候，生前的那些嬪妃是要和皇帝一起死的，名曰「殉葬」。李世民詢問武媚娘應該怎麼做，其實就是想讓武媚娘陪自己上西天。武媚娘瞬間就明白了李世民的意思，自己如花似玉的年齡陪你一起死也太憋屈了，但肯定不能直接拒絕，把李世民惹急了，可能會直接喊人把自己拖出去砍了。

武媚娘是個天生的好演員，對病入膏肓的李世民假意說道：「皇上你貴爲天子，身體一時不舒服很快就會好起來的。您對我恩重如山，賤妾本想以死替皇上祈福，但這樣您病好後就沒辦法再服侍您了。只好削髮爲尼，吃齋拜佛，每天爲皇上誦經祈福，求佛爺讓您長生不老，用這個方法來報答皇上的恩情。」

武媚娘深知，伴君如伴虎，猜不透皇上的心思，惹他不高興，自己會死得很難看；同意殉葬，還是要搭上自身性命。我去寺裏做尼姑，既遠離了皇上身邊，又每天替你吃齋拜佛，求長生，這個做法沒有什麼不妥，這下你該安心了吧。先保住自己性命，等你哪天真的升天了，會有機會翻身成就一番大事業的。

武媚娘借削髮爲尼一說本是想打消李世民的顧慮，沒想到李世民順水推舟，既然殺不得她那就讓她走遠一點，今天起就不用服侍我了，出宮去找家寺廟出家爲尼吧。道高一尺魔高一丈，武媚娘沒想到李世民的對策如此犀利，只有按照皇上吩咐的做，已經沒有其他辦法了。暗中和太子李治灑淚相別，被迫出家爲尼。

李世民知道自己時間不多了，開始安排身後的事情。一是擔心武媚娘爲亂後宮，目前這個問題已經解決。二是太子繼承一事，囑託長孫無忌、褚遂良兩位重臣好好照顧太子李治，協助他治理好自己打下的江山。三是老朋友長孫無忌的安危問題，自己的天下有長孫無忌的功勞，一定要嚴防奸佞小人得道陷害忠良。

安排好了一切，李世民也安心地走到了生命的盡頭。回溯李世民的一生，年少時追隨父親李淵征討天下，打下了大唐的基業。雖然爲了權力殺死了自己的大哥、四弟，但做皇帝後體恤民情，能聽得進大臣們的建議並不斷進行改善，國力日漸昌盛，爲今後的大唐盛世創造了有利的條件，是極其有成就、輝煌的一生。

＊微歷史大事記＊

西元六二九年，玄奘赴天竺取經。

西元六三〇年，李世民派遣李靖徹底擊敗東突厥，俘虜頡利可汗。

西元六三五年，李世民派人平定吐谷渾，吐谷渾首領慕容伏允被俘。

西元六四〇年，李世民派遣侯君集打敗高昌。

西元六四一年，應松贊干布的請求，李世民派文成公主去西藏和親。

西元六四三年，李世民平定第五個兒子齊王李佑的造反。

西元六四三年，太子李承乾被廢黜，李治被立為太子。

西元六四九年，李世民病逝。

李治與武周

他和媚娘不得不說的事兒

高陽公主的傳奇

高陽公主是李世民最寵愛的女兒，被指定為自己重臣——宰相房玄齡的二兒子房遺愛的老婆。唐朝的風氣開放，嬌慣大的高陽公主比較嚮往自由的愛情，卻成了這一父母包辦婚姻加政治聯姻的犧牲品。高陽公主完婚後愈發不滿，積極反抗，成功地紅杏出牆，竟然勾搭上和尚一名，氣死了父親李世民。

西元六四九年，長安城的治安聯防隊員在弘福寺附近抓獲一名小偷，當場繳獲贓物若干，犯罪嫌疑人對作案經歷供認不諱。在清點贓物的時候，其中一件金寶神枕引起了辦案人員的注意，這枕頭金光閃閃，看似價值連城，那這案子可不小。如果偵查得力，肯定能得到上面的嘉獎，自己的年終獎也能豐厚一些。

金光閃閃的枕頭，明顯是個寶物，這樣的東西肯定出自王公貴族、高官顯貴，高官顯貴家丟了東西，辦案人員破了案子，把寶物給人家送去，說不定人家一高興，還能提攜咱們一下。那就好好審下這個小偷，從哪家偷的。可是小偷給出的答案卻讓人很不滿，有欺瞞辦案人員智商的嫌疑，在弘福寺偷的。

小偷去寺廟裏偷東西，那屬於喪心病狂了，不過也最多偷點佛爺塑像上的金箔，

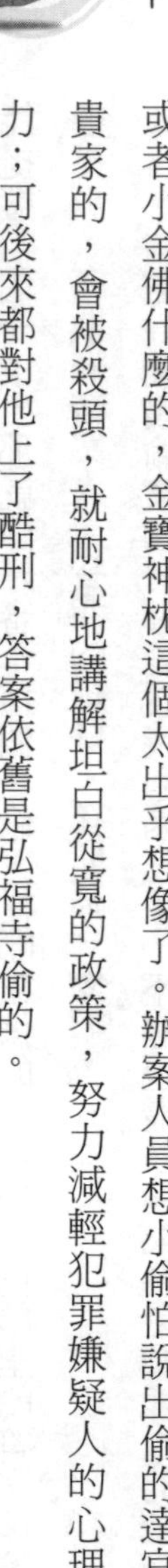

或者小金佛什麼的，金寶神枕這個太出乎想像了。辦案人員想小偷怕說出偷的達官顯貴家的，會被殺頭，就耐心地講解坦白從寬的政策，努力減輕犯罪嫌疑人的心理壓力；可後來都對他上了酷刑，答案依舊是弘福寺偷的。

封建社會對犯人不講人權，怎麼狠怎麼來，只要你願意簽字畫押認罪，那案子就算結了，管你什麼冤假錯案。可辦案的什麼招都試了，這小偷還是堅持說弘福寺偷來的。那好，什麼地方，哪間房屋，都說清楚；說不清楚，萬一有假，小命就別想要了！令人意外的是，派人去調查，一切都吻合，房屋的主人叫辯機和尚。

Q 皇室級桃色危機

辯機和尚是當時的知名人物，是西天取經的唐僧的徒弟。唐僧承蒙李世民委託從天竺取經歸來，帶回的很多經書需要翻譯，自己還要傳經授道，忙不過來，就招了幾名徒弟。辯機年輕好學，學識淵博，思維敏捷，文采飛揚，很讓唐僧滿意，經唐僧口述，辯機執筆潤色，才有了記錄唐玄奘西去見聞的《大唐西域記》的面世。

在唐朝，佛教事業的發展是比較紅火的。有唐玄奘艱苦的天竺取經，還有鑒真和尚的六渡日本，和尚的名氣大了，去找他們誦經做法事的人就多了，其中不少是達官顯貴，王公貴族。這麼看，身爲唐僧徒弟的辯機和尚有一些金銀珠寶，可能是達官顯貴送的，不稀奇。可問題是送個金光閃閃的枕頭，不能理解啊！

辦案人員在核實小偷證詞的時候，順便打探了下辯機和尚的底細和近況。據同一個寺廟的小沙彌講，辯機和尚年輕有名氣，比較受女人們的待見，近期常有一名女的晚上來找他徹夜長談，共研佛經。和尚、女人、寶枕，這三個單獨的事物聯繫到一起就太不正常了，有些許桃色的味道，讓辦案人員來了精神。

一個和尚在晚上和女人會面，能做什麼？和尚既然皈依佛門很久了，要金銀珠寶，特別是接受一個寶枕，是在做什麼？又是什麼樣的女人，會這麼大方，送如此貴重的東西給一個和尚？這種種疑問，辦案人員的好奇心被慢慢勾了起來，這個案子太複雜了，涉及面廣，一定要一查到底，辯機和尚就是最好的突破口。

寶枕的來由，看來只有辯機和尚能解釋得清楚了。辯機和尚被辦案人員請去喝茶，以便瞭解具體情況。他可能不清楚寶枕失竊一事，如果知道的話應該早就想好了應對之策，那就是打死不承認這些東西是自己的，是小偷栽贓的。一旦辦案人員用刑拷打，自己作爲公眾人物是死不了的，反而會被儘快地放出去。

如果辯機和尚說寶物是小偷栽贓，這事也解釋得通，但他做爲一名和尚，天天誦經拜佛，估計脫離現實社會太久了，又或是見辦案人員上門才發現枕頭失竊，立刻被

嚇暈了，再或是喝茶導致腦子進水，竟然承認枕頭是自己的。好嘛，事態的發展符合辦案人員的事前分析，這個和尚有太多的故事，如實招來吧。

辯機和尚可能想著東西是我丟的，你辦案人員經過偵破，物歸原主，失主被辦案人員的雷厲風行所感動，寫封感謝信表揚一下，這事情就完結了嘛。看來這和尚還是年輕，太天真了，沒認識到事情的嚴重性。女人送的寶枕，是不應該跟一個和尚扯上關係的，不然辦案人員的好奇心，不僅會害死貓，還有無數的人。

辯機和尚承認寶枕是自己的，卻堅決不說寶枕從何而來，這不是勾引辦案人員的好奇心加藐視辦案人員的辦事能力嘛。開始用刑，一用刑，和尚頂不住了，開始編造各種說法，一再隱瞞寶枕的主人。那好嘛，用酷刑，不行就再升級加碼，讓你生不如死。只要不死，就肯定會講出事情的真相，這點辦案人員是很有信心的。

酷刑之下，基本沒人能撐過去，更何況是一個涉世不深，不遵守佛教規矩的和尚。看來，人一旦沒有堅定的信仰，就會被信仰拋棄，辯機和尚就是個例子。你老老實實做唐僧的徒弟，安心在寺廟裏翻譯經書，時間久了肯定能修成正果，為佛教界貢獻出更大的成就，感化更多的人，功德無量。

辯機和尚忍受不了酷刑的折磨，給出了辦案人員事情的真相，但這個真相讓辦案人員大吃一驚，不敢輕易下結論。那就上報吧，案件就逐級上報到了最高領導御史那裏，御史得聽此事後親自審問辯機和尚。辯機和尚已經放棄了抵抗，不想再遭罪，把事情和盤托出，供出了給自己寶枕的神秘女人，高陽公主。

桃色事件的主角兩名：一名是知名的和尚，唐僧的徒弟；另一名是高陽公主，李世民最寵愛的女兒。這是一樁驚天醜聞啊！有關皇室、佛教的顏面問題。好事不出門，惡事行千里，此事不知道被誰透漏了出去，以迅雷不及掩耳之勢傳播開來，迅速成爲街頭巷尾人們茶餘飯後的最熱話題，太勁爆了！

和尚本應六根清淨，色即是空，卻深陷其中。而高陽公主呢，堂堂一名皇室公主，著名宰相房玄齡的兒媳婦，這麼大的金字招牌，一舉一動都引人注目，本應作爲正面的表率，引領健康正常的風氣，誰曾想竟會紅杏出牆，與一名和尚私通。這兩個人是怎麼走到一起的？讓人浮想翩翩，衍生出很多八卦的版本。

辯機和尚、高陽公主怎麼走到一起的，通過辯機和尚的供詞，我們能得到最接近事實的答案。大家本來以爲公主都很高貴，純正的皇室血統嘛。但由於一些公主是被寵大的，教育方面缺少管教，所以會變得十分刁蠻、任性。可是由於公主們的出身不同一般，在講究門當戶對的古代，結婚對象也都是達官顯貴。

李世民對高陽公主是比較寵愛的，就把她許給宰相房玄齡的二兒子房遺愛爲妻，這是一樁看似美滿的高級別包辦婚姻。起初，問題好像出在房遺愛，他不是長子，只

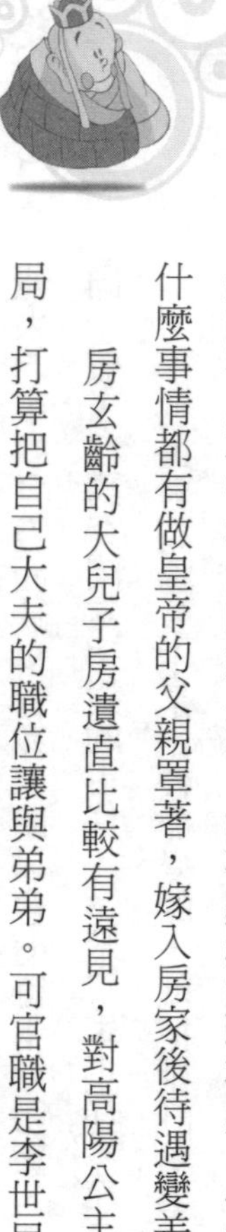

是空有身在宰相家的好名聲，沒有顯赫官職在身。你想，人家高陽公主沒嫁你之前，什麼事情都有做皇帝的父親罩著，嫁入房家後待遇變差了，肯定有心理落差。

房玄齡的大兒子房遺直比較有遠見，對高陽公主的脾氣有所瞭解，爲了顧全大局，打算把自己大夫的職位讓與弟弟。可官職是李世民封的，得先去請示，結果被李世民拒絕了。這好嘛，房遺愛就一頂駙馬的空銜頭，怎麼能滿足高陽公主的虛榮心。兩人一高一低的搭配，又沒有良好的感情基礎，爲以後埋下了隱患。

房遺直把自己大夫官職轉予房遺愛一事，未被李世民允許，高陽公主不領情反而有所抱怨。後來，公公房玄齡死後沒多久，高陽公主就慫恿房遺愛和大哥分家，還去找父親說房遺直的壞話。李世民對房遺直有些瞭解，就叫房遺直過去說明情況，瞭解真實情況的李世民很不高興，把高陽公主叫去狠狠罵了一頓。

高陽公主是被父親寵慣了的，這嫁出去沒多久父親反而開始責罵自己，雖然沒有當面頂撞父親，內心卻是更加憤恨，對自己的婚姻失望至極，覺著正是這個失敗的包辦婚姻讓自己的情況急轉直下。但她很清楚，結婚容易離婚卻是不可能的。對自身婚姻感覺不幸福的高陽公主開始愈發叛逆，試圖更改目前的狀況。

高陽公主誣告房遺直沒成功，反而被李世民責罵了一頓，心情很不高興，黑著臉回了家。房遺愛一看高陽公主的臉色，就知道了個大概，詢問著要不要出去散散心。

出去走走也好，呼吸下新鮮空氣，調解下心情。正是這次出行，高陽公主遇到了辯機和尚，兩人一見鍾情，引發了一段震驚朝野的孽緣。

「妻管嚴」的宰相

有名的宰相房玄齡，是有名的「妻管嚴」，李世民開始不相信，就故意賞了兩名美女給他。結果全被老房的老婆給趕了出去，李世民很生氣，就打算考驗下老房的老婆有多厲害。給她兩個選擇，要麼和兩名美女一起服侍房玄齡，要麼喝毒酒自盡，沒想到老房的老婆是名剛烈的女子，一昂脖子把毒酒喝了個乾淨。

房玄齡的老婆把毒酒喝了下去，感覺自己快死了，就找老房準備交代後事。老房擔心得要死，李世民卻哈哈大笑起來，說喝下去的不是毒藥，而是提前換好的醋，不過這也證明老房的老婆非常剛烈，你們倆個就好好過日子，繼續恩愛吧，就把賞賜的兩名美女收了回去。不過，「吃醋」的典故由此而來，成爲一段佳話。

Q 戴綠帽的男人

房玄齡家有怕老婆的傳統，但到了房遺愛這兒，就不僅僅是怕，而是毫無原則地遷就。自己老婆高陽公主和辯機和尚勾搭在了一起，給戴了多大一頂綠帽子，他也睜一隻眼閉一隻眼當作沒看見。據小道消息稱，他爲了遮蓋這一醜事，居然支走侍從，親自爲兩人的醜事「站崗」，作爲一個男人真是弱爆了。

高陽公主爲了穩住房遺愛，主動給他送上美女兩名，眼看老公沒表態反對，就愈發地明目張膽，與辯機如影隨形，儼如夫婦一般。這種醜事不遮遮掩掩，反而搞得這麼高調，早晚有見光的一天。送給辯機和尚的寶枕失竊，經辦案人員的辛苦偵破，牽連出了高陽公主，也把兩人的醜聞在世人眼前爆了光。

辦案御史親自審問辯機和尚，得知高陽公主醜事的時候驚呆了，猶豫著要不要向皇上彙報。自己隱瞞不報，但這件醜聞已經成了街頭巷尾人們茶餘飯後的最熱門話題，早晚會傳到皇上耳中。向上彙報，皇上會不會龍顏大怒，拿自己開刀呢？御史思前想後，還是上報吧，事情既然發生了，就肯定要有人承擔責任的。

高陽公主私通辯機和尚的這樁驚天醜聞，最終彙報到了李世民那裏。李世民最疼愛高陽公主，把她許配到宰相房玄齡家做兒媳，她竟然弄出這麼一檔子事，痛心啊，對不住死去的房玄齡。但高陽公主畢竟是自己的親骨肉，他把怒氣發洩到了外人身上：公主身邊的奴婢，知情不報，殺！辯機和尚是重犯，慘遭腰斬！

前太子李承乾，謀反，被廢爲庶人；魏王李泰，野心勃勃，被囚禁；齊王李佑，謀反被殺；漢王李元昌，謀反被殺。三子一弟，已讓他心力交瘁；如今，又出來個私通和尚的女兒，自己的親人們到底是怎麼了？李世民開始思考這個問題，真的是想逼死自己嗎？病入膏肓的李世民受不了這接二連三的打擊，撒手而去。

可以說，李世民是被高陽公主氣死的。但鑒於高陽公主替辯機和尚求情被拒絕，在老爹的葬禮上她面無表情，留下的幾滴眼淚不知是爲死去的父親還是慘遭腰斬的辯機和尚。經歷了這場變故，最怕的父親沒了，最愛的和尚沒了，她變得更加叛逆，更加放蕩，更加墮落。房遺愛也傷透了心，不知道拿什麼才可以拯救她。

高陽公主失去辯機和尚以後，覺著很空虛，不甘寂寞的她又有了若干情人，有和尚，有道士，有大夫。有了辯機的教訓，他們不再那麼明目張膽，而是借裝神弄鬼、出診巡醫，來到公主府上幽會。公主毫不在意。藉口，在她眼中，是很虛僞的東西。何況，父親已死，老公軟弱，誰能管得了她？

高陽公主做爲一名公眾人物，私通外人不知收斂，搞得自己名聲敗壞，嚴重有損

皇家的形象。朝野上下，不斷傳來對公主不利的消息。那些正派人士坐不住了，高陽公主的影響太壞，請求新任的皇帝李治嚴辦。李治是個仁厚的人，高陽公主是他親姐姐，何況父親當年都沒把高陽公主怎麼樣，就直接無視她好了。

李治對高陽公主的私生活避而不見，認爲那是她的家務事，外人就不要操心了。可是，舅舅長孫無忌的一封密報，使他對高陽公主不得不關注起來，而且還要拿出切實可行的辦法出來，因爲密報稱高陽公主聯絡了好多親人密謀造反。造反這種事情小看不得，要對高陽公主夫婦進行查辦，查清事情相關人員，一個不漏。

高陽公主擔心自己的醜聞越來越多，敗壞皇家的名聲，早晚會被李治法辦。就打算先下手爲強，準備謀反。於是秘密聯絡薛萬徹、柴令武等一幫親戚，密謀推翻李治。事情成功後，論功行賞，準備立荆王李元景爲帝。這麼一個簡單的計畫，成功的機率會有多少呢?可是這幫腦子進水的人，竟然真的就這麼打算謀反了。

高陽公主的政治經驗太少，這麼一幫子人在家裏進進出出密謀造反，當大哥房遺直是空氣啊。沒多久，謀反的事情就被房遺直察覺了。謀反，這可是大事情啊，隱瞞不報可是要滅族的。再回想起高陽公主給自己家帶來的種種醜聞，房遺直是越想越生氣，就把公主密謀謀反一事密報給長孫無忌。

高陽公主這次秀智商下限的密謀謀反，被大哥房遺直密報給皇帝後，及時被查辦叫停。參與謀反的一幫子犯罪嫌疑人也很快被抓獲，眾人對犯罪事實供認不諱。既然眾人認了罪，事情就結束了吧，可那時候的官場是黑暗的，長孫無忌心裏有個計畫，準備把對李治威脅很大的吳王李恪牽連進去，一併定罪。

儘管李治順利地繼承皇位，不代表一切都在他掌握之中。吳王李恪的年齡、能力在那裏擺著，在朝中的威信、勢力越來越大，早晚會對李治的統治產生挑戰。李恪是前朝皇帝楊廣外孫這一出身問題，始終縈繞在長孫無忌心中，就像一顆定時炸彈一般，不及時解除危險會越來越大。為了李治的安全，李恪必須死。

長孫無忌想對李恪下黑手，從最軟弱的房遺愛那裏做突破比較容易。可起初提審房遺愛的時候，房遺愛把謀反的事陳述得很徹底，相關人員都有提到，就是沒有長孫無忌最想聽到的吳王李恪。看來這娃太單純了，我說高陽公主做出那麼多醜事，他都能忍受得下去，得好好提醒他一下，不然得不到自己想要的。

長孫無忌對房遺愛循循善誘：「荊王李元景地處偏遠，都想謀反，其他王爺呢？比如吳王李恪，就沒有想法？就沒和你們聯絡？你老實交代，不必擔心報復。只要供出他們，自然會減輕你的罪過，饒你不死。」房遺愛一聽拉別人下水能減輕自己的罪責，就順著提示把李恪牽連了進來。

長孫無忌通過誘導房遺愛，得到了自己想要的證據，好了，高陽公主謀反一事可

以結案了。房遺愛等幾個駙馬爺，被砍了腦袋。高陽公主、巴陵公主，李世民的兩個女兒；吳王李恪，李世民的兒子；荊王李元景，李世民的弟弟，這幾位直系親屬全部被責令自盡。整個事件中最冤枉的就是吳王李恪，悔不該生在帝王家。

高陽公主一而再、再而三地犯錯，牽連了更多的人陪她一起遭受懲罰。如果一開始李世民對她的管教嚴格一些，她性格也不會那麼刁蠻、任性；如果房遺愛寵愛她有節制一些，她也不會那麼的放蕩、墮落；如果李治對她的叛逆給些懲罰，她也不會膽敢謀反；所有的這一切讓她愈發地放縱，最終走向自我毀滅。

Q 老婆爭霸戰

李治做了皇帝，按照古代的規矩，可以有很多的老婆，後宮三千佳麗嘛。不過他喜歡的，只有兩位，一位是王皇后，一位是蕭氏。後宮的女人爭風吃醋，明爭暗鬥，都爲了一個目的，得到皇上的寵愛。只要得到皇帝的寵愛，那自己還不是要什麼有什麼。一人得道，雞犬升天，親人們也可以沾沾光，享盡榮華富貴。

王皇后作爲「第一夫人」，在皇帝面前應該是很受寵的，但李治好像喜歡蕭氏多一些。因爲王皇后相對於蕭氏來講，有一個致命的缺點，無法生育。後宮的女人，都是母憑子貴，幸運的話生個兒子，肯定比別的妃子更能得到皇上的寵愛。如果中大獎，生的兒子以後做了皇帝，那你就會升格爲皇太后，母儀天下。

王皇后沒有生子，只有皇后的空名號，沒有孩子來維繫和皇帝的感情，是不牢靠的。那就只有兩條路走，一條是通過御醫解決生育的問題，這個希望不是很大；另一條就是拉攏一位有皇子的妃子，把她的孩子過繼過來，並多跟皇帝吹吹枕邊風，儘量立這個孩子爲太子，自己是這孩子的母親，將來能成爲皇太后。

皇后不能生孩子，是個很大的缺陷。如果有其他妃子生下了皇子，而且又能討得皇帝的喜歡，就有可能廢皇后立妃子。新皇后肯定視老的爲威脅，會想辦法把老的除去。而老的失去了皇后的位子，人走茶涼，被新皇后幹掉是肯定的，只是個時間早晚問題，後宮的爭鬥，永遠是這麼殘酷，敗者會失去自己生命的支配權。

王皇后就生孩子的事情諮詢舅舅柳奭，老柳給她出了一個好主意：「後宮劉氏，地位卑賤，曾受皇帝寵幸，生有一子，名叫李忠。可以威逼劉氏把李忠過繼過來，施以恩惠，她也不會說什麼。要好好對待李忠，培養好感情，再說服皇上把李忠立爲太子，只要把握好太子，你就有希望成爲皇太后，那後宮就是你說了算。」

王皇后按照舅舅的建議，向皇上提出過繼李忠爲子，並成功立李忠爲太子。事情進行得很順利，王皇后心情大好，覺著自己在李治面前講話也算數了，就想找對頭

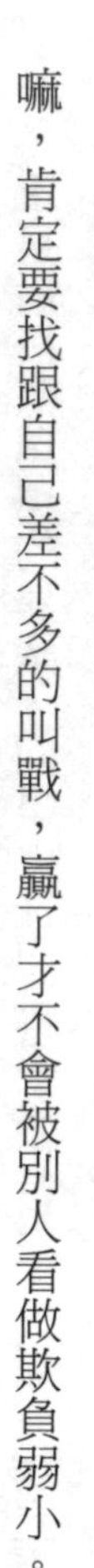

蕭氏抖擻下自己的威風。因爲蕭氏生有皇子，被李治封爲雍王，很受李治寵愛。立威嘛，肯定要找跟自己差不多的叫戰，贏了才不會被別人看做欺負弱小。

女人天性的嫉妒使得王皇后覺著必須把蕭氏幹掉，後宮有她就不能有蕭氏。因爲她想到一個問題，蕭氏現在這麼受寵，別哪天迷住了李治，學李世民換立太子，立雍王廢李忠，那自己的一番苦心就白費了。往壞處了想，還會廢自己立蕭氏爲皇后，太可怕了。一定要避免這種情況出現。

王皇后想解決掉蕭氏，是很難的。沒有什麼謀略，又不狠毒，只能對李治吹吹枕邊風。王皇后整天說蕭氏的壞話，蕭氏知道後，仗著年輕貌美，氣沖沖到李治那裏申辯；李治是老實人，對家務事也沒有好的解決辦法，只能如風箱裏的老鼠一般，兩頭受氣，痛苦不堪。這種狀況，李治雖然是皇帝，卻只能更鬱悶。

皇帝，一國之主，肯定是想幹啥就幹啥。李治卻發現自己這皇帝做得有點窩囊，起碼後宮那點事兒自己都沒法做主，一個是皇后，一個是最喜歡的妃子，手心手背都是肉，沒辦法下令去責罰。可是，這兩位天天在自己眼前晃悠，不停地述說對方的壞話，大有只要對方活著自己就沒法兒活的意思，煩啊，誰都不搭理了。

王皇后和蕭氏兩人相爭的結果，就是皇上李治有氣沒地方發，對她倆都厭煩了。李治一生氣，把雙方都冷淡了。這個結局，是兩位女人都沒想到的，但王皇后卻有了明顯的優勢。一是自己貴爲皇后，二是兒子是太子，隨著時間的流逝，只要這兩點沒有變化，自己將會是最後的贏家，目前需要的就是等待有利的機會。

西元六四九年，李世民去世。按照當時的規矩，作爲繼承者的李治要守孝三年。這三年，不能有大的娛樂活動；當然，暗地裏搞一些，進進娛樂場所，會會小蜜，只要不被發覺，也無傷大雅。李治是老實人，沒敢搞娛樂的他這三年淨受老婆們的氣了。三年過去後，李治長吁了一口氣，終於可以正大光明地遊樂散心了。

高陽公主去遊玩散心，遇到辯機和尚，開始了一段孽緣。李治因爲家裏面老婆們內鬥，也想出去散散心，孝順的他選擇父親的忌日去寺廟給老爹上香、祈禱，遇到了武媚娘。李治想起兩人之前未盡的糾葛，心裏泛起了陣陣漣漪。高陽公主追求所謂的愛情，和一個和尚走到了一起，難道自己就不能和一名尼姑再續前緣？

李治出去散心沒有帶家眷，只帶了若干隨從。出遊回來後，王皇后發現他有點魂不守舍，坐立不安，看來心中有事。王皇后拿出看家本領，準備讓皇上說出心裏話，好哄皇上開心。誰曾想李治的心事卻是因再次見到武媚娘而起，武媚娘不僅是父親李世民的女人，現在更是個尼姑，李治你準備鬧哪樣嘛，王皇后凌亂了。

王皇后得知李治因武媚娘而心亂的時候，非常驚訝。冷靜下來後，王皇后受過繼劉氏兒子李忠一事啓發，心生一計，準備從寺廟裏解救武媚娘，利用她和蕭氏爭寵。

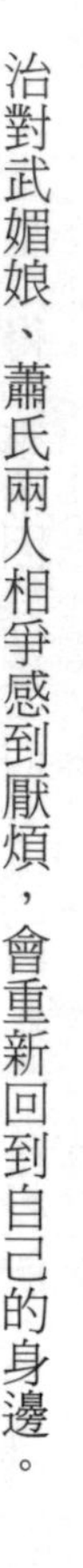

自己對武媚娘有再生之恩，武媚娘肯定會對自己感激涕零，全力攻擊蕭氏。最後，李治對武媚娘、蕭氏兩人相爭感到厭煩，會重新回到自己的身邊。

王皇后準備勸說李治聽從內心的召喚，解救武媚娘：「武媚娘雖然在感業寺，可她並不是正宗尼姑，可以還俗。她曾服侍過父親李世民，這段經歷無法改變，可人一出家，等於脫離世俗，洗清了前半生的經歷。皇上你可以效仿高陽公主，追尋自己想要的感情。就讓武媚娘還俗，蓄髮，入宮和奴家一起服侍您吧！」

王皇后的勸說，在李治聽來很受用。公主可以愛和尚、道士，我一個皇帝爲什麼不能娶尼姑呢？況且她還可以還俗，還俗後就是一個全新的人。李世民當年看清了武媚娘的爲人，怕她爲亂後宮又不忍心殺了她，這才讓她出宮去感業寺爲尼。沒曾想自己當時的狠不下心，今天在王皇后的蠱惑下，李治、武媚娘舊情複燃。

在感業寺出家爲尼的武媚娘，已經年近三十了，雖然依舊花容月貌，但年齡是個無法彌補的缺陷，女人最風光的年華就要溜走了。有野心的她在等待翻身的機會，沒想到會這麼快。這主要歸功於距離產生了美，不長不短的時間加濃了思念，還有皇上和尼姑之間的禁忌，讓李治情不自禁地陷入到兩人未盡的情欲之中。

越是經過磨難才能得到的，越是能引發人的欲望。李治、武媚娘自上次皇宮一別已經好多年，現在的皇帝、尼姑的身分也是兩人之間的一條鴻溝。好在皇后支持、皇帝也想開了、尼姑願意，一切看著都水到渠成了。剩下的就是等武媚娘還俗，蓄起長髮，再次入宮。李治、武媚娘也可以再續前緣，續寫一段佳話。

武媚娘入宮的事情，王皇后是很關心的。主動派了侍從去照顧武媚娘的起居，特別是蓄頭髮這塊兒重點照顧。武媚娘是個很有心計的人，皇后的人來，她拉攏、收買；皇上的人來，則不僅僅是拉攏、收買，還要刺探、打聽宮內消息。不多久對於宮中情況，已經瞭解詳盡；王皇后的目的，也猜出幾分。

武媚娘的頭髮在李治、王皇后的密切關注下，瘋狂地生長著。頭髮剛蓋住耳朵，就被迫不及待的李治給迎入了宮中。歷經磨難後，兩個人終於走到了一起，幾年的等待之後是瞬間的瘋狂。武媚娘抓住這個好時機，向李治索要名號，在李世民時期自己只是才人，等級太低了。李治禁不住武媚娘的要求，封她爲昭儀。

當年的武才人，搖身一變，成了今天的武昭儀。官階「三級跳」，夠可以了。可武昭儀不滿足。李治現在對武媚娘那是一點抵擋力都沒有的，只好封她爲宸妃，僅次於皇后。但當李治宣布武昭儀晉升爲武宸妃的時候，遭到大臣們的阻擾。不過皇宮裏面的那些喜歡溜鬚拍馬的人，看到了武媚娘的潛力，都開始巴結她。

王皇后拉武媚娘入宮的目的，就是打壓蕭氏。爲了打壓蕭氏，王皇后不停地在李治旁邊說武媚娘的好，武媚娘的陣腳還不穩，對王皇后是虛以委蛇，對蕭氏卻是處處

針對，話中帶刺。蕭氏在皇后那都不落下風，對比自己級別低的武媚娘更是瞧不起，就跑去皇帝那裏告狀，但這次的情況卻跟以前大不相同。

武媚娘的城府深，懂得玩手段，王皇后也在一旁給她打氣，李治被她迷得說什麼都相信，覺得她什麼都是好的，現在蕭氏突然跑來告她的黑狀，明顯是在錯的時間找了錯的人。李治哪裡會信蕭氏，反倒覺得蕭氏心胸狹隘、小肚雞腸、讒害他人。再加上以前蕭氏和王皇后相爭的種種事實，蕭氏被李治徹底冷落了。

從後宮鬥爭開始，武媚娘就表現出了高超的謀略和技巧，對不同的人採取不同的鬥爭方法。武媚娘搞垮蕭氏，採取的是「上上」聯合，聯絡高層首腦：皇后、皇帝，從高層尋找突破口，一舉成功。後宮中皇后只有一個，只有擊敗王皇后，自己才能坐上去。對付王皇后，武媚娘的策略是聯合「下人」，從基層突破。

武媚娘心裏很清楚，對付王皇后，如果還採取找李治打小報告，讓皇帝去故意冷落皇后的話，肯定是和王皇后、蕭氏相爭一樣的後果，皇上對大家都厭煩。但是，人家畢竟是皇后，自己級別沒人家高，總歸要受她的管，她給自己找氣受還得忍著。算了，靜觀其變吧，好好尋找王皇后的弱點，爭取抓到她的痛處再攻擊。

武媚娘對王皇后的位子很有野心，這種人的原則就是：有機會一定要把握住，沒機會那就創造機會。經過武媚娘長期的細緻觀察，王皇后有一個算不上致命的弱點，和宮女的關係不好。就這麼一個好不容易找到的弱點，武媚娘對它進行了認真分析，決定團結和王皇后不對頭的宮女們，瓦解王皇后領導地位的基礎。

後宮的普通宮女，處在後宮的最底層，她們同樣來自民間的最底層，這樣她們就會有一些不好的習慣，如愛嚼舌頭，討論自己主子的私人問題等等。王皇后作為後宮的最上層人物，不能生育的問題就成了宮女們討論的熱點。王皇后偶然得知宮女們竟然敢非議自己，曾經懲治過一些人，但是屢禁不止。

王皇后責罰過一些宮女，這些人肯定不會說她的好話。她的母親柳氏，仗著女兒是皇后，在宮內飛揚跋扈、頤指氣使，宮女們受過欺負，多有怨言。這兩種情況湊到一起，就把王皇后和宮女們推到了對立面，在宮女們的描繪中，王皇后是沒一處好，在後宮中都成了和童話故事中的壞巫婆一樣的人物了。

王皇后和宮女關係不和諧這一弱點，被武媚娘敏銳地捕捉到了。利用底層宮女對王皇后的不滿，施以小恩小惠，拉攏、收買，沒多長時間，王皇后的心腹，逐漸被「反間」成功，成了武昭儀的眼線、臥底。有了她們的協助，不愁找不到王皇后的把柄，到時候自己發動致命一擊，皇后的位子自己就可以取而代之了。

王皇后不能生育，但過繼了一個兒子，還被立為太子。武媚娘現在抓緊要做的一件事，就是給李治生個兒子，通過孩子加固和皇上之間的感情。自己和李治的關係還

是很好的，一旦有了皇子，親兒子拼掉王皇后乾兒子的勝率很高，換立太子這種事情還是可以嘗試一下的，做皇太后那才是自己的最終目標。

武媚娘有王皇后的心腹做無間道，原指望著可以抓到王皇后的把柄，沒曾想她做事規規矩矩，連經濟方面都查不出什麼問題。武媚娘當然不會弱智到把「和宮女關係不和諧」作爲把柄，在等級社會，以上欺下再正常不過；作爲皇后，在下人面前沒有威嚴、不耍威風擺擺譜，反倒是做得不到位，會被人小看。

或許是武媚娘在感業寺天天念經誦佛，感動了佛爺。重入後宮沒多久，得到李治寵幸懷了孕，生了個皇子。天遂人願，皆大歡喜，李治給孩子取名李弘。「弘」有光大、發揚之意，可見李治對這個皇子的喜愛。武媚娘生皇子一事讓王皇后大爲恐懼，而李治對李弘的偏愛，更是讓王皇后感覺到了威脅。

武媚娘入宮才短短一年的時間，形勢就有了很大的改觀。這一切，和王皇后當初的錯誤選擇有很大的關係。以前的蕭氏，對王皇后是個威脅，被打壓了下去。如今的武媚娘，看起來比蕭氏更有手段，估計很難解決。本著優先解決難題的原則，王皇后和曾經的敵人蕭氏，不得已聯手，準備一致對付武媚娘。

武媚娘抓緊李治的一個手段就是多生孩子，再說了她在當時屬於高齡產婦，生孩子這個事情要抓緊。有了身孕，可以有更多的理由把李治留在自己身邊，皇上沒時間

和機會再接近其他的女人，自己的「專寵」地位才會更牢固。多生幾個孩子，到時候人多力量大，自己要起手段來也會更有底氣。

天字第一號薄命公主

西元六五三年，武媚娘的第二個孩子出生。頭胎開門紅，生了個兒子；武媚娘滿指望再接再厲，來個雙保險，再生個兒子；謎底揭開，卻大失所望，是個女兒。不過女兒也好吧，她爹是皇帝，長大後會被封爲公主，以後找個有實力的人家嫁了，榮華富貴一輩子是不愁的。可是不曾想，母親給了她生命，也奪走了她的生命。

武媚娘辛辛苦苦的十月懷胎，一朝分娩，卻是個女兒。在那個重男輕女的年代，即使身在帝王家，男女的差別還是很大的，武媚娘不由得有些小失望。這位後來被追封爲安定公主的小女孩，成爲了母親後宮鬥爭的工具，還很不幸地被親生母親謀殺，最終成爲了大唐歷史上的第一號薄命公主，謚號爲「思」。

王皇后不能生育，心態卻非常健康，比較稀罕小孩兒。武媚娘表面對王皇后畢恭畢敬，很是客氣，小安定公主比較可愛很討王皇后喜歡。西元六五四年冬天，王皇后閒來無事，愛心又起，打算去武媚娘那裏看那個可愛的嬰兒。皇后駕臨武昭儀那裏，事先會有宮女提前通報，做好接駕的準備，以免出現什麼差錯。

王皇后這次駕臨武媚娘那裏，卻和往常不大一樣，沒有看到熱情迎接的武昭儀，據下人稟報說是在後花園看花。王皇后心裏沒有多想，反正也不是專門來看武媚娘的。她走到搖籃邊，看到了活潑可愛的小公主，親手侍弄一番，把玩了一會兒，才戀戀不捨地放下。要是自己也能生個這麼可愛的孩子，該有多好啊！

王皇后在武媚娘那待了一會，沒等到她回來，就起駕回宮了。回到宮中，和身邊隨從閒聊幾句，正待休息，忽聽門外有人驚慌失措地跑進來，大呼：「皇后，大事不好，大事不好了！」王皇后嚇了一跳，好好的，有什麼大事？忙令宮女鎮靜，慢慢道來。宮女這才說道：「武昭儀那邊出事了，又哭又鬧地，皇上也在。」

王皇后得知武媚娘那邊出了事，居然驚動了皇上，會是什麼樣的情況呢？宮女的回答讓她的心驟然一涼：「武昭儀的小女兒死了！」什麼，剛才還活潑可愛的孩子怎麼突然就死了？自己得再過去看看安慰一下武媚娘，不過皇上也在那裏，還是找個宮女再去打探下消息比較好，免得自己到時候解釋不清楚。

王皇后本著關心的態度，讓宮女去打探武媚娘女兒的死因，可宮女彙報的消息讓她聽了有五雷轟頂的感覺：「武昭儀和皇上在後花園賞花後，一塊去看女兒，卻發現女兒平白無故死了，問周圍的人，說只有您去看過她，武昭儀聽到後就又哭又喊，說是您見她接連生孩子嫉妒，掐死了小孩」。看來這次，誤會太大了。

王皇后起初以爲是武媚娘誤會了自己，把去看望小公主的事情解釋清楚就沒事了。現在的問題是皇上在場，他怎麼表態最重要。在聽到皇帝李治一開始並不相信，認爲有其他可能的時候，武媚娘瘋了一般在皇上面前歷數王皇后的不是，把皇上逼急了，動怒說要廢掉皇后。王皇后才明白這是武媚娘設計好的圈套，目標就是自己。

拿親生孩子的生命來陷害別人，這種人沒有人性、太狠毒了，王皇后越想越怕。如果武媚娘借著這件事打壓自己得了勢，自己絕對會死得很難看。不行，我是被冤枉的，得去找皇上訴冤，要求徹查這件事，自己去看望小公主的時候，帶了很多的隨從，她們可以證明自己是清白的，殺害小公主的另有他人。

王皇后就小公主突然死亡自己被陷害一事，找皇帝李治討要說法的時候，李治卻出奇地平靜，告訴她事情結束了，皇后不要多想。不對啊，你寵愛的武昭儀，生了個公主，沒緣由地突然暴死；李治作爲一國之主，理應查個水落石出，怎麼會說事情已經結束了呢？皇帝的女兒，不清不楚地死了，這不是坑爹嘛！

親女兒突然死亡，這事情對李治打擊也很大，李治動過徹查此事的念頭。但被武媚娘勸說打消了，說是「家醜不可外揚」，自己又沒有王皇后殺害小公主確鑿的證據，估計廢免王皇后的時候大臣們肯定會問原因，說了的話這不等於大家都知道了嘛，會以爲皇上的後宮不和諧穩定，導致皇上面子上不光彩。

安定小公主突然死亡的真相是，武媚娘聽說王皇后要來，她故意迴避，製造王皇后和小公主獨處的機會。王皇后走後，她支走眾人，掐死了自己的女兒；然後假裝事情沒有發生，出去見李治，兩人一塊回來，才「發現」孩子已死。利用皇上當時急於找出兇手的衝動，順勢把殺害孩子的嫌疑轉移到王皇后身上。

安定小公主是誰殺的？是武媚娘親手殺死了自己的女兒。現在李治卻相信小公主是王皇后殺害的，那栽贓給王皇后的目的已經達到了，武媚娘當然要盡力阻止李治徹查此事。萬一證實了王皇后沒有殺害小公主的嫌疑，那自己真是白費功夫了，還搭進去親生女兒的生命，這種情況絕對不能出現。

在李治面前，武媚娘依然扮演著自己盡善盡美的好角色。孩子死就死了吧，再生就是了；別再追究王皇后責任了，她心理變態，就是一病人；也別因此廢掉王皇后，顧全大局要緊。女兒莫名其妙死了，人命關天的事情，武媚娘卻能說動皇上「家醜不可外揚」、「大事化小、小事化了」，可見手段十分了得。

孩子被人殺死，武媚娘居然還爲「兇手」求情！這是多麼博大的胸懷啊！再沒有比她更大氣的人了！千嬌百媚的武昭儀，讓李治失去了判斷能力，反而對她感激萬分，太能理解自己的苦衷了。雖然李治承諾武媚娘不再追究王皇后的責任，但自此以後，王皇后遭到了李治的冷落。看來，安定公主你死得很有價值。

王皇后殺害了安定公主，李治本想廢掉她皇后的稱號，無奈被武媚娘阻止了。儘管如此，李治還是有這個打算，準備先和朝中的大臣打個招呼，讓他們做個準備，哪天真的廢王皇后立武媚娘也會省事一些。大臣中，長孫無忌位高權重，又是自己親舅，只要把他說動了，其他事情就好辦多了。

武媚娘表面上不同意廢后，目的只是從李治那裏賺點同情分，聽說皇上要有實質性動作，就半推半就地答應了。求人辦事，自然不能擺臭架子。李治就帶著武媚娘奔長孫無忌家去了。長孫無忌是皇親國戚、朝廷重臣，見慣了大場面。即便如此，皇上突然來訪，也讓他一頭霧水，搞不清楚狀況。

李治突然到訪長孫無忌家，也沒有事先通告，還好長孫無忌見慣了大場面，一邊安排接待，一邊察言觀色，看看皇上準備唱哪齣。李治覺著去自己舅舅家，不用太見外，也沒做什麼準備。拜見長輩，敘敘舊是應該的，李治東一耙犁西一棒錘，有一搭沒一搭，說些不著邊際的話，半天沒進入廢立皇后的正題。

李治想既然是廢立皇后的話題，跟老婆這個話題差不離，都是老婆多有老婆多的煩惱，舅舅的妻妾不少，從老婆該怎麼管理這個話題進入好了。可惜扯了半天，李治也沒把廢立皇后的想法說出來，長孫無忌呢搞不清狀況只好使勁猜，一時半會兒也拿不准皇帝到底要說啥，幾個人就這麼耗著，都快成閒扯淡了。

李治和長孫無忌閒扯了半天，也沒走的意思。長孫無忌很無奈，皇帝這不是來蹭飯的吧，沒事，反正家裏也不缺，吃就吃唄。安排人，伺候飯。飯桌上談事情，大家就放開多了。閒聊中，武媚娘就問，長孫無忌有幾個孩子。長孫無忌一聽，不敢怠慢，連忙讓自己的四個兒子出來，拜見過皇上和武昭儀。

武媚娘就長孫無忌家四個兒子的近況，雙方進行了友好的談話增進瞭解。原來長孫無忌的四個兒子，老大已經做官；另外三個，都十來歲，還沒有職務。武媚娘忙跟皇帝說，「長孫無忌貴爲國舅，這仨孩子怎能沒職務呢？」李治這時候腦子突然靈光了，領會了意思，當即把仨孩子封爲朝散大夫，官居五品。

官二代傷不起啊，朝中有人好做官。皇上一句話，人直接從平頭百姓的官二代變身官一代了。長孫無忌覺著十來歲的兒子被封官不妥，連忙推辭被李治給拒絕了。吃飽飯，李治就帶著武媚娘和若干隨從，打道回宮了。留下不明白具體情況的長孫無忌在那裏發愣瞎猜，憑他的政治敏感，他已經嗅出皇上此行另有目的。

皇帝夜晚突然到訪長孫無忌家，閒扯了大半天，最後給長孫無忌家小孩子都安排了官職。雖然皇上沒提出什麼具體要求，但到訪舅舅家，沒有帶皇后，而只帶了武昭儀。看來皇上肯定有什麼心事，但又不便明言。此行的目的很可能和武昭儀有關。長孫無忌對武昭儀瞭解不多，但他看得出來這個女人很不簡單。

皇帝拜訪長孫無忌，也是自己的舅舅家，帶的是武昭儀，不是正牌王皇后，心事重重又有聊到老婆多該怎麼管理的話題，那皇上的心事很可能是家務事。讓皇上心煩的家務事，又和有手段的武昭儀有關，莫非皇上要廢立皇后？想到這，長孫無忌額頭開始冒冷汗了，因為皇上此行應該是來徵求自己意見的。

皇上李治要廢立皇后，自己做為朝中重臣和他的舅舅，來徵求意見是很正常的。王皇后容易被攻擊的有兩點：一是貴為皇后，但是不能生育，這點很致命，二是過繼來一個兒子，雖被立為太子，但是太子的生母地位卑賤。而成功上位的武昭儀，能生育，短短時間就生了兩胎，一男一女。目前她也最受李治的寵愛。

後宮中，嬪妃們明爭暗鬥很正常，但大家爭奪的是皇上對誰的寵愛更多一些，廢立皇后這個最多是想想而已。廢立皇后是大事，需要徵求朝中大臣們的意見。王皇后儘管有不能生育的問題，可人品、威信大臣們是知道的。立武昭儀為皇后，她曾經是李治父親李世民的女人，單這一點就算得上忤逆不道，大臣們會反對。

長孫無忌猜測皇帝李治造訪他的目的，應該是準備廢立皇后，他把問題想簡單了，以為眾大臣會阻止李治那樣做。但是他忽略了一點，既然李治能把父親曾經的女人娶為老婆，破格提升為昭儀並讓她為自己生兒育女，就不會在乎眾大臣的意見，何況有高陽公主和和尚私通的前例。一切的不可能都開始逆轉了。

廢立皇后要徵求大臣的意見，武媚娘是知道的，但她知道事情的關鍵在皇帝李治那裏，只要搞定了李治，一國之主，什麼都是他說了算。所以武媚娘的所有招數，都集中在一點，必須讓李治明白，他們兩個是因爲愛情，才能歷經了那麼多的磨難最終走到一起。借安定小公主死亡一事，更讓李治打心眼裏感謝她。

有心計的武媚娘想拉攏朝中重臣長孫無忌，開始是讓李治給長孫無忌的兒子安排官職。後來又讓皇帝送了一車寶物給他，長孫無忌猜到了皇帝要廢立皇后的意圖，勉強留了幾個，其餘送回。武媚娘又安排自己的老媽楊氏去討好長孫無忌，還讓自己的心腹、著名的說客許敬宗，去做拉攏工作，但都收效甚微。

長孫無忌是朝中重臣，唐太宗李世民臨終前托孤的遺言，他句句牢記在心中。爲了讓外甥李治能坐穩皇位，不惜借高陽公主謀反一事陷害了吳王李恪，可以說爲了外甥費勁了心血。後來武媚娘拉攏他時，他意識到了這個女人的野心，沒被她的小恩小惠所迷惑。可武媚娘是個很果斷的女人，拉攏不順服那就是敵人。

安定小公主成了母親後宮鬥爭的工具，不幸慘死，雖然她的死讓李治冷落了王皇后，但武媚娘的最終目的是皇后的位子。這個目的沒達到，她的母親大人就會繼續前行，繼續努力。武媚娘利用王皇后和宮女們關係不和諧的機會，刻意拉攏宮女們，利用她們替自己做一些事情，栽贓到王皇后身上，不達目的誓不甘休。

武媚娘買通王皇后身邊的宮女，做了一個小人偶，寫上皇帝李治的名字，用釘子釘上，秘密埋在王皇后床下。這種做法，叫做「魇」人，也叫「巫蠱術」，過去的迷信者認爲，施了魔法的木偶，被詛咒者的靈魂就能被人爲控制。安排停當，武媚娘密報李治。李治大怒，命人在皇后床下挖掘，果然找到了物證。

王皇后身邊的宮女被武媚娘成功收買，按照武媚娘的指示陷害皇后。皇帝李治令人去查，人贓俱獲，這次的黑鍋王皇后背定了。前有自己寵愛的武昭儀女兒一事，如今又用「巫蠱術」想害自己，王皇后這女人想爭寵想瘋了。竟然敢欺負到自己頭上，這樣的人不配做皇后，李治這次是下定主意要廢皇后了。

王皇后用「巫蠱術」害皇帝李治，這次讓李治下定了決心要廢掉她。李治先是召集大臣議事，態度很明確：王皇后詛咒朕，膽敢「魇」朕，必須廢掉，立武昭儀爲后！並且發佈詔書，王皇后的舅舅柳奭被貶，和許敬宗齊名的奸臣、武昭儀的心腹李義府，被提拔爲中書侍郎。和以前軟弱的形象相比，這次李治很強勢。

皇帝李治發佈詔書罷免了王皇后舅舅柳奭的官職，提拔武媚娘心腹李義府，召集眾大臣廢立王皇后一事。長孫無忌等幾位老臣，感到苗頭不對，這不是皇上的風格啊。廢立王皇后一事遭到大臣們的全力勸阻，勸皇上認真調查「巫蠱術」事件，但李

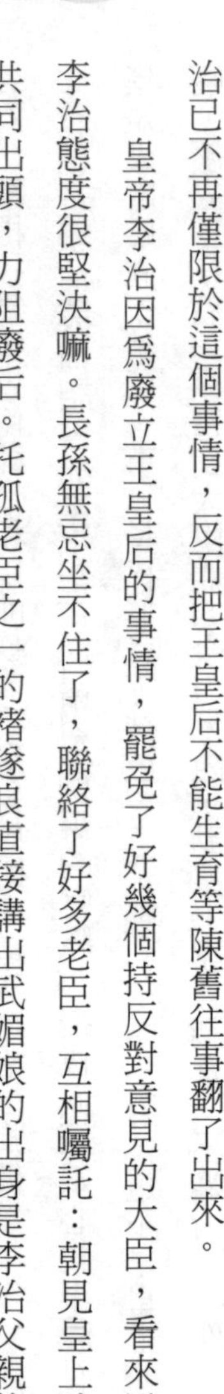

治已不再僅限於這個事情，反而把王皇后不能生育等陳舊往事翻了出來。

皇帝李治因爲廢立王皇后的事情，罷免了好幾個持反對意見的大臣，看來這次李治態度很堅決嘛。長孫無忌坐不住了，聯絡了好多老臣，互相囑託：朝見皇上時，共同出頭，力阻廢后。托孤老臣之一的褚遂良直接講出武媚娘的出身是李治父親的女人，現在你打算立她爲后是行不通的，甚至拿自己辭職的事情相逼。

老臣褚遂良拿武媚娘的出身說事，這刺激到了皇帝李治：「平民百姓，都能自己決定婚姻，選擇自己想要的愛情；我作爲堂堂一國之君，難道連這點自主權都沒有嗎？」看樣子皇帝發怒了，都不按套路出牌，準備一意孤行了。大臣們不由地感到心寒，原先軟弱的李治何時變得這麼強勢，大家都摸不著頭腦了。

皇帝李治決意廢立王皇后，長孫無忌爲首的老臣們一致反對，情況進入了僵持階段。這種情況，不是武媚娘想要的，武媚娘對老臣們細心研究，有了發現，這些老臣，並非鐵板一塊，而是貌合神離、互有戒備，甚至明爭暗鬥、想借刀殺人。那對他們進行瓦解，採取各個擊破的戰略就好了。

朝廷功臣之一的李勣，在大臣們和皇帝李治僵持的緊要關頭，竟然自稱身體不舒服，沒有上朝來給大臣們鼓勁。他原是李世民手下大將，南征北戰，戰功顯赫，功績不在長孫無忌之下。被賜國姓姓李，徐世勣成了李世勣；李世民死後，臣子要避諱，改名為李勣。現在長孫無忌聯絡百官群起發難，李勣卻臨陣退縮了。

李勣的臨陣退縮在武媚娘看來，是另有隱情。關鍵時刻退縮，可能他和群臣們的想法不一樣。武媚娘找到李治，準備讓皇帝召見李勣，問清他的真實想法。李勣面對皇帝李治和武昭儀，講出了自己的心裏話：「廢立皇后是皇帝自家的事情，自己做決定就好，何必去徵求別人的意見呢。」正是這句話讓李治解脫了。

廢立皇后一事，李勣建議皇帝李治聽從自己內心的想法，這句話說到了李治心裏。他決定按照自己的意願行事，不再顧及群臣的反對，頒佈了廢后詔書。半個月後，武昭儀搖身一變，成了武皇后。王皇后請武媚娘這個外援的目的，是讓她去和蕭氏爭寵，自己做為事外人享受勝利的果實，結果外援反把自己弄下崗了。

武媚娘經過一系列精心謀劃的行動，成功地達到了自己的目的，坐上了皇后的寶座。她從寺廟重返皇宮至坐上皇后的位子，僅僅用了四年的時間，這不僅和武媚娘的能力有關，也不得不說是皇帝李治的偏執和王皇后的一些錯誤決定起到了推波助瀾的作用。李治獲得了想要的愛情，自尊心雄起了一把。王皇后肯定在後悔自己引狼入室的決定。

Q 輿論操盤手

西元六五五年十月十二日，唐高宗李治下詔，廢掉王皇后；十一月初一，立武昭儀爲皇后。武媚娘是很有想法的，她知道作爲李世民曾經的女人，算是李治名義上的母輩，如今「下嫁」李治不說，還成了皇后，必定遭人恥笑。所以，要找個很好的藉口，堵世人的嘴。可是想堵住眾人的嘴，無異於防洪水，這是個大難題。

武媚娘成爲了新任皇后，上任的頭把火就是準備堵住老百姓的嘴，不要對自己坐上皇后寶座這件事非議太多。這個難度非常的大，法不責眾嘛。但武媚娘面對這些難題的時候，展現出了政治家的天賦：一是迎難而上，即便難度再大也要敢於面對；二是臉皮要厚，敢於忽略事實，敢於混淆黑白。

廢立皇后，皇帝李治一意孤行，朝野上下議論紛紛。面對這種局面，李治慌了神，武媚娘卻能從容面對。李治在政治上畢竟太年輕，關鍵時刻，還是要看看姐姐武媚娘的眼色行事。所謂議論，無非就是輿論唄！你們製造輿論，我就不會製造輿論？這個對策還是很直接的，以子之矛攻子之盾，看你的反應隨機應變。

面對大眾的非議，武媚娘打算製造並引導輿論的導向，往有利於自己的方向發展。武媚娘開動宣傳機器，大打輿論戰。攻勢的核心，無非就是：愛情自主、婚姻自由，號召人們打破封建禮教束縛，追尋自己想要的愛情。這在當時是很有進步意義的，因爲當時婚姻類型的主流是門當戶對的包辦婚姻，自由戀愛結合的很少。

李治作爲當時的統治者，以身作則，用自己的行動向世人表明，有理想的人應該爲自己的夢想而活，勇敢地去追求自己想要的愛情，要敢於打破封建禮教束縛。如果沒有李治和武媚娘的這段愛情，大唐的愛情觀就不可能會有進步；沒有武媚娘被立爲皇后一事，大唐的婚姻觀就不可能走向開放。所以，支持我們吧！

參照當時的實際情況，沒有廣播電視互聯網，武媚娘就只能用人力去傳播自己所謂的愛情婚姻觀。最佳的人選，就是自己的心腹，當時有名的說客許敬宗。讓他出去大造輿論：「種田的農民，收成好，多賣了些錢，都會想著納妾；如今的皇上，一國之主，整個天下都是他的，換個老婆，有什麼大驚小怪？」

許敬宗宣揚男人有了錢變壞是很正常的論調，很有市場，尤其在妻妾成群的封建社會。不少人被成功洗腦，由反對者淪爲新皇后武媚娘的忠實支持者。看來輿論嘛，關鍵是個引導的問題，你只要抓住了大眾心理，其實不難解決。那些反對新皇后的老臣，恐怕個個都有更換正房的想法，只是不方便實施。

那些老臣，儘管都一大把年紀了，但喜新厭舊是男人的天性，哪個沒有多納小

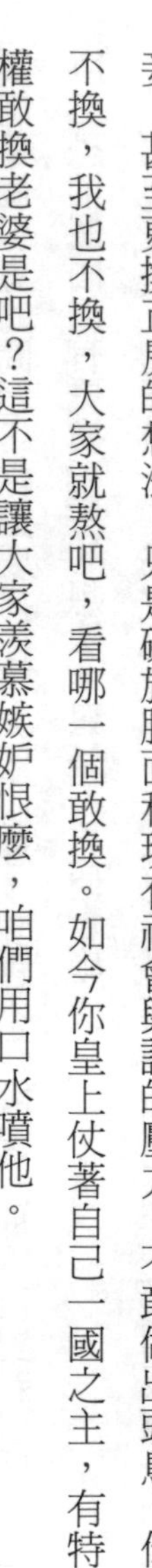

妾，甚至更換正房的想法。只是礙於臉面和現有社會輿論的壓力，不敢做出頭鳥。你不換，我也不換，大家就熬吧，看哪一個敢換。如今你皇上仗著自己一國之主，有特權敢換老婆是吧？這不是讓大家羨慕嫉妒恨麼，咱們用口水噴他。

武媚娘心狠手辣，有手段才成功坐上了皇后的寶座。現在的她，有權利，有人脈，有能力控制輿論的風向。經過一段時間的操作，皇帝李治廢立皇后的問題，被輿論引導爲普通人都可以換老婆，作爲皇帝的李治也可以享受這個權利嘛。廢立皇后這個事關國家的大事件，被成功轉型成了如同發生在尋常百姓家的小事件。

皇帝李治廢立皇后這個難題，被武媚娘控制輿論導向輕鬆地解決了，下面就是「亂倫」的難題了，這個看起來很難搞定。但是武媚娘另闢蹊徑，準備借助李治死去老爹李世民的口，弄一份死無對證的詔書，輕鬆解決此事。在這裏，不得不被武媚娘的厚臉皮所折服，她無視事實，混淆黑白的功夫真是了得。

朝廷中的老臣，多半是跟李世民打過天下的，對李世民是萬分尊敬的。武媚娘正是準備借李世民的威信，讓那些老臣閉口。她讓皇帝李治頒佈了一份跟事實嚴重不符但卻死無對證的詔書：李世民重病期間，李治悉心照料父親，李世民被李治的仁孝所感動，將武媚娘賞賜予李治爲妻，待守孝期過後，就可以完婚了。

漢宣帝時期，王政君入宮爲宮女。當時的太子劉奭最寵愛的司馬氏，被其他嬪妃詛咒而死。太子悲傷過度，不再親近女人。太子縱欲，爹擔心；太子禁欲，爹更擔心。一看兒子這樣，漢宣帝著急了，就在後宮辦了場選秀，最終王政君脫穎而出。於是漢宣帝把王政君賞賜給太子做太子妃，最後熬成了王皇后。

武媚娘捏造的詔書中，把自己比作「政君事件」中的王政君，都是皇帝把自己的小老婆賞賜給當時的太子，後來兒子繼承皇位，當時的小老婆也搖身一變，成了皇后。這簡直是當年「政君事件」的翻版啊。這下好了吧，李治和武媚娘的結合，是遵照唐太宗李世民的遺詔，又有前朝的真實事件做例證，多合情合理啊！

詔書硬把武媚娘比作王政君，實在是顛倒黑白、混淆是非。唐太宗頭頂的綠帽子，硬是成了紅帽子；偷情、出軌，成了皇上賞賜，遵行遺詔；亂倫、壞綱，成了父子情深、禮尚往來。實在滑稽。那些老臣們心中自然有數，但現在武媚娘借李世民的威信來逼眾人，而李世民早死了，死無對證的事情，當權者說了才算。

武媚娘讓李治頒佈的詔書，滿紙的謊言，非常的厚顏無恥。但武媚娘借死人李世民的口，讓眾大臣無話可說。隨著詔書的大告天下，李治和武媚娘亂倫的難題迎刃而解，兩人的結合完全是遵行李世民的遺願，合情合理。當權者顛倒黑白，混淆是非，就跟流氓有文化一樣，誰都擋不住。三人成虎，多說幾遍，弄假成真。

大臣勸阻和社會輿論的譴責等這些難題，全被武媚娘逐一解決，不難看出她的能力十分了得。武媚娘成為第一夫人後，權力的欲望極度膨脹，但她想做什麼事情還要通過懦弱的李治，慢慢地她產生了取而代之的想法，對待李治也不再謙恭。下一步，和一切權力欲望極重的女子一樣，她開始了織網和殺戮之旅。

武媚娘從宮女一步步變身成了皇后，特別是從寺廟重返皇宮，只用了短短四年就坐上了皇后的寶座。這個有野心的女人運勢太好，一切都很順利，竟然打起了皇帝寶座的主意。那接下來要做的，就是要架空皇帝李治，同時織網，搜羅心腹，栽培勢力，順我者昌；殺戮，逆我者亡，擋我者死。權力鬥爭，不外乎這兩步。

李義府城府極深，一肚子壞水，十分惡毒；見了人卻一臉媚笑，不笑不說話。不要被他的假像迷惑，當面對你笑得很燦爛，背地裏下刀子毫不留情，這便有了一個成語「笑裏刀」。人以類聚，物以群分，同樣城府很深的武媚娘很快就發現了這位「好」同志，而李義府同志做起壞事很有天賦，很快就得到武媚娘的賞識。

李義府、武媚娘能走到同一戰線，還要感謝長孫無忌。長孫無忌痛恨李義府這種笑裏藏刀的奸佞小人，就上書皇帝李治，彈劾李義府。李義府得知消息，還是很害怕的，急著找尋對策。找長孫無忌和談，估計人家也不會搭理自己。那就只好找長孫無忌的敵人幫忙了，因爲敵人的敵人，是可以成爲朋友的。

不是朋友，就是敵人

武媚娘曾試圖拉攏長孫無忌，但是失敗了。武媚娘的信條是：不是朋友，那就是敵人。後來廢立皇后的時候，長孫無忌又團結了一批老臣，連番阻撓皇帝李治換皇后，更讓武媚娘怒火中燒，把他列爲心中的一號仇敵。武媚娘成功升級爲皇后之後，就開始栽培勢力，搜羅心腹，積攢力量，準備把自己的敵人一個個清除掉。

李義府在尋找長孫無忌的敵人，目前看最突出的敵人是武媚娘。可是武媚娘在後宮中，要見她不是很容易。那就找她的心腹許敬宗好了。而許敬宗在武媚娘指使下，正在網羅爪牙、尋找助手，李義府的主動投靠，真可謂臭味相投。李義府向許敬宗講了自己的處境，剛被長孫無忌彈劾，那大家的敵人是一致的。

武媚娘的幾個爪牙湊到一塊，討論如何對付長孫無忌的彈劾。許敬宗沒想出好主意，倒是他外甥，給出了一個主意。眾人一聽，連連稱妙。李義府依計而行，回府

後連夜加班，趕了一份奏摺，秘奏皇帝李治。李治看到李義府的奏摺，大爲歡喜。原來，奏摺的意思，是懇請廢掉王皇后，立武媚娘爲后。

李義府厚顏無恥，在密奏李治的奏摺中，說王皇后昏庸，用江湖伎倆詛咒皇上，武媚娘德才兼備，支持皇上廢立皇后。當時的李治在這個事情上，面對眾大臣的一致反對，被搞得焦頭爛額。現在看到李義府的支持，感激涕零，這人太體貼我了。儘管有長孫無忌彈劾李義府的奏摺在先，李治還是下詔提拔了他。

李義府被長孫無忌彈劾一事，經武媚娘集團出謀劃策，不僅有驚無險，還逢凶化吉地遭到了皇上的提拔。這件事情的轉折，讓李義府對武媚娘集團的前景十分看好，武媚娘不出意外將升級爲皇后，那自己再有什麼事情通過皇后找皇帝協調解決，還是很方便的。因此，李義府加入了武媚娘集團，做了不少大事。

現在有皇上的寵愛，還有一幫心腹許敬宗、李義府等人，成爲皇后的武媚娘，已經不滿於眼前的權力，開始爲自己的篡權之路掃除障礙。先把皇宮裏對自己有威脅的人除掉。扳倒了王皇后，不是還有蕭氏麼。她以前很得寵，還育有一子，威脅是比較大的。武皇后在皇上面前一絮叨，就把蕭氏也打入了冷宮。

後宮的威脅，被武媚娘輕鬆地解決了。畢竟她現在是皇后，又很有手段，這權力、能力兼備，在後宮打遍無敵手。現在武媚娘在皇宮之內，權力比自己大、地位比自己高的，就剩皇帝李治一個了。權欲女人的面目，暴露無遺。李治的一舉一動，都在武媚娘的監控之下。這樣的結果，可不是李治想要的。

木偶皇帝

李治身為皇帝，但小到宮內瑣事、大到官員任免等事務的決定權，都受到武媚娘干涉，武媚娘對權力的攫取欲、控制欲，讓他不寒而慄。稍有違逆，伶牙俐齒的武皇后便如河東獅吼，讓他無法招架。李治是真想不明白，這女人做皇后前，和做皇后後，差距怎麼這麼大呢？其實不是差距大，而是武媚娘當年表演得好、操控得妙。

皇帝李治成了武媚娘的木偶，心情那是極度的鬱悶。有天武媚娘回老家拜祭，李治不由得鬆了口氣，有了短暫的自由。他想起了王皇后、蕭氏在自己身邊的日子，那是多麼的愜意。李治專門去冷宮看望二位老婆，卻見院門緊鎖，高牆厚不透風，只有個狹小洞口，給兩人傳送飲食。跟以前相比，兩人日子過得好慘。

李治在關押王皇后、蕭氏的冷宮前，傷感了半天，見不到人只好試探性的問候下：「皇后你們兩位還好吧，我來看你們了。」好久才有淒慘的聲音傳來「我們是被皇上貶廢的罪人，不敢擔當皇后的尊稱。如果皇上還記得咱們往日的情意，肯讓臣妾

重見天日，請陛下把此冷宮，取名『回心院』。」

李治想起和王皇后、蕭氏在一起的快樂日子，眼前看到兩人的悲慘處境，淚珠滾落下來。自己當時寵信武媚娘，喪失了判斷力，才把兩人打入冷宮，兩人這才有了今天的處境。如今，她們兩個沒有怨恨反而還深愛著自己，太讓人感動了。要想辦法讓她們重見天日，並替她倆平反，希望可以像以前一樣快樂。

還沒等李治想好怎麼替王皇后、蕭氏平反，武媚娘已從心腹那裏得到消息，頓時柳眉倒豎、杏眼圓睜，怒不可遏，找到李治，興師問罪。軟弱的李治，見到暴怒的武媚娘，兵敗如山倒，男子氣概拋到了九霄雲外，不僅不敢提給兩人平反之事，連去過冷宮都不承認了。做皇帝混到這份兒上，真的是太失敗了。

軟弱的李治不敢承認去冷宮看望過王皇后、蕭氏，武媚娘也不在此事上糾纏，她已決定剷除隱患。她命令把兩人綁來，以企圖翻案爲名，各杖一百下。一百板子下去，這倆嬌弱的女子可就三魂丟了兩魄，出氣的多、進氣的少了。不過武媚娘可不會讓兩人這麼輕易地死去，後面還有更殘酷的折磨在等待著她們。

王皇后、蕭氏剛被打過一百大板，武媚娘還不解恨，令人將她們砍去手足，扔進酒甕之中，任她倆自生自滅。在酒甕中只能看到兩人的頭露在外面，披頭散髮，血污滿面，看起來恐怖極了。數日之後，方才斃命。臨死之前，蕭氏發下毒誓：「來世我做貓，武媚娘做老鼠，見到就抓住她的喉管，撕爲碎片，方泄我恨！」

武媚娘害死了王皇后、蕭氏兩人，心中有愧，又得知了蕭氏的遺言，是又懼又恨，命人將兩具屍體斬首。又逼李治下詔，兩人的宗族全部被貶。一場血腥慘劇，這才算是落幕。殘忍地處理了兩個對頭，武媚娘也落下了心病：命令皇宮內外，嚴禁養貓！即便如此，蕭氏的詛咒似乎應驗了，她經常半夜被噩夢驚醒。

武媚娘經常在夢裏見到王皇后、蕭氏兩人如臨死前那樣披髮瀝血，惡狠狠地撲來。這噩夢太嚇人了，武媚娘更換了不少住處，以爲可以得以解脫。誰知兩名「惡鬼」依然如影隨形，噩夢不斷。恐懼之極的武媚娘狼狽不堪，後來乾脆逃離都城長安，長住東都洛陽。看來，武皇后的心理素質再好，也逃不過兩人的懲罰。

王皇后已經沒了，她兒子李忠的太子之位，岌岌可危。武媚娘集團自然不會放過這隻羔羊。許敬宗上書，請求更換太子。沒等皇帝李治表態，毫無靠山的李忠獲知消息，自知儲位難保，很聰明地主動請辭。李治只好把李忠降爲梁王，立武媚娘的兒子李弘爲太子。障礙一個個被掃除，武媚娘的目標對準了宮外。

朝廷老臣中，褚遂良已經被貶；老對頭、核心人物長孫無忌，卻不容易扳倒，他畢竟是三朝元老，功績顯赫，位高權重，又是皇帝的親舅舅。武媚娘很想馬上弄死長孫無忌，卻沒有因著急而失去章法。她準備步步爲營，分化瓦解長孫無忌團結的老臣

陣營，各個擊破。

趁著皇帝李治無爲而治的大好時機，武媚娘集團把黑手伸向了老臣長孫無忌。洛陽的韋季方等人，遭到許敬宗彈劾。原來許敬宗逼迫韋季方，要他把長孫無忌牽連進來。沒想到，韋季方是條漢子，堅決不同意，以刀自刺，奄然待斃。許敬宗於是找李治彙報，說長孫無忌和韋季方等企圖謀反，韋季方畏罪自殺未遂。

長孫無忌謀反，皇帝李治肯定是不相信的。但許敬宗僞造了韋季方的供詞，稱長孫無忌謀反，證據確鑿。沒有其他辦法的李治，將長孫無忌貶官；下令許敬宗等人，嚴查此案。這下，武媚娘集團可以盡情表演了。許敬宗先斬後奏，逼令被貶的長孫無忌自殺，而後捏造供詞，無中生有的謀反事件，終成白紙黑字。

李治看到長孫無忌的「供狀」，有些相信了。這時的李治，感覺自己受到了最後的親人——長孫無忌舅舅的背叛，心灰意冷，就下令把無忌兄弟子侄，一併處死。謀反案牽連多位老臣，幾乎一網打盡。長孫無忌當年捏造謀反罪名，害死了吳王李恪，是爲了保護李治。沒想到在若干年後，被別人用謀反的罪名，遭誣告而死。

消滅了長孫無忌，武媚娘集團取得了不小的勝利。前途光明，武媚娘終於可以大展拳腳了。李治身邊，一個親人也沒有了，前所未有的孤單感使他開始了反思。當年，武媚娘之女暴斃案，王皇后「魘人」案，疑點很多，這兩起案子，很可能是武媚娘的計謀，目的是陷害王皇后。一個能殺死親生女兒的女人太恐怖了。

為了陷害別人，不惜殺死自己的親生女兒來搏取別人的同情，這麼心狠手辣的女人還有什麼事情是做不出來的？長孫無忌謀反案，所有證據都是由武媚娘的心腹提供的，這些都很容易偽造。現在長孫無忌沒了，李治身邊再沒有其他親人。貪心不足蛇吞象的武媚娘，會不會向自己下毒手，李治想起來都不寒而慄。

陷入絕境的李治，迴光返照般地準備雄起一把，壯著膽子準備廢掉武媚娘的皇后頭銜，不試著這麼做的話，自己的下場肯定會被她搞得很慘。李治把自己為數不多的心腹上官儀找來，一塊商量。上官儀面對皇上直言說：「換，該換，早就該換了。」聽到這話，李治心裏面才安定了一些，就讓上官儀當場起草詔書。

李治讓上官儀起草廢武皇后的詔書，上官儀起草完畢後告退。李治穩了下心神，把寫好的詔書仔細看了一遍，準備第二天一上朝，就繞開皇后，直接昭告天下。這個計畫是蠻好的，可惜李治忘記了，自己身邊，全是武媚娘的眼線。沒多久，一個身影急匆匆閃入，從李治手中奪過詔書，撕個粉碎！這人太霸氣了。

從皇帝李治手中奪過詔書，撕個粉碎，是誰有這麼大的膽子。李治仔細一看，嚇得魂飛魄散：來者不是別人，正是武皇后！現在的武皇后已經瞭解了個大概，自己命懸一線，哪還有半點政治家的風度？朝李治破口大罵，又推又扯。已經嚇傻的李治哪

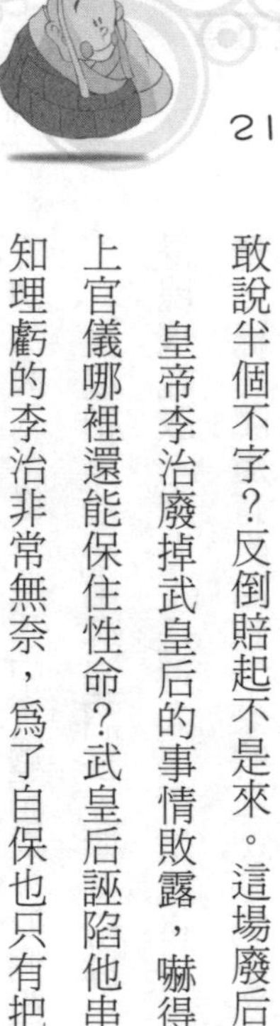

敢說半個不字？反倒賠起不是來。這場廢后大戲，就此旗偃鼓息。

皇帝李治廢掉武皇后的事情敗露，嚇得不停地給武皇后賠不是。李治尚且如此，上官儀哪裡還能保住性命？武皇后誣陷他串通前太子李忠謀反，再次把事情搞大，自知理虧的李治非常無奈，爲了自保也只有把親兒子李忠和心腹上官儀，以及其他「涉案人員」，全部殺死。李治這次迴光返照般的雄起，再次宣告失敗。

武皇后平息了「廢后風波」，再次實現了對李治「挺誰誰死」的心理折磨。李治呢？又少了一個兒子，還是自己下令殺死的。也難怪，李治會產生嚴重的心理障礙，開始學著無爲而治，順其自然。不過你可別以爲李治是個軟柿子，誰都可以上去捏，人畢竟是一皇帝，太歲頭上動土那絕對沒有好下場。

李義府加入武媚娘集團後，出了再大的難題都有武皇后在背後撐腰，每次都能逢凶化吉。慢慢地，仗勢欺人的李義府越來越自大，居然欺負到皇帝頭上了。他本來就劣跡斑斑，結黨營私，黨同伐異，飛揚跋扈，朝廷上下，已是天怒人怨。有人再次密奏李治要彈劾李義府，李治知道他是武皇后心腹，準備訓斥一番了事。

李義府仗勢欺人慣了，這次沒擺正自己的位置。他聽罷李治訓斥，臉色大變：「誰告訴皇上的？」李治聽到這句話是又驚又氣，一個下屬竟然敢問自己這個問題，太放肆了。李義府看到了李治怒氣的樣子，也不謝罪，昂首拂袖而去。這可把李治的鼻子差點氣歪了，血壓急劇升高，這個李義府，你是活膩了吧！

武皇后可以瞧不起皇上，你李義府算什麼東西？李治前後思量，朝中能動得了李義府的，只有老臣李勣了。李勣功績顯赫，不亞於長孫無忌，不同的是，在王皇后廢立之事上，他倒向了武皇后。但是對李義府這種小人，他也十分厭惡。事情移交給了李勣，李勣一審，李義府是惡貫滿盈，罪狀不少，最後定罪將其流放。

對小人李義府的流放處理，朝野稱慶。武皇后面對輿論大潮，也是無可奈何。何況，她還沒打算對支持過自己的老臣李勣下手。權衡利弊，忍了吧。過了幾年，大唐第一奸臣、武皇后第一心腹許敬宗，得病死了。這又是一件大快人心的事情。許敬宗作孽太多，豈能長壽？頭頂三尺有神明，不是不報，是時候未到。

天災人禍，武皇后無可奈何。所幸這幾年來，自己權勢越來越大，死個許敬宗，倒也無所謂。李義府、許敬宗或倒或死，說明一點：武媚娘集團並非無懈可擊，她有弱點，那就是在「己方陣營」建設上，有不足之處。眼光向外，別人的弱點、短處，一清二楚，能充分利用；反省不足，對內經營的謀略，相對弱一些。

武媚娘殘暴地殺死王皇后、蕭氏，固然震懾了對手，卻也讓同黨膽戰心驚，悄然戒備，以免遭遇同樣下場。人死就死了，何必讓她死得那麼慘？從己方陣營來講，如此暴虐，難免離心離德。若干年來連續對外，武皇后羽翼已豐。皇帝李治承認不是武

皇后的對手，舉手投降樂意做個甩手皇帝，瀟脫快活。

皇帝李治年齡大些後，開始有了頭暈、頭痛的毛病，還常常眼睛昏花。他乾脆將朝政置之不理，讓武皇后裁決朝廷大事。武皇后高興極了，自己夢寐以求的權力終於變成了現實，掌握在自己手中。李治如此地放得下，武皇后也投桃報李，很給他點面子。李義府被流放，武媚娘知道是李治指使的，也沒有找他麻煩。

Q 犀利人妻的背後

武媚娘的母親楊氏，生了三個女兒，武媚娘是老二，老大早年守寡，老三已經去世。一人得道，雞犬升天，老二成了皇后，一家人都封了職務。武媚娘的姐姐，被封爲韓國夫人。她仗著妹妹的權勢，來去皇宮，毫無避忌。這次數多了，老美人就被李治見到了。兩人一個色心未泯，一個饑渴難耐，就勾搭上了。

李治和武媚娘的姐姐勾搭上以後，知道她有個女兒，一樣嫵媚可愛。李治見了，也沒放過，也寵幸上了。韓國夫人以爲有皇帝做靠山，慶幸還來不及，哪敢有別的想法？於是母女共侍一夫，毫無羞恥感。在後宮，武媚娘的眼線遍地都是，這樣的醜事武皇后怎麼還沒知道呢？原來是宮內心腹看她忙於政事，沒敢打擾。

有多少女強人，在外面風風光光，家庭生活卻極其失敗。武皇后正在爲政事焦頭爛額、爲社稷操心的當口，皇帝李治色膽包天，居然和武皇后的姐姐，還有姐姐的女兒搞在了一起。心腹知道了卻不忍心告訴她，怕打擊到她作爲女強人的自尊心。真是女強人的悲哀啊。最後武皇后還是知道了，氣得差點吐血。

皇帝李治不是膽子很小嗎？怎敢和其他女人勾勾搭搭？李治當時想的比較簡單：我寵幸別人，武媚娘會加害他們。現在我寵幸你姐姐和外甥女，你們是至親，應該不忍下手吧。看來色迷心竅，一點不假。色欲攻心的李治，不僅智商下降，記憶力也減退了，忘記了武皇后可是連親生女兒都敢殺害的人。

皇帝李治若是寵幸別家的女子，下場恐怕早就和王皇后、蕭氏一般，碎屍萬段了。可這一次，武皇后面對的是自己的親姐姐、親外甥女啊！但是，挑戰自己權威的人，只有一個下場，那就是，死！不過對親人要做得不能那麼明目張膽，不那麼血腥，只好悄悄地進行。但，殺戮就是殺戮，永遠殘酷無比。

武皇后裝作不知道姐姐和李治私通一事，和她歡笑如故，談笑自如。邀她來到宮中，暗中下毒，將她毒死。李治不明就裏，以爲韓國夫人暴病而亡，掉了幾滴眼淚，哀悼了大姨子一番。念及韓國夫人的女兒，母親新喪，十分可憐，就封她爲魏國夫人。這個武皇后不便阻撓，但暗中已經做好了報復準備。

武皇后的外甥女畢竟年輕，不知險惡，被封了魏國夫人，對李治更是感激不盡，獻身以報。這些都被武皇后看到了眼中，但她沒有發作，而是在等待時機。有天兩位大臣向皇宮進獻美食，武皇后偷偷在食物內放下烈性毒藥，然後派人去請魏國夫人，前來享用。聽說二姨邀請，外甥女歡快而來，吃下食物就中毒死了。

外甥女吃了大臣貢獻的食物，中毒身亡。武皇后假裝驚恐，叫來皇帝李治。李治又驚又怒，下令殺了貢獻食物的那倆大臣。這就是李治小看武皇后的代價。

有人說，皇帝李治大智若愚，柔弱只是表像，當年太子之爭，漁翁得利就是一例。如果猜測是真的，那李治染指大姨子和外甥女，就有報復嫌疑。表面看來是色欲攻心，饑不擇食，卻成功地把武皇后的妒火引向她自己的親人，讓其自相殘殺，借機給王皇后、蕭氏報仇。這麼看來，李治還是很腹黑的。

Q 敵我不分的下場

皇帝李治所立太子李弘，是武皇后親生。但他似乎繼承了更多李治的基因，爲人寬厚。對母親的一些不正當做法，比較反感，認爲太過殘暴。母子之間，隔閡漸生。蕭氏生育有兩個女兒，因母親被廢，也被幽禁。後來兩人都三十多歲，早該嫁人了，卻沒人敢出頭做主。太子李弘看不下去，找老媽說情。惹得母親很生氣。

太子李弘沒和母親武皇后站到同一戰線，被母親認爲是敵我不分，立場不是很堅定，但是很得皇帝李治的喜歡。有天，太子要陪李治外出，去合璧宮。臨行前，武皇后給他們送行，賞賜太子美酒、美食。太子酒足飯飽，跟老爹出發。到了合璧宮，肚子越來越脹，找大夫、吃藥，毫無效果，呻吟了幾天，居然死了。

太子李弘死的時候才廿四歲，就因爲和母親政見不和，慘遭親生母親的毒手。凡是對武媚娘的權力有威脅又不肯降服的，都會被一一清除。毒殺親子，又多了一個冤魂，武媚娘也再次向世人表明了自己對反抗者的態度。

李弘有三個親弟弟，老二李賢，老三李哲，老四李旦，都是武皇后所生。老大死了，老二李賢成了皇太子。武媚娘害死王皇后、蕭氏後，噩夢不斷，就聽從高人的話，常住在東都洛陽。都城長安，由皇太子監國，處理國家大事。新太子李賢，能力不錯，受到眾人人稱讚。不過這在武媚娘看來，卻是對自己的威脅。

有人向武皇后進讒言，說太子李賢英武，很像太宗李世民。李世民，可是一個狠角色，李賢的優秀表現讓武皇后有了恐懼感。於是親撰《孝子傳》等書籍，讓太子看。無非是提醒太子：別太張狂了，你老媽還活著呢，早請示晚彙報！太子十分聰明，看透了母親的意圖，不由怨恨：兒子幹得好好的，您何必嫉妒？

難道天下居然有不願兒子出息的母親？由太子監國，武皇后暫時放開了權力，但她對權力的欲望，使得有人威脅到她權力的時候，就會下重手打擊。武皇后對李賢的管控，讓兩人慢慢疏遠。沒多久武皇后就指使人誣告太子謀害大臣，將太子廢爲庶人，打入大牢。這還不甘休，居然要「大義滅親」，殺了李賢。

又要殺兒子？軟弱的皇帝李治真心傷不起了，向武皇后苦苦哀求，這才暫時保住了李賢性命。李治接連遭受愛子們去世、被廢的打擊，病情變重。西元六八三年，李治病逝，算是結束了自己的傀儡生涯。

唐高宗李治算是個多災多難的皇帝，在位三十多年，也是多災多難，洪水、地震，沒消停過。他在朝廷上能力一般，對待內宮，更沒什麼好辦法。但他自有他的長處，軟弱，從某個角度來講就是仁愛，對民眾來說，這很可貴。他當政期間，推行了一些仁政，百姓還算安居。不過自武皇后掌權後，就沒有好的業績了。

Q 一代女皇武則天

李治死了，武皇后沒了傀儡，權力直接掌握到了自己手中。西元六八四年到七〇五年，這二十一年，名義上經歷了三個皇帝，即唐中宗、唐睿宗和周神聖皇帝武則天，但政權實際一直掌握在武則天手中。如果只是手握權力，垂簾聽政，根本不需要炒作；但一個女人想做皇帝，那可是自古以來的第一個，必須好好地炒作。

武皇后想成爲武皇帝，這需要炒作，目的是讓自己的登基之路，體現一種「準選舉」的氣氛，營造一種「準民主」的氛圍；從下到上，從百姓到高官，都要從內心裏贊成自己做皇帝。簡言之：我這個女皇，不僅僅是皇帝詔書所封，還具備「民選色彩」，是百姓、官員哭著喊著要俺當的。俺就勉爲其難地當吧！

皇帝李治死後，武皇后的第三子李顯繼位，史稱唐中宗。據史書記載，李顯和老婆之間的關係很好很和諧。他老婆經常下廚給老公做好吃的，還曾經勸阻過李顯自殺。不過在李顯當上皇帝後，他老婆也效仿武皇后，爲了權欲、情欲將他冷血毒殺。一個壞的環境對人影響太不好了。

李顯死後，皇位由弟弟李旦接手，史稱唐睿宗。前面有那麼多的太子、皇帝死於非命，李旦對皇帝的這個空職看得很淡然，基本是效仿父親李治的無爲而治。但當親人太平公主和李隆基因爭權大打出手，甚至打算兵戎相見的時候，他爲了不傷大家的和氣，竟然表示要退位。在武媚娘的控制下，皇帝成了高危險職業。

太子和皇帝，如果做事不合武媚娘的胃口，隨時會被廢立。但她頻繁地廢立，會讓一些皇子們產生了投機心理。今天換、明天換，搞不好後天就是我上台哦？太子、皇帝作爲一個國家很重要的政治人物，在武媚娘的任意操控下，毫無莊嚴性可言，變成了一個女人憑自己的喜好、心情變化就頻繁更改的笑談。

武媚娘單憑喜好廢立皇位人選，結果是，不管有實力還是沒實力的，都做起了皇帝夢。一個是大臣來俊臣，和皇室血緣沒什麼關係都企圖謀反稱帝。還有武媚娘的情人張昌宗、張易之兄弟，覺著和武媚娘的關係不錯，竟然也做起了皇帝夢，荒唐啊！

武媚娘想撇開他人，自己做皇帝。這個想法很另類，一個女人做皇帝，以前從沒發生過。那好嘛，武媚娘再次顛覆和重建世人的認知。她開始公開性地身穿皇帝的禮服，儼然就是一個女皇帝。那些不能接受自己的舊勢力，就殺掉好了，爲支持自己的新人騰出位置。新舊交換中，流血難免，殺人已成爲了武媚娘的習慣。

武媚娘從「第一夫人」，到「第一人」，期間，多少人人頭落地，就是自己的親屬，擋了路也必死無疑。她的父親武士護先後有兩任正房妻子，前妻生了兩個兒子，分別是武元慶、武元爽；後妻楊氏生了武媚娘三姐妹。前妻和後妻的子女，多不和睦。武元慶、武元爽經常跟後媽楊氏叫板，有事沒事地讓別人不舒服。

武士護死後，兄弟二人和後媽的矛盾激化，楊氏沒生兒子，在家族中很受歧視，一人得領著女兒艱難度日。矛盾日積月累，恩怨越來越深。後來武媚娘成了皇后，一人得道，雞犬升天，武元慶、武元爽也被封了官職。但和諧只是表面，不久武皇后找藉口把兩人給貶了。兩兄弟知道武皇后是借機報復，憂懼交加，先後病死。

皇帝李治一死，武媚娘成了手握實權的實力派。她對於親人的看法有所改變，對姓武的不再六親不認，而是拉攏、培植；對李氏宗族，則毫不客氣，大開殺戒。當年貶了同父異母的兩個哥哥，導致兩人鬱鬱而終，武媚娘有些後悔，畢竟都是兄妹。念及此，她「不計前嫌」，提拔了兩個著名人物：武三思、武承嗣。

武媚娘念及舊情，提拔了侄子武三思、武承嗣爲官。武氏雞犬升天，李氏愁雲慘澹。唐宗室的皇親貴戚，先後有幾十人被殺；那些不會見風使舵的老臣，也有幾十人被殺。武媚娘要提拔新人，對不降服自己的大臣大開殺戒。她把這個叫做「換血」，用支持自己的新人去替換反抗的舊臣，這樣才能煥發新春。

實用款情人

李治死後，武媚娘爲滿足情感需要，找了不少情人。在如何有效「使用」情人方面，她的策略，也有點「ＭＢＡ式管理」的味道：情人們不僅要爲她所用，還要爲政權服務，就是一定要實用；倘若不知好歹，冒犯她的權力欲，她就會毫不吝氣地咔嚓殺掉，就是不要跟她爭權。在權欲與情欲之間，武媚娘建立了一種平衡。

自從高陽公主開了風氣之先，和出家人鬧豔事、整緋聞，這方面的故事就沒斷過。唐高宗李治把做尼姑的武媚娘娶了回來，最終立爲皇后；武媚娘重蹈覆轍，她第一位半公開的情人，居然也是和尚。這家人到底怎麼了？集體抽風了嗎？和尚名叫馮小寶。他出身貧賤，因機緣入宮，服侍皇帝，慢慢地和武媚娘勾搭上了。

馮小寶雖然出身貧賤，卻也是「名校畢業」，他出家的地方，是著名的洛陽白馬寺。其實，馮小寶的這身名校學歷，也是武媚娘幫忙搞定的。據說馮小寶當年流浪江湖，因爲身形偉岸，年輕俊朗，被人獻給了武媚娘。武媚娘爲掩人耳目，讓他做了白馬寺住持，以講經送學之名，來往宮中。這樣名義上就好很多。

武媚娘找個什麼幌子不好，何必讓面首做和尚？與和尚私通，豈不更加沒臉？道理其實很簡單，和尚屬於佛教，這在當時的時代算是比較好的藉口。那時候佛教興盛，王公貴族很多都信佛，經常請和尚講法佈道。再者，武媚娘也有過寺院的生活經歷，卻一直殺氣很重，可以說是請和尚來給自己講解佛法，溫故往日情景。

馮小寶作爲武媚娘最早的「面首」，可能不被大家熟悉。但他的另一個名字叫薛懷義，這個名氣就大多了。皇帝有三宮六院，武媚娘也是皇帝，憑什麼不能有？和男皇帝們相比，她的「三宮六院」，少得可憐；一開始要顧忌面子，偷偷摸摸，還要給面首們找個好的理由才能進宮服侍她，這也是讓薛懷義做和尚的原因。

在歷史上，人們對武則天的關注度是最高的，究其原因主要關注點都集中在武則天的私生活上面，不厚道的人們顯然是狹隘的傳統文化思想在作怪。客觀地觀察下可以發現武則天建立起來的武周王朝，絲毫不比唐朝的任何一個時期遜色。武周時期，政治清明，百姓安居樂業，軍事實力強大，文化繁榮昌盛。

一部分道貌岸然的人，利用武則天的私生活來攻擊她，其實是不客觀的，是男人的心理在作怪，容不得一個靠權謀起家的女皇帝的存在。武則天對於繼承人的選拔和培養，心中也是很有數的。當時，她的侄子中有人非常想做太子，準備以後接替武則天做皇帝。武則天思前想後，還是決定把江山留給李家。

武則天知道，假如以後讓侄子即位稱帝，她這個姑姑因爲是嫁出去的人，不可能被放進宗廟裏祭祀，享受死後的榮耀。但如果讓兒子即位，即使他們對自己再有怨恨，也不會把她這個做母親怎麼樣的。子女對父親和母親必須孝順，否則就是不孝。封建社會的倫理道德，讓武則天吃了粒定心丸，決意讓李家人接管江山。

西元七〇五年，武則天重病在身。受她寵愛的二張兄弟倆，借機想獨攬朝政，伺機謀反。大臣們害怕武則天一旦病逝，張易之兄弟借機作亂。於是，宰相張柬之聯合其他大臣和京城的將軍，領兵五百前去請太子，即原來的中宗李顯即位。李顯很軟弱，害怕得要命，不敢去，最後是屬下將他抱到了馬鞍上。

宰相的政變因爲謀劃得好，又有軍隊支持，取得了全勝。意圖謀反的張易之兄弟被殺，然後，張柬之請求武則天讓位給中宗李顯。年邁的武則天只好同意。她讓出了皇宮，自己搬到皇城西南的上陽宮養病。李顯再次即位後，給母親尊號「則天大聖皇帝」。武則天這次讓位，純屬被逼的，她會回來的。

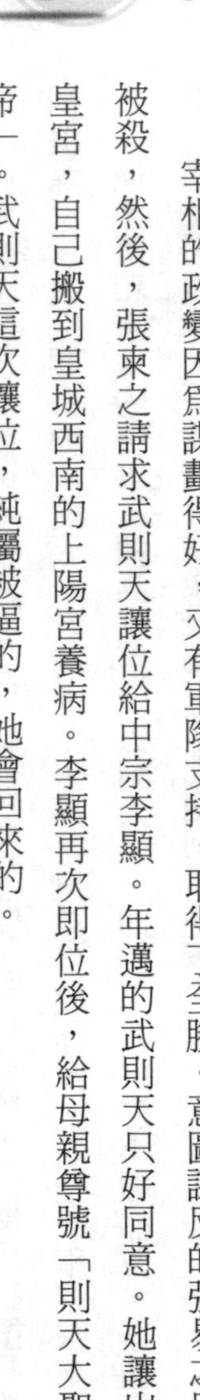

視婆婆為超級偶像的韋后

李顯雖然繼位，但他生性懦弱，比父親李治還差勁，根本不是塊做皇帝的料。傳聞他的老婆和武三思有姦情，但是害怕武則天替侄子撐腰，李顯只能裝作不管不問。正是他的超級弱爆表現，給了皇后韋氏有了效仿武則天，篡奪帝位的想法。在西元七一〇年，韋氏和女兒共同毒殺李顯，立李重茂爲少帝，準備垂簾聽政。

李顯廿二歲繼承皇位，正是風華正茂、青春激揚的年紀，正想甩開膀子大幹一場，不想身在皇位卻是什麼事也做不了主，在一年後草草下台，從皇帝降成了普通人。還好，在宰相張柬之等人政變之下，他被再次推上皇位。如果才能不足，可以重用賢能幫助治理國家，可李顯偏偏重用那些盯著他皇位的野心家。

武則天把持朝政的教訓在前，李顯絲毫不吸取教訓，允許皇后韋氏參預朝政。爲彰顯對韋氏的信任，李顯還不顧眾人反對把老丈人韋玄貞破格封王。李顯還任命武三思爲高官，並賞賜「免死鐵券」。武三思是臭名昭著的小人，還和自己的皇后韋氏私通。對自己的情敵加政敵母后的侄子如此寬厚，可見李顯的昏庸。

李顯對待幫助他奪回皇位的張柬之等人，沒有感恩圖報，反而聽從韋皇后、武三思等人的讒言，把張柬之等人明升暗降，調離京城。疏離重臣，聽信小人，這樣的皇帝肯定坐不穩皇位的。

此外，大臣們還發現，每次皇帝上朝，韋皇后總是坐在帷帳後面參與對軍國大事的處理。縱觀歷朝帝王，沒有哪一個與婦人共同執政而不導致國破身亡的。大臣桓彥范先是引經據典，然後舉例說明危害，最後又提出建議：希望皇上以社稷爲重，吸取古往今來的教訓，從嚴管理後宮，不要讓後宮參與朝政。

皇帝李顯受母后欺壓慣了，逆來順受，倒也養成個好脾氣。桓彥範雖然說話難聽，李顯也沒有發脾氣，至於桓彥范的忠言，自然是左耳進，右耳出了。雖然他沒有記住桓彥範的話，但韋皇后和武三思等人記得清清楚楚，桓彥范後來被武三思等小人陷害致死。由於李顯的放任自流，造成朝中大臣對皇帝的威望持續看低。

一個皇帝沒了威望，大臣們肯定會看輕他，更何況是有些身居高位的人，各種奪權的派系暗流洶湧。最先發動的是太子李重俊。當時李重俊雖貴爲太子，卻受到姐姐安樂公主的欺負。因爲安樂公主最得李顯和韋皇后喜愛，後來嫁給了武三思的兒子武崇訓，靠山很強大。她常以戲弄太子爲樂，甚至把太子喊爲奴。

太子李重俊眼見形勢越來越混亂，如果不採取行動，他必定會死在韋皇后手中。西元七〇七年，李重俊領兵發動政變，準備將後宮的韋皇后、武三思、安樂公主等人殺死。

太子李重俊殺進了後宮，殺死了武三思和武崇訓等人，可韋皇后卻挾持皇帝李顯逃到了玄武門的門樓上，下詔重賞可以殺掉太子的人。結果，李重俊被倒戈的將士殺死。他其實並沒有造反之事，只是想把爲亂後宮的那些人全部殺掉，穩固自己的太子之位，結果卻丟了性命，頭顱被用來祭奠小人武三思。

兒子幫老子清理身邊的壞人，反而被父親命人殺害，李顯也太糊塗了。李顯雖然是皇帝，但他沒有主見，事無巨細都是韋皇后作主。但韋皇后並不滿足，她的偶像是婆婆武則天。她已經厭煩了站在後面把持朝政，想要光明正大地站出來，也做女皇帝。這樣，名義上的皇帝李顯就成了她腳下的絆腳石。

但怎麼處理皇帝李顯，韋皇后猶豫不決，他們好歹也是多年的夫妻，並且李顯對她也是絕對地信任。是女兒安樂公主給了她決心，把李顯徹底除掉。安樂公主是李顯最寵愛的女兒，肯定沒什麼深仇大恨，但安樂公主恨李顯不給她皇太女的名份，心中的仇恨掩蓋了父女間的親情，讓她起了殺父之心。

西元七一〇年，唐中宗李顯，被韋皇后和安樂公主合謀毒死。對母親恭順，可母親奪了他的皇位；對妻子言聽計從，可妻子背叛了他；把兒子立爲太子，可兒子卻領兵造反；對女兒無比寵愛，可女兒最終毒死了他。這就是李顯悲慘的一生，你也可以說是他軟弱的性格造成了這一切，生在帝王家也不一定是好事啊！

皇帝李顯沒處理好家事，國事上也是一塌糊塗。應該說，武則天給他留下的家底和環境是非常不錯的，但由於李顯親小人、遠賢臣，並且內部爭鬥不休，邊境的敵人乘機進犯。基本由原來的「貞觀盛世」變成了現在的內憂外困。好在李顯當皇帝只有短短的五年，也沒採取什麼大的變革措施，沒造成國家大的動盪。

韋皇后毒死了皇帝李顯，才發現自己動手太早了，和武則天相比，她還遠遠不具備直接當女皇帝的條件。武則天做皇后以後，就開始內部輔政，爲國事費勁了心血，威勢與皇帝沒有區別，當時和李治並稱爲「二聖」。到她稱帝時，已經行使朝廷大權三十多年，朝廷中大多數官員都是她任命、提拔的新鮮血液，威望卓著。

李顯的老婆韋皇后，才把持朝政不滿五年。雖然通過與小人武三思合謀，除掉了一些反對勢力，但終究在朝廷中根基太淺，不成什麼氣候。更何況她所依仗的武三思父子也被李重俊殺死了。李顯活著，就是韋皇后的一把保護傘，任何決定都可以授意

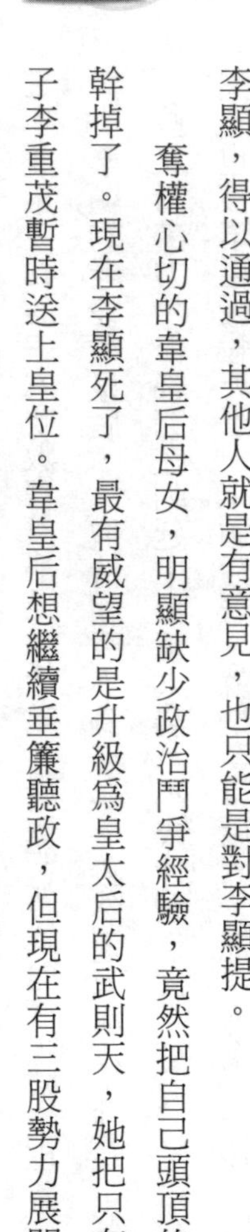

李顯，得以通過，其他人就是有意見，也只能是對李顯提。

奪權心切的韋皇后母女，明顯缺少政治鬥爭經驗，竟然把自己頭頂的保護傘李顯幹掉了。現在李顯死了，最有威望的是升級爲皇太后的武則天，她把只有十六歲的太子李重茂暫時送上皇位。韋皇后想繼續垂簾聽政，但現在有三股勢力展開了權力追逐戰，最終的結果還沒有揭曉。現實與夢境總是存在著很大的差距。

當時爭奪權力的有三支力量，一支是韋皇后母女；另一支是太平公主；還有一支是相王李旦及其子李隆基。李顯屍骨未寒，三隊人馬就權力的分配，進行了密切的磋商。憑藉各自實力的角逐，撰寫了一部假「遺詔」，內容主要包括：立溫王李重茂爲皇太子，韋皇后輔導政事，李旦可以干預政事，太平公主職務不變。

李顯死後的權力蛋糕，已經被分割完畢，當時大家都沒有異議。但「貪心不足蛇吞象」，韋皇后不想把自認爲自己的勝利果實分給別人，偷偷把內容改爲立李旦爲太子太師，想達到架空李旦，自己專權的目的。還準備想辦法進一步算計李旦和太平公主。這種低級無恥下流的行爲遭到了另兩方勢力的反對。

韋皇后的自私行爲，破壞了三股勢力和平相處的假像。在李重茂上位後僅十天，相王李旦之子李隆基突然發動政變，偕太平公主之子薛崇簡率領羽林軍上萬騎包圍後宮，誅殺了韋皇后、安樂公主等人，將韋氏一派一舉剷除。「機關算盡太聰明，反誤

了卿卿性命」的韋皇后母女爲自己的不計後果付出了生命的代價。

韋皇后死後，百官推舉李旦做皇帝。李旦表面上推辭不做，在眾人的強烈要求下，這才勉強同意。西元七一〇年，李旦在承天門樓即位，成爲唐睿宗。他上位後就把誅殺韋皇后母女有功的三兒子李隆基立爲太子。西元七一二年，在位廿六個月的李旦把皇位傳給了太子李隆基。自此，唐朝後宮亂政的混亂局面將告一段落。

＊微歷史大事記＊

西元六二八年　李治出生。

西元六四三年　李治被李世民立為太子。

西元六四九年　李世民去世，李治正式登基，成為唐高宗。

西元六五〇年　李治改元為永徽。

西元六五一年　武則天被李治召回皇宮，次年被封為二品昭儀。

西元六五三年　李治平定房遺愛李恪等人叛亂，正式掌握國家政權。

西元六五五年　武則天被李治封為皇后。

西元六七五年　李治患病，下詔由皇后武則天攝政。

西元六七六年十二月　武則天正式攝政，改元鳳儀。

西元六八三年　李治去世，武則天全面控制朝政。

西元六八三至六九〇年　武則天垂簾聽政，在唐中宗、唐睿宗幕後操縱朝政。

西元六九〇年　武則天廢除唐睿宗，自己稱帝，改唐朝為周。

西元七〇五年　武則天退位，傳位於唐中宗李顯，同年十二月，武則天病逝。

第六章

開元盛世

李隆基的幸福生活

唐玄宗的童年生活

唐玄宗又稱唐明皇，乳名李隆基，因謚曰「至道大聖大明孝皇帝」，所以自唐朝後期又有了網名「明孝皇帝」，筆名「明皇」等。他誕生那天，正是「垂拱元年秋八月戊寅」。戊寅即初五。後來，每年八月初五定爲「子秋節」，屬法定節假日，這是盛唐時期全國性的喜慶節日，相當於元旦節。

李隆基出生的時候正是武則天主政要做女皇的時候，所以他小時候就經歷了錯綜複雜的宮廷變故，這也許促使他形成了意志堅定的性格。他小時候就很有大志，在宮裏外號爲「阿瞞」，就是有曹操的作風，雖然不被掌權的武氏族人看重，但他一言一行在小的時候就表現出淡定、有主見。

小寶寶隆基呱呱墜地時，大唐帝國已走過了六十八年的歷程。這近七十年明顯地分爲三大步：武德開創一步，貞觀、永徽大治一步，武則天轉變三步。前途是光明的，道路卻是曲折多變的。奔騰向前的時代潮流，正在把大唐帝國推向它的黃金時代。

唐高祖創業時艱難的情景似乎太遙遠，沒有給李隆基留下多少印象。但是李隆基

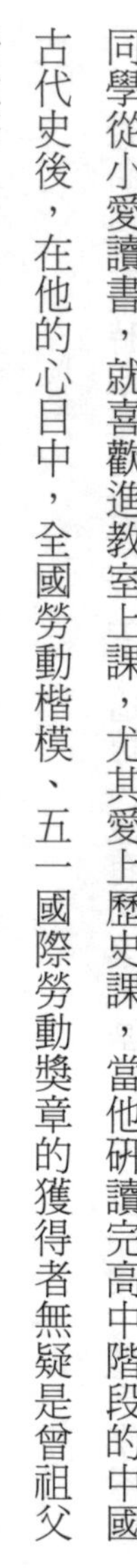

同學從小愛讀書，就喜歡進教室上課，尤其愛上歷史課，當他研讀完高中階段的中國古代史後，在他的心目中，全國勞動楷模、五一國際勞動獎章的獲得者無疑是曾祖父唐太宗。

與爺爺唐高宗也無緣見面，他在隆基出生前一年八個月駕鶴西遊了。然而，「永徽之治」卻給他留下美好的歷史回憶。高宗親政的永徽年間（西元六五〇年至六五五年），繼續推行輕徭役，少繳稅的政策，取消軍役與土木營建，限制房價，抑制物價；繼承任賢致治政策，穩定政局，建設社會主義法制大唐。

西元六五五年，武則天被立爲皇后。武氏是很有本領、懂權術，會耍手腕的女性。她從演藝界躋身政界，白手起家幹到皇后一職，靠了各種有利的條件，其中之一就是利用了皇權與相權的矛盾。這一點子還是聽李隆基背誦《勸學》得到的啓示：順風喊人，聲音並沒有跑得更快，但聽話的人感覺清楚。這是善於借助外物。

唐高宗即位初，集團股份操於國舅長孫無忌之手。他擔任國務卿總理三十年，假冒軍車牌，逃避高速公路收費，大搞海關走私，天下人害怕他。唐高宗想加強皇權，必須削弱相權。對於長孫無忌這個長輩兼恩人的重臣，不能平白無故不讓人家幹了，而廢原來的王皇后、立武昭儀成了解決這一特殊矛盾的較好途徑。

武則天生性敏捷，短短幾年就已成爲高宗治國理政的得力女秘書。爲了達到當皇后的目的，她費盡心機，一舉整垮了力保王皇后的長孫無忌集團。當上皇后後，就毫不手軟地把國舅貶逐於黔州，然後半路讓他上吊了，又用罰款的方式沒收了他的家產。這場戰爭最終以長孫無忌之死，宣告了皇權擊敗相權的鬥爭結果。

古代歷史常常喜歡捉弄人。唐高宗立武后為了搞皇權垂直領導，結果他本人卻成了名義皇帝，一切大權掌握在武后手裏。西元六五九年，長孫無忌被貶逐後的一年，高宗患風疾，各地方政府的報告由皇后審批。皇后權勢與皇帝無異，當時稱為「二聖」。後來由於唐高宗風疾愈來愈重，不能聽朝，凡事都得由武氏點頭。

武則天操持權柄長達二十四年，展現了女政治家的傑出才能。皇后執政是超越封建政治綱領的事，必將改變李唐王朝的歷史記錄。而對於武后的子孫們包括李隆基來說，這種局勢卻是他們賴以發跡乃至登上皇位的溫床。西元六八三年冬，因唐高宗病駕崩於東都洛陽，武則天就把自己的兒子李顯推上皇帝寶座，即唐中宗。

中宗卻沒有摸透母親的心思，不聽話，凡事自作主張，仗著皇后韋氏及其外戚集團的勢力。這是太后武則天所不能容忍的。西元六八四年春，當了不到兩個月皇帝的李顯被彈劾了，改封廬陵王，趕出皇宮。同時，武則天讓小兒子豫王李旦為皇帝，即唐睿宗。睿宗雖貴為天子，實際上只是塊招牌老總。

武則天以太后身分親臨朝政，比起慈禧太后的垂簾聽政面子十足，這標誌著武氏向著當女皇帝的預定目標邁進了一大步。就在皇位急劇變動的年代裏，隆基同學出世了，故鄉是洛陽。母親竇氏，官二代，胎裏帶國家公務員，曾祖父是唐朝開國重臣竇抗。追溯歷史，隋末李淵任弘化郡留守時，妻兄竇抗曾跑來勸說起兵。

竇抗的孫子，名叫孝諶，也就是李隆基的外祖父，歷任太常少卿、潤州刺史等職。孝諶有個女兒，貌美如花，天生瓜子臉，柳葉眉，笑起時來嘴彎彎，大學又修了現代公關禮儀的全部課程，要相貌有相貌，要氣質連掉滴眼淚都氣質非凡。西元六八四年深秋，睿宗特地冊立竇氏爲德妃。次年仲秋，生下一個龍娃，取名隆基。

隆基有眾多的兄弟姐妹，他本人排行第三，時人親切地稱之爲「三郎」。大哥名叫成器，寓意是大器晚成，由於「器成」和「氣成」是同音，所以調整了一下順序叫成器。其母劉氏是唐初名罡劉德威的孫女。睿宗居藩時，劉氏爲妃。睿宗即位初，劉氏爲皇后，而年僅六歲的成器以嫡長子身分被立爲皇太子。

二哥名叫成義，其母柳氏只是一般的辦事員，還是個臨時工。生母雖然卑微，但由於成義初生時汲取西域大樹之精華，所以得到武后的喜歡。至於幾個弟弟，一是隆范，母親崔孺人，二是隆業，母親王德妃。范、業兩弟比靈斯基略小一歲，都在西元六八七年以前出生。小弟弟隆悌，其母是宮女，卻早年夭折。

總之，唐睿宗有六個兒子。西元六八七年正月，除了皇太子成器外，其他皇子均封王，如成義爲恒王、隆基爲楚王、隆范爲衛王、隆業爲趙王。當時，隆悌還沒來世上報到。而從隆悌死後，健在的五兄弟合稱「五王子」。唐玄宗個人微博宣稱：五位王兄弟一起出外遛彎，一起讀書上課，就差一起泡妞沒在一起。

關於隆基的幼稚園生活，記載的都是微博體的片斷。像他這樣的皇子多得很，誰會料到二十幾年後這孩子當皇帝，好事者還來不及編造「龍鳳之姿」的離奇出生故事。幼小的隆基是在平凡的崗位上成長的，不過，史稱「玄宗生而聰明睿哲」，也是事實。這小帥哥聰明伶俐，天真活潑，頗得祖母武則天的喜愛。

據說，隆基始封楚王那天，虛齡三歲，實齡不足一歲半，武后抱著他在神都宮殿高樓上眺望江山，忽然，一不小心，將嬰孩墜落地下。左右侍者驚呆了，慌忙跑上去扶抱。而小隆基沒事，天下都認爲這是奇異的事。此事網上傳得很熱鬧，但史書上沒有說，所以真假難辨，但隆基同志的真龍天子像依然露了鋒芒。

北宋編纂《冊府元龜》時，將隆基墜地無損的故事列入《帝王部．神助》類，其意圖在於聲討武則天的「篡唐」。這當然是別有用心。但是，可以肯定地說，幼時的隆基惹人喜愛，祖母武則天時常抱著他玩耍，有一次，尿在武后身上。武后非但沒有生氣，還誇隆基兒有魄力，不畏王權，這都是哪跟哪嘛。

夕陽無限好，只是景不長。李隆基的命運隨他爸爸睿宗被廢而處於淡泊的境遇。

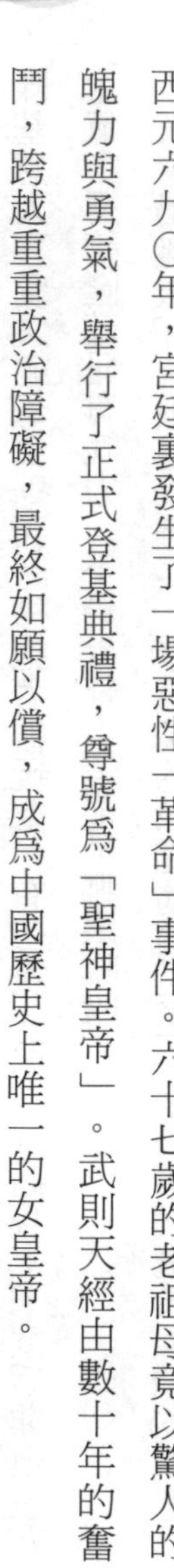

西元六九〇年，宮廷裏發生了一場惡性「革命」事件。六十七歲的老祖母竟以驚人的魄力與勇氣，舉行了正式登基典禮，尊號爲「聖神皇帝」。武則天經由數十年的奮鬥，跨越重重政治障礙，最終如願以償，成爲中國歷史上唯一的女皇帝。

很多封建史家對武王后稱帝是批評的，其實，這是不公正的，畢竟女人能頂半邊天。歷史上宮廷政變知多少，皇帝豈能一姓專有？評價帝王的功過，不可囿於男尊女卑的封建史觀，應當看其對社會發展起了促進或者阻礙作用。就此標準來衡量，武則天執政期間採取的各項基本國策，大大加快了小康生活的步伐。

武則天自己稱帝，建立了周朝，原來的李姓皇帝怎麼得體地處置呢？降唐睿宗爲皇嗣，賜姓武氏；宣布皇太子成器及隆基諸皇子爲皇孫，也一律由「李」姓改爲「武」姓。雖然睿宗本來就是傀儡，毫無實權，降爲皇嗣並無實質性的影響，但畢竟是不愉快的事。這件事產生的陰影必將改變他未來的生活道路。

爸爸被降黜以後，隆基諸兄弟再也不能住在禁宮裏了。天授二年（西元六九一年），父親從皇帝寶座上下來了，他和兒子們也就被遷出皇宮，美其名曰「出閣」，實則是疏遠調離。初次「出閣」，隆基七八歲了，略懂世事，看到了一些深宮裏無法看到的東西，「出閣」對於他取得基層工作經驗，增長知識卻大有好處。

據手抄報記載，就在「出閣」那年，有一次，隆基在秘書、保鏢擁扶下，來朝堂拜見祖母，車騎嚴整，場面十分氣派。當時中南海保鏢之一的金吾將軍武懿宗，是武則天伯父武士逸之孫。武懿宗「嫉妒玄宗嚴整，排場拉風」，因此想使絆子。隆基對他予以責罵。這個故事反映了李隆基的英武倔強的性格。

如果認爲李隆基說「我家開的股份有限公司」是指李唐帝國，隆基已有復興李唐的朦朧意識，那就錯了。試想，武則天剛剛稱帝，睿宗及其諸子賜姓武氏，女皇統治正處於極盛時期，舉國上下沒有發生像過去徐敬業反抗那類事件。在七歲孩子的心目中，「我家開的股份有限公司」就是指祖母武則天的「大武帝國」。

祖母武氏與孫子李隆基的關係雖然已由親熱漸趨冷淡，但還沒有出現裂痕，所以隆基不可能有改變祖母統治的政治理念。假使「我家的天下」真的是指李家王朝，武則天是決不「特加寵異」的。「寵異」的原因在於對隆基果敢性格的讚賞。而且所謂「寵異」，無非是一種驚奇情緒，跟幾年前的寵愛是風馬牛不相及的。

其實，李隆基說「我家的天下」來回答武氏兄弟的刁難，倒是反映了武則天的兒孫們與侄子們之間的矛盾。也就是說，大唐帝國的股份今後由誰來董事。武則天稱帝，一方面以睿宗爲皇嗣，另一方面重用武姓侄子，封武承嗣爲魏王、武三思爲梁王，這本身就是個矛盾體，有軍銜的沒軍權，有實力的沒名分。

武承嗣權勢顯赫，「自以爲是女皇帝的直系親屬」就在隆基兄弟「出閣」前不

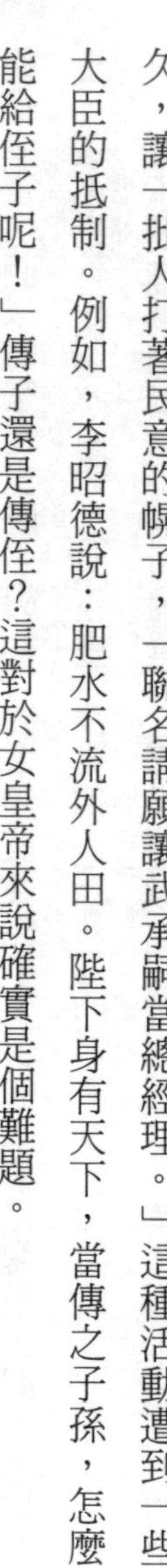

久，讓一批人打著民意的幌子，「聯名請願讓武承嗣當總經理。」這種活動遭到一些大臣的抵制。例如，李昭德說：肥水不流外人田。陛下身有天下，當傳之子孫，怎麼能給侄子呢！」傳子還是傳侄?這對於女皇帝來說確實是個難題。

武則天終究屈從於「傳之子孫」的傳統觀念，沒有讓武承嗣當「總經理」。但是，武氏侄子的實力地位急劇上升，給皇嗣造成了嚴重的威脅。回顧西元六九二年十二月三日，萬象神宮拜祖大典時，女皇武則天幻獻，魏王武承嗣亞獻，梁王武三思終獻。在這樣隆重的禮儀上，皇嗣沒有出場，說明其處境已是十分不利的了。

小隆基未必能理解爸爸睿宗選舉浮沉的政治背景，但對武家二級股東代理商的咄咄逼人的氣焰還是能感受到的。所以隆基同學「我家開的股份有限公司，干你鳥事?」的斥罵，絕不是偶然發飆的，而是內心憤怒的傾瀉。隆基近九歲時，母親竇氏和長兄成器的母親劉氏，被秘殺於禁宮。這正是「天」上掉下個災禍。

西元六九二年十二月四日，即大享萬象神宮的次日，竇氏和劉氏來到內宮嘉豫殿，拜見婆婆武則天。回去後同時遇害。手段極其殘忍，根據員警現場勘測，初步推測是先碎屍後拋屍。直到十八年後，睿宗重新當選一把手，追封劉氏爲肅明皇后、竇氏爲昭成皇后，讓少林寺的高僧爲她們招魂，埋在了洛陽城南。

母親竇氏和長兄成器的母親劉氏被殺的原因究竟是什麼?據劉知幾《太上皇實

錄》記載，女皇武則天身邊有個信任的戶婢，叫做韋團兒，想傍列位皇子，結果皇子們普遍認爲她長相恐龍拒絕了她，因而「由愛生恨」，她就差人做了桐人潛埋於二妃院內，然後有獎舉報。照此說來，這純粹是傍大款不成而產生怨恨的仇殺。

司馬光認爲，只有聯繫女皇登基以來複雜的政治鬥爭，才能揭開謀殺案件的真相。兩年多前，武后改唐爲周，睿宗降爲皇嗣，原皇后劉氏也相應地降爲妃子，竇德妃也喪失顯貴的地位，她們心中自然怨恨不滿。比如做個草人天天用針刺等，從來是歷史上宮廷鬥爭的特用手段之一。

竇氏、劉氏二妃院內挖出桐人，詛咒武后，據文獻記載記載確有此事。這反映了婆媳之間尖銳的矛盾。如果是韋團兒誣陷，查無實據，武則天不會斷然地害死兩個媳婦。後來韋團兒又被處死，很可能是殺人滅口。可見，幕後主策劃應該是武則天。兩位妃子遇害時，作爲皇嗣的睿宗十分畏懼，竟不敢吭一聲。

在誣告成風的年月裏，家奴告其主，以求官賞，如果稍加核查，真相不難弄清。可是，案件偏偏落在酷吏監察御史薛季昶手裏，他以莫須有的罪名打小報告有功，被提拔爲給事中，進而硬判龐氏坐斬。隆基的舅舅竇希出來說情，又礙於侍御史徐有功的面子，才免龐氏一死。

對於母親的慘死以及外祖父母一家的不幸遭遇，年近九歲的隆基是十分悲痛的。

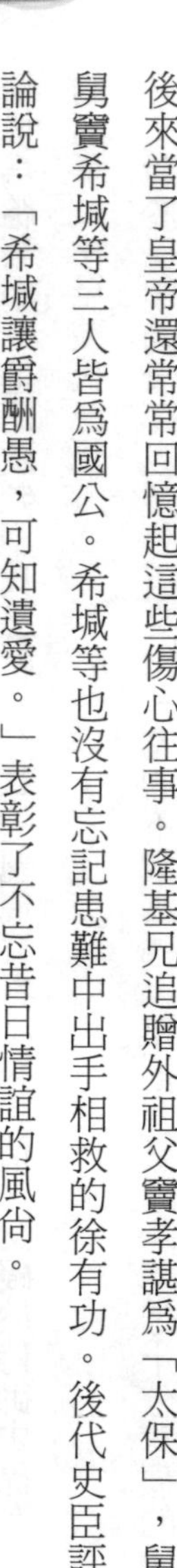

後來當了皇帝還常常回憶起這些傷心往事。隆基兄追贈外祖父竇孝諶為「太保」，舅舅竇希瑊等三人皆為國公。希瑊等也沒有忘記患難中出手相救的徐有功。後代史臣評論說：「希瑊讓爵酬恩，可知遺愛。」表彰了不忘昔日情誼的風尚。

劉妃、竇妃死後，睿宗諸子一律降為郡王。按照憲法，皇子們封王，皇孫們則封郡王。因此，成器為壽春郡王，成義為衡陽郡王，隆基從原楚王改為臨淄郡王，隆范為巴陵郡王，隆業為中山郡王（後改封彭城郡王）。

把皇子們的級別調低，這是第一步，為了降低他們的影響力。接下來女皇武則天為了限制這些郡王的活動，還採取了「隨例卻入閣」的措施。而把他們軟禁在深宮，天天跟宮女做遊戲。

西元六八四年二月，唐中宗剛剛退居二線，武后就派人將李賢幹掉。及至武后建周，改元「天授」，為了防止李唐親友的叛亂，特地將李賢諸子軟禁宮中。自那時至西元六九九年出閣，約十餘年。至於睿宗諸子，西元六九一年十月初次「出閣」，開府置官屬，既然不是一個層次的，顯然不會跟李賢諸子同時幽禁。

據說隆基諸兄弟在禁宮的生活，被教官管教得很嚴厲，打罵是經常發生的事。當然，隆基的處境可能好些。一則有所謂「皇嗣」的爸爸在宮中罩著，二則被竇德妃的親妹妹竇姨悉心撫養，那境遇也就好得多了。幽閉宮中，可以與太常樂工相伴，學習音樂、書法、騎射等高校的專業課程。

西元六九三年一月，裴匪躬、內常侍范雲仙因爲私下會見皇嗣，結果在大街上被腰斬。然後，公卿大臣及其官二代們都不敢來見了，皇嗣身邊進出的只有一些太常樂工。不久，又有人誣告皇嗣有反對武則天統治的圖謀，武則天就派著名的酷吏來俊臣去查辦。

酷吏來俊臣給每人戴上手銬，大搞逼供。有個樂工名叫安金藏，使出吃奶的勁爲皇嗣辯護說：「你既然不相信，請把我的心剖開來證明皇嗣不會造反。」緊接著就用佩刀剖腹，流血滿地，昏厥了過去。女皇武則天知道後，被這壯烈的一幕鎮住了，下令不再追究睿宗了。

武后篡唐爲周，引起了封建統治集團內部的新矛盾。睿宗由於自己落選，加上兩個妃子被殺害和五個兒子被幽禁，有不滿的情緒是難免的，但還不會有謀反的異圖。武則天作爲歷史上傑出的女政治家，被權欲所迷惑。爲了鞏固女皇的絕對地位，實行鐵腕統治。即使是兒子、孫子和媳婦，也決不手軟。

一個封建專制主義的女皇，弄到這樣孤家寡人的地步，實在是可悲的。唐朝著名的詩人元稹評論說：「媽媽管理朝政了，卻把家裏人都趕走了，雖然有爲這一家人著想的死黨，卻也不在可操作的權力範圍內，等到讒言把家人傷害了，用剖腹的辦法爲

自己澄清，嗚呼哀哉！可悲可哀！可圈可點！」

總而言之，隆基在幽閉禁宮的六年多裏，早已失去了祖母武則天的寵愛，成爲一個磨難少年。他目睹酷吏的罪惡行徑，尤其是酷吏薛季昶和來俊臣慘無人道的暴行，既感到疑懼不安，又深惡痛絕，真想依靠聯合國人權保護法去制裁他們。這段難忘的經歷，對於唐玄宗政治思想的成熟發展起了一定的作用。

隆基十五歲時，即武周統治的後期，出現了重大的轉變；武則天採取綏靖政策結束恐怖主義的酷吏政治，改善跟兒孫們的關係，協調封建統治集團的各種利益。於是，隆基諸兄弟包括眾多的堂兄弟重新「出閣」，恢復了自由，再回到洛陽。

這時十七歲的隆基已成長爲熱血青年，從深宮走向社會，走向民間，基層掛職鍛煉豐富了知識，在政治上逐漸地成熟起來。皇太子的重新確立，標誌著武周統治進入了一個新的階段。對於原李姓皇室子孫們來說，這無疑是天上掉餡餅。

所謂「皇嗣」，就是下一任皇位的候選人。武則天一方面喜歡小兒子睿宗，另一方面愈來愈多地看到睿宗的懦弱和某些離異傾向。因此，更多地提拔政治思想過硬的侄子武承嗣和武三思。

西元六九八年二月，武承嗣、武三思數次慫恿人向女皇武則天說：「自古天子未有以異姓爲嗣者。」言下之意，武后爲帝，當以姓武者爲皇位繼承人，而皇嗣睿宗則是李姓的大唐帝國的人。其實，武則天早已考慮到這一點，降睿宗為皇嗣，同時賜姓武氏。所以，從皇嗣的建置來說，並未違背以同姓為嗣的原則。

問題在於：今後皇位傳給「賜姓武氏」的兒子還是傳給武姓的侄子？武則天雖然是皇帝，但畢竟是女流，碰到這個棘手問題。她曾長期猶豫不決，但最終還是遵循了傳子的原則。大臣狄仁傑告誡說：姑侄與母子誰更親？陛下立子，則千秋萬歲後，太廟香火不斷；沒聽說過把姑母供在太廟裏的。武則天採納了這個建議。

武則天把皇位傳子不傳侄的第一個原因：武則天深受封建社會的毒害，不能擺脫上千年的封建宗法制度。中國封建社會的家族以男子為中心，那時的女人不算人，和牲口一樣可以拿來買賣，所以所有需要繼承的都是傳男不傳女。而侄子不用說，是女方，不能傳。

武則天把皇位傳給兒子嗎，那就意味要從武周天下回復到李唐王朝。傳給侄子嗎，將來太廟配食問題又如何解決？武則天降睿宗為皇嗣，又賜姓武氏，就是她想解決傳子不同姓的矛盾。而火眼金睛的狄仁傑強調沒聽說過侄子是天子，死了埋在姑姑的墳旁，恰恰是抓住了武則天的後一種擔憂心情。結果，後者勝於前者。

武則天把皇位傳子不傳侄的第二個原因：大臣中擁李幫實力雄厚。自武后稱帝以來，封建統治階級內部鬥爭十分激烈。高宗諸子與武后諸侄之間，擁李幫與擁武幫

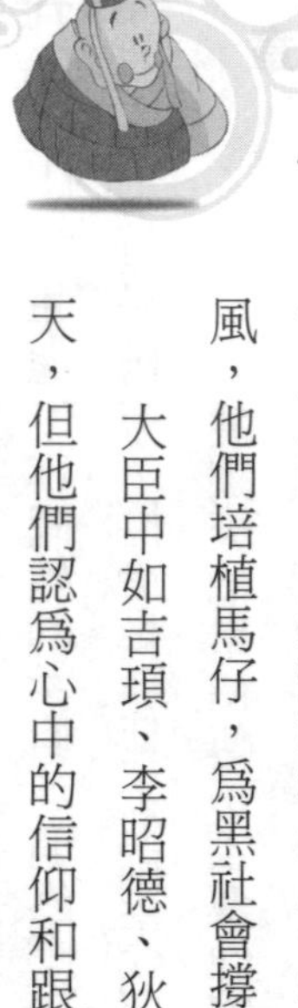

官員之間，充滿著種種矛盾。有一段白色恐怖時期裏，以武承嗣爲首的諸武勢力居上風，他們培植馬仔，爲黑社會撐保護傘，陷害忠良。

大臣中如吉頊、李昭德、狄仁傑、張柬之、魏玄同，敬暉等，雖效忠於女皇武則天，但他們認爲心中的信仰和跟誰混，是互爲補充，並非互相排斥。而笨死的武承嗣等卻將兩者對立起來，尤其在黑社會轉業的來俊臣被處決後，正直朝臣力量大增。在狄仁傑等擁李派的推動下，最終確定了傳子的遊戲規則。

按理說，睿宗李旦早已成爲皇位的候選人。但是，皇嗣的懦弱無能和無所作爲，誰都知道，顯然不是理想人選。狄仁傑提出：召回廬陵王，立爲皇太子。這一獨到的見解得到大臣吉頊的支持。吉珂又鼓動女皇的相好張易之、昌宗兄弟說勸說擁立廬陵王好處多多，加上大臣們具陳利害，女皇終於同意立廬陵王爲皇太子。

西元六九八年三月，廬陵王從幽閉之所房州，回到了洛陽。八月，武承嗣因爲不能當選爲太子，抑鬱寡歡，結果一病就去伺候先皇了。九月，皇嗣睿宗說自己不舒服，請求辭職，廬陵王便被立爲皇太子。又過三個月，賜太子姓武氏，可見武則天依舊擔心武周天下回復到李唐王朝，她要做女皇的意思至死不渝。

西元六九八年冬，辭掉皇嗣的李旦被封爲相王。早在唐高宗時，作爲皇子的李旦曾被封過相王，又改封爲豫王，豫王亦以武后少子不出閤，及自皇嗣爲相王，始出閣。」也就是說，因爲武后的喜愛，小兒子李旦在高宗時未曾「出閣」。後來相繼爲皇帝（睿宗）和皇嗣，當然不存在「出閣」問題。

聖曆二年十月。隆基兄弟五人脫離禁宮，也在東都積善坊「分院同居」，號稱「五王子宅」。回想初次「出閣」，隆基才七歲，那時父皇被降辭，武氏諸王氣焰囂張，日子很不好過。再次「出閣」時，隆基已經十五歲了，伯伯爲皇太子，爸爸爲相王，境況無疑是今非昔比。

長安作爲唐王朝的京城，是令人神往的聖地。遠在西元六八二年夏，關中災荒，唐高宗就帶著武則天來到了東都濟陽度蜜月。第二年年底，高宗病得進了急救室，他曾經希望：能延長自己一兩月的壽命，一定再回長安，死了也沒什麼遺憾的了。結果當晚就在東都被牛頭馬面帶走下圍棋了。

武后按公務員程序辭退了中宗，自己當老闆兼夥計，乾脆改洛陽爲「神都」，並以此作爲統治全國的行政中心。直至大足元年十月，女皇武則天率領太子、相王、宗室子弟以及官員們的家屬，浩浩蕩蕩地進入關中，回到了闊別近二十年的長安。

爲什麼要重返西京呢？首先，女皇年事已高，且又多病。西元七〇〇年，服了僧人胡超煉的「長生藥」，健康稍有好轉。作爲一個老人，更不免思念西京和高宗墳陵。其次，在她看來，皇太子已立，放下了一件心事。她意識到兒子們與侄子們之間的爭鬥，特地叫他們在明堂發誓不要互相拆台，以爲這樣就可以相安無事了。

人到暮年的武則天，安排好了朝代更替等事宜後，率領太子、相王、女兒和武氏諸王等入關。爲了表示此行的隆重，宣布大赦天下，所有監牢裏犯人們都無罪釋放，改元「長安」。所謂「長安」年號，一方面是說明重新回到西京，另一方面也是有長治久安的寓意，反映了武則天晚年的願望。

然而，長安三年九月，武后又發病了。臣僚們竟擔憂她會逝世，可見病得夠重了。如果說唐高宗渴望「只要回長安，死就沒遺憾」，那麼，武則天不回洛陽死，就得有遺憾，因爲「神都」是歷史上唯一的女皇帝統治全國的象徵。所以，這年十月，武則天在原班人馬的擁戴下，又匆匆地返回洛陽。

在長安的兩年裏，女皇和太子等住在大明宮，而相王和隆基諸兄弟則「賜宅於興慶坊」。興慶坊，也叫隆慶坊，在長安城東南角。傳說，這裏原是平民王純家。正如風水先生說的，這是個風水寶地。王家水井常常外溢，即著名的龍池。隆基諸兄弟住在池北，如同在東京積善坊一樣，一人一間，所以也稱「五王宅」。

隆基在西京的活動情況，沒有錄影機，也無照相機，缺少詳細的記載。右衛郎將，隸屬於左右衛，擔任警衛事務。尙輦奉御系殿中省尙輦局長官，從五品官，掌管宮殿裏的輿輦，分其次序而辨其名數，參與大朝會和大祭祀。隆基作爲皇室子弟，年

近二十，正好適合於這類任職。

前面說過，隆基幼小時聰明伶俐。十八九歲時，已然成爲一個小帥哥，常常引得宮女們駐足癡心妄想，想入非非。看來，李隆基確實是堂堂一表人才，高大英俊，直到北宋初還被稱爲「奇表」。眾所周知，曹操「小字阿瞞」，宮中人常叫他「阿瞞二號」。可見，李隆基儼然是曹操式的人物，頗有抱負。

隆基青少年時代的生活道路是不平坦的。他一方面生活在皇宮和府第裏，即使幽閉時仍有「臨淄郡王」的封號，物質享受自然是豐厚的。另一方面，他又經歷了宮廷內部的激烈鬥爭，跟父親睿宗一樣，長期處於險惡多變的境地。正是這種逆境生活狀況，造就了李隆基英武果斷、不拘小節的性格。

復興李唐帝國，無疑是李隆基的抱負。這種潛意識在再次「出閣」前後浮出水面。那時，他十四五歲左右，逐漸地對時局與政治有所瞭解。廬陵王立爲皇太子，反映了復興李唐的政治潮流的不可阻擋。儘管後來皇太子賜姓武氏，但在天下士庶的心目中，太子仍然是李唐王朝的象徵性人物。

在長安的兩年裏，隆基耳聞目睹西京繁榮的城鎮建設，更加培養了對李唐祖宗功業的感情。西元七〇二年五月，蘇蜜恒慷慨陳詞：「當今太子回來了，武則天貪圖寶位而忘了母子深情，哪有臉面進唐家宗廟？」甚至尖銳地指出：「臣認爲按照上天的意思，皇位還應給李家。」如果在十幾年前說這些話，就會立刻被殺身。

「五王」是指張柬之、桓彥範、敬暉、崔玄韋、袁恕己，他們是政變的策動者，後來被唐中宗封為王，所以稱「五王」。所謂「二張」，是指張易之、張昌宗，這倆兄弟是唐初名臣張行成的族孫，時人呼之為「五郎」、「六郎」。他倆是小白臉，善於歌舞，會煉丹藥，女皇武則天晚年寂寞難耐，經常留宿兄弟二人。

西元七〇五年正月，由張柬之出面擔任突擊政變辦公室主任一職，拉右羽林大將軍多祚入夥。張柬之鼓動說：「將軍既然感恩於高宗，今天就是報恩的好日子。」多祚表示不惜身家性命，願意效勞。於是，制定了政變的實施方案，並派桓彥範和敬暉當代表去見皇太子，太子欣然同意。

正月二十二日，張柬之、崔玄瑋、桓彥範等率左右羽林兵五百餘人，聚集於洛陽宮北門（亦稱玄武門）。派遣李多祚、李湛、王同皎（皇太子女婿）等到東宮迎皇太子，王等人說：「今天需要兄弟們相助，或許有很大傷亡，但目的是為了恢復大唐李氏王朝。」緊接著，挾擁太子上馬，奔至玄武門，逮住二張就地正法。

「五王」誅「二張」政變是南衙執政和北門將軍兩部分的聯合行動，以謀滅「二張」和恢復李唐為目標。勝利的原因跟控制玄武門有關，但從根本上說，是由於順應了「復李氏社稷」的歷史潮流。正月二十四日，女皇傳位於太子。

政變宣告成功，李氏王朝復辟。相王在政變策劃過程中發揮了重要作用。正月二十五日，唐中宗正式即位於通天宮。二月，復國號曰「唐」，禮儀制度跟唐高宗永淳以前一樣，並將「神都」洛陽改回爲東都。

正月二日，張柬之、崔玄肺、敬詳、桓彥范等迎太子，率羽林兵發動宮廷政變；而袁恕正親自帶著自己的馬仔抄上傢伙進入緊急狀態，以備非常。內外配合，協同行動，從而保證了政變的迅速勝利。唐中宗即位後，爲了表彰相王的功勞，特地爲他頒發了「進號安國相王」的榮譽證書。

李隆基沒有資格直接參預密謀，他只作爲副職隨父親相王而行動，在政治鬥爭中處於不能獨立的角色。他對「五王」的人品極其敬佩，對誅「二張」的功業更是擁護。所以，到開元六年（西元七一八年），唐玄宗下詔，盛讚「五王」順應天命恢復大唐，功勞是大大的，並對他們的離去表達了深沉的追念。

二十一歲的李隆基，雖然跟爸爸相王，經歷了復興李唐的鬥爭，但他畢竟沒有能力單幹，因爲他還是沒有政治影響的小人物。又經過一個五年計劃的磨煉，經驗與才能增長了，政治野心也膨脹了。到二十六歲那年，竟一舉誅滅韋后勢力。這是唐玄宗小試牛刀，也是政治生涯的轉捩點。

五王政變勝利以後，唐中宗重新坐上皇帝寶座，立老相好韋氏爲皇后。西元七

○六年十月，唐王朝中央統治機構辦公室從東都遷回長安。這時，隆基已擔任衛尉少卿，掌管宮門衛屯兵，因而有機會更加清楚地瞭解宮廷裏的事。他對伯父中宗寄予希望，不久，看到的卻是韋后專權的腐敗局面，以及新的宮廷政變。

唐中宗和皇后韋氏，是經歷廿二年患難的夫妻。按理說，應該珍惜得來不易的新生活，有一番新的作爲。可是，中宗是個性情柔弱的主，韋后則別有野心地開始涉足朝政上的事。當時政治的腐敗正如柳澤後來揭露的：韋氏搗亂，和奸臣一起作惡，政績可以拿錢買，被寵信的、溜鬚拍馬的人提拔快，講真話的陷害。

歷史不允許女子繼承皇位，安樂公主憤怒地說：既然已有祖母稱帝的先例，爲什麼不可以當皇太女呢？這番話似乎有點衝決舊傳統的氣概。但是，安樂公主哪有武則天的才智與氣度，決不是一個有所作爲的人物。想當皇太女，不過是官二代開豪車撞人甩一句話就想走人的無所忌憚的表現。

自武承嗣死後，諸武勢力衰微，而跟「三張」之間的矛盾突出起來。因此，「五王」誅「二張」時，武三思是站在擁護中宗當老大的立場上。據說，三思與皇后是相好，晚上經常住在寢宮，但這在唐朝宮闈生活中是平常的事，算不上特殊的醜聞，所以始終沒有在報紙上登出來。

而一些如侍御史冉祖雍拍馬鑽營之徒五人飛揚跋扈，當時人送外號「三思五

狗」，幹掉了李多祚。太子見勢不妙，就衝出禁宮，向終南山逃跑，誰讓官二代出門就坐車，不晨跑鍛練身體，挺著啤酒肚，很快被趕上也爲人所殺。

重俊政變那年，李隆基恰好二十三歲。以前，他大小經歷過一些宮廷內爭群體事件，包括五王政變，但都沒有這次現場直播看得真切。一天之內，先是出奇制勝地誅滅武三思，接著就偃旗息鼓，歸於失敗。這裏面經驗教訓，對於隆基來說，那是社會大學學習的最好教材。爲三年後隆基政變的成功奠定了基礎。

重俊政變失敗原因之一：準備倉促，貿然發動。重俊本來只是因一時「不勝忿恨」而舉兵，沒有做長期的準備與周密的策劃。他聯絡了李多祚等一些羽林將軍三百餘人，答應事成後解決下崗家屬工作問題。這支隊伍用以消滅武三思父子，還是足夠的。但是搞政變，不能不說是超載了。

重俊政變失敗原因之二：由於缺乏思想鼓動工作，隨風倒的頗多。重俊只注意收買羽林將軍，而沒有在士兵中作深入的動員。所以，中宗在玄武門樓上發出歸順有賞的呼喊，立刻產生了作用。於是「千騎」王歡喜等倒戈，在樓下殺了多祚等人，餘黨遂潰散。太子重俊逃至郡縣附近，被自己的部眾所殺。

重俊政變失敗原因之三：指揮上失誤，缺乏果斷的決心。當時三百餘人進攻玄武門，而樓下守衛者僅一百多。如果猛然一擊，乘勢進攻，佔領玄武門還是有點希望的。但是，多詐等猶豫不戰，所以喪失了戰機。眾所周知，在唐代宮廷政變中，玄武門就是當門炮。誰佔據玄武門，誰就有了克敵制勝的核武器。

重俊政變失敗原因之四：沒有注意在輿論上申張正義。應當說，殺武三思，在輿論上是會得到網友大力支持的。但在封建時代，臣下包括太子舉兵入禁宮，必然要頂著「犯上作亂」的惡名，在封建倫理上居於不利的地位。如何應付這種情況，重俊似乎沒有做過細緻的考慮。

重俊政變的失敗，確實給了李隆基以深刻的教訓，隆基兄高明的地方就在這兒，人家會提出問題——大膽提出假設——分析論證——模擬對策——得出結論。等事情輪到自己頭上，我們將會清楚地看到：隆基發動新政變的果敢毅力，誅滅韋后勢力的斬釘截鐵，是怎樣巧妙地避免了他曾經親眼見到的一個又一個失誤，取得了勝利。

重俊政變後一周年，即景龍二年四月，二十四歲的李隆基外任潞州別駕。在潞州避暑勝地養精蓄銳一年半，開始了新政變的前期準備工作。然後從潞州，返回京城長安，更加抓緊密謀策劃。前後兩年裏，李隆基在幹部組織、鼓動宣傳、製造輿論等各方面，都進行了充分的準備。

隆基從京城到潞州別駕，實際是降職使用。當離開長安時，許多親友和粉絲長亭送別，尤其是同裏居住的好友崔澄一直送到很遠的地方才分手。隆基的人馬都離開很

久了，送別的人還沒有完全散去。可見，隆基的潞州之行是引人矚目的。

隆基走馬上任，首先結交了地方豪富張暐。兩人的交誼迅速升溫，桃園結義時立誓友誼地久天長。不過這種友誼是以氣味相投爲基礎，不見得有什麼政治目的。但是，在地方豪強的心目中，李隆基畢竟是當官的，儼然是一位英姿人物，博得了他的擁護。

不久，有個樂人名叫趙元禮，從山東逃難來到此地，賣藝爲生，身邊帶有女兒，俊秀美麗，上身穿潔白T恤，下身穿超迷你短裙配黑絲襪，這位山東美眉最擅長歌舞。二十四歲的隆基一眼就看上了這能歌善舞的美眉，三下五除二就泡上了這位美女，有空就做起愛來，由於沒有緊急避孕措施，很快懷孕生了個兒子。

唐代諸王溺於女色，臨淄王李隆基也不例外。此前，隆基已納王氏和劉氏兩妃。王氏後來爲皇后，但一直沒有生過兒子，這也給了隆基兄另尋新歡一個理由。劉氏生了兒子，名叫嗣直，即玄宗長子。至於歌女趙氏，就是趙麗妃，其子嗣謙即玄宗第二子。一人得道，爹哥升天，趙氏的父親和哥哥在開元初皆至大官。

除了結交地方豪富外，李隆基還十分注意廣納鐵杆馬仔。李隆基在長安時已有一個貼身侍從，名叫王毛仲，係高麗人，出身卑微，但辦事幹練。這時，又碰見個李宜德。李宜德出身雖賤，但很有本領，所以隆基不惜以五萬美元把他贖了過來。後來，玄宗回長安，二人成為李隆基發動政變時的得力敢死隊正副隊長。

在潞州一年半，作為別駕，自然談不上什麼政績，頂多算作基層工作經驗。但是，這一年半，恰恰是李隆基平生的重要時期之一。這時李隆基的別墅上空出現了紫氣籠罩、降龍盤繞的景象。這些有的是臆造、附會，有的則是別有用心的活動。由此透露了一個重要資訊：隆基在潞州時已產生政治野心。

景龍三年九月，隆基接到回長安的調令，便請一個名叫韓凝禮的搞個占卜活動。第一卦結束，其中一個筷子矗立不倒。凝禮說：「這是天子的祥雲瑞氣。」這種占卜固然是荒誕的，但也清楚地反映了李隆基的政治企圖。後來，隆基坐上皇帝寶座，給韓凝禮加官進爵。

李隆基返回京城長安，也就罷去了潞摸別駕職務。當時，他居住的興慶坊已叫隆慶坊。前章說過，坊南有一龍池。關於龍池的傳說頗多，有的望氣者說：「這有帝王之氣，」所謂「望氣者言」，不過是替唐玄宗製造輿論騙觀眾而已。

景龍四年四月，中宗遊覽幸隆慶池，結彩為樓，歡宴侍奉，中宗的到來，主要是尋歡作樂，並順便拜訪相王「五王宅」。是否有意窺測隆基諸兄弟的動態，那就很難肯定了。如果確已發現隆基的圖謀，完全可以下令追查。看來，中宗沒有把相王諸子視為最危險的力量。這是中宗和韋后在政治上的失算。

李隆基在長安是暗中進行政變準備的。他在長安加緊集結黨羽。他把重點放在北門禁軍萬騎上，這是老謀深算的表現。眾所周知，如果不拉攏這支禁衛力量，要想宮廷政變成功，是癡人說夢。太子重俊失敗原因之一，就是「千騎」王歡喜等倒戈。前車之覆，怎能不引以為戒呢？所以，李隆基特別加強這方面的工作。

隆基還廣泛地結交各種有識之士，以組織親黨。例如劉幽求，早年曾向桓彥範、敬暉建議，乘勢殺武三思。對於這種人，隆基是很器重的。又如尚衣奉御王崇曄，李隆基也慕名求見，在聚會上碰到了禁苑總監鐘紹京、利仁府折沖麻嗣宗等，可見，共同的政治態度把他們連在一起了。後來他們都是隆基發動政變的骨幹。

李隆基回長安的半年多，在暗地裏加緊策劃政變，而這一切活動都是以隆慶坊、五王宅為革命根據地的。社會上不時地流傳著龍池、龍氣的說法，多少反映了李隆基躍躍欲試的狀態。但是，在中宗去世以前，隆基僅僅是在窺測方向，決不貿然地舉兵。這一點，正是吸取了重俊政變失敗的教訓，結果偷雞不成蝕把米。

景龍四年六月初，中宗之死使形勢發生急劇的變化。二十六歲的李隆基及其謀士當機立斷，果敢地發動宮廷政變，一夜之間就取得了完全的勝利。此時中宗中毒致死，經公安部門專案組聯合調查，毒死中宗的兇手竟是皇后與安樂公主，這件事反映了封建統治集團內部鬥爭的殘酷性。

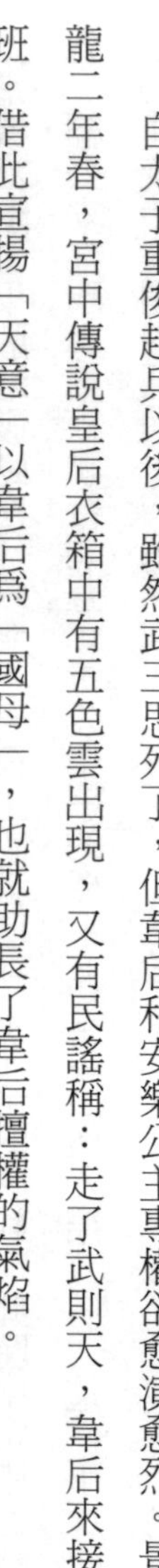

自太子重俊起兵以後，雖然武三思死了，但韋后和安樂公主專權卻愈演愈烈。景龍二年春，宮中傳說皇后衣箱中有五色雲出現，又有民謠稱：走了武則天，韋后來接班。借此宣揚「天意」以韋后爲「國母」，也就助長了韋后擅權的氣焰。

安樂公主沒有從丈夫武崇訓之死中得出什麼結論來。這時，又有了新丈夫，那就是武承嗣次子武延秀。此人屬於帥哥系列，身姿嫵媚，擅長跳迴旋舞，是唱突厥歌的明星，這樣有男人味的帥哥，身爲公主的安樂也hold不住，軟綿綿地投入了他的懷抱。武承嗣當了駙馬。

一股公開反對韋后和安樂公主的力量正在興起。相王及隆基自然意識到這股力量的重要性，對被害的郎岌與燕欽融寄予深切的同情。所以，睿宗即位後，追授他倆爲諫議大夫，特別讚揚燕斂融：「大唐敢於直言的忠臣良將，爲挽回我大唐聲譽，不惜犧牲生命，這種可歌可泣的品質值得學習。」

至於中宗，雖然昏庸愚暗，但他畢竟是李家天下的大旗。這一點，跟韋后、安樂公主、武延秀等稍有區別。當中宗讀到一系列揭發韋氏的網上留言後，不能不有所觸動。他曾下密旨給燕鈙融，看情況，在必要的時候結果了韋氏之黨。誰知韋氏動作迅雷，已經與安樂公主等合謀，於六月二日毒死已經患病的中宗。

中宗死後，韋后搬出幼稚無知的李重茂上台當傀儡皇帝（殤帝），自己臨朝攝政。她還想爬上皇帝的寶座，準備對李旦下毒手。正在這個關鍵時刻，有膽有識的李隆基毅然決定發動宮廷政變。

中宗去世卻不發喪，暫時由皇后處理國事。中宗龍體周圍的太監宮女都被韋氏用丹藥毒得又聾又啞，目的就是防止消息洩露，六月的天漸漸熱起來，爲了不引起宮人們的懷疑，韋氏謊稱自己得了一種怪病，需要用大量的魚乾來治療，以此臭魚氣味掩蓋中宗的氣味。

爲了對付非常局面，韋氏在公檢法等重要部門安插親黨，她知道軍隊的重要性並設法掌握軍權，先給從父兄韋溫搞個編制又弄了個警銜，連夜提拔做了京城禁軍統領，專門守衛京城。韋后又讓從子播、族弟璿、弟捷、譜等，分掌屯營及左右羽林軍。當時調集諸府折沖兵五萬人，分屯京城，一概由諸韋子侄統率。

韋氏鼓吹自己奉玉帝旨意就是要給大唐帶來革命的，玉帝旨意內容是：「大唐的天子雖然是我的孩子，但我也不能逆天辦事，現在派韋氏下凡接替李氏，掌管大唐帝國，所有公檢法等國家機關部門務必配合主權交接，否則，我讓紀檢部門去找你們談話。」信不信由你，我是不大相信。

爲了防止中宗次子重福在均州起兵，韋氏下令最高軍事指令：加強東都洛陽的留守力量，同時加緊軍事訓練，設均州爲洛陽軍區訓練基地。同時又派遣使臣到關內

遭、河北道和河南道等地擔任巡撫，實質上就是給中宗次子周圍安插了幾個眼線，只要有行動我就知道，只要有妄動我就收拾你。

從韋氏部署來看，這女人決不會滿足太后身分。這樣發展下去，她很有可能重演武則天篡唐的故伎，不當一把手誓不甘休，只可惜當時社會和諧穩定，大多都是貪錢。韋后臨朝改制的日日夜夜，也是李隆基策劃政變的分分秒秒。隆基及其謀士們採取了一系列有效的步驟，以保證政變的勝利。

韋氏之黨鼓吹奉玉帝旨意下凡爲唐朝革命，鬧得人心惶惶。而李隆基則以繼承「唐命」相號召，於是關於「龍氣」符瑞的說法廣爲流傳。誰知「唐隆」與「隆基」有一個字巧合，竟成了李隆基「受命」的徵兆，這是韋后所始料不及的。以「隆」爲「龍」的輿論，確實使隆基堅固了心理堡壘，讓各位馬仔死心踏地。

隆基舉兵要爭取太平公主的支持。太平公主是中宗和相王的親妹妹，也就是隆基的姑母。太平公主和韋后之間有一定的矛盾。中宗一死，太平公主參與謀草「遺制」，地位相當重要，但韋后之黨嫉妒相王和太平公主的實力，老想使絆子。李隆基顯然摸透了姑母的政治態度，爲發動政變成功又增加了五十克的砝碼。

隆基舉兵要進一步拉攏禁軍萬騎。隆基雖然早已著手收買萬騎，但以前都是秘密地進行，大家只是混個面熟，從未輕易地吐露自己的真正意圖。而當韋盟接管禁軍後，引起了萬騎將士的不滿，營長葛福順、陳玄禮等常被韋氏父親等人欺負。當隆基兄講出舉兵意圖，萬騎將領踴躍參加這場拉力賽。

經過緊鑼密鼓的策劃，最後共同商定了政變的實施方案。參與「建策」的有劉幽求、薛崇簡、太平公主府典簽王師虔、尚衣奉御王崇曄、利仁府折沖麻嗣宗、押萬騎果毅葛福順與李仙鳧，等等。此事說明朝廷官僚中有相當一部分逐漸倒向李隆基，看來隆基兄的觀眾緣還是很好的，吸引了這多粉絲和馬仔投奔。

舉兵方案既經各方協商和周密策劃，所以也就能順利地執行。六月二十日，李隆基改穿平民衣服，在隨從李宜德和道士馮處澄的陪同下，離開五王宅，外出與劉幽求、薛崇簡、麻嗣宗等會面。近傍晚時分，隆基等約數人自禁苑南潛入，聚集在苑總監鐘紹京解舍，隨時準備開火。

當晚約二鼓時分，滿天繁星如雪，劉幽求認爲是動手的時候了。葛錨順奉命返回羽林將士屯守的玄武門，韋璇等人還在做美夢時被取了首級，羽林將士一看情況，都很高興地倒向了隆基這邊。接著，把韋璇等人的首級送到麻舍，隆基劃了一根火柴看看沒錯。這樣，玄武門羽林禁軍基本上解決。

六月二十一日，關閉宮門及長安城門，分別派萬騎收捕韋氏的死黨，斬死韋溫、宗楚客等。不到一天的功夫，京城內就安定下來。濫殺總是不好，不能說隆基樹立了

除惡務盡的優秀指導思想。

六月二十三日，太平公主轉發少帝讓位於相王的紅頭文件。相王故意推辭說：「這怎麼好意思呢？」後經隆基等人勸說，才答應下來。當時少帝坐在太極殿御座，太平公主故意發問：「這個座讓給你皇叔坐行嗎？」劉幽求表示可以。太平公主接著說：「天下已歸相王，這不是你的座了。」於是把少帝趕了下來。

嫡長制繼承法目的在於防止皇室內部的互相爭奪，一生下來就灌輸儲君位子都是老大哥的，不要再爭了，以保證封建王朝「家天下」的穩定性與連續性。但是，事實上嫡長制在唐朝並不是吃得開。因爲皇位的繼承終究是由各位親王集團實力決定的。睿宗即位，從根本上說是從重俊到隆基一系列政變的結果。

回顧武則天登基以來，匡復李唐的潮流一直是難以阻遏的。所謂「武周革命」，不過是姓氏不同的皇帝之間的取代，在禮儀與政策上並沒有另搞一套。武后執政，在官制、田制、稅制、兵制、婚制、利舉、學校等各方面，基本上沿襲了貞觀、永徽時期的政策措施。因此，武周政權與李唐王朝並無實質性的差別。

天下第一女皇武后專權時，都不敢謀殺高宗，而韋后竟毒死中宗，這就必然是禍亂人心，自取滅亡。正是在這種「人神憤怨」的形勢下，李隆基毅然以「拯社稷之危」爲己任，一舉誅滅韋氏之黨。睿宗就職，讚揚隆基「有大功於天地」，也就是說，李隆基所策劃的政變，是合乎天下士庶的歷史潮流的。

在封建統治階級內部，存在著各種群體與派系，它們根本利益是一致的，階級本質並無區別。然而，由於各自的家族、地位、教養以及政見的不同，經常彼此爭鬥，明爭暗奪，時而聯合，時而拆散，呈現十分複雜的局面。例如，女皇武則天統治晚期，就有武氏集團、「二張」集團、「五王」集團等等。

五王政變是一次各種「群體」集團包括武三思、武攸暨、相王、太平公主等聯合一致，剷除「二張」集團，以實現「中宗復辟」的政權爭鬥。所以，唐中宗一再強調武三思和「五王」一樣，都是有功勞的人。所謂天下人都思念李氏的統治，這是封建地主階級甚至庶民百姓的廣泛的意願。

中宗重登皇位以後，各種「群體」集團又發生了新的變化與組合。武三思與皇后韋氏相勾結，搞掉了「五王」集團。韋氏代表的是新崛起的外戚集團。相比較而言，韋、武集團確實是腐朽的。但是，這種腐朽性並不是商人地主階級屬性的反映。把商人地主、商業富豪跟腐朽勢力劃上等號的觀點似有重新檢討的必要。

在古代超穩定的封建經濟結構中，工商業與商品生產的不發達，恰恰是封建社會長期延續的原因之一。唐中宗時期，后族干政，政治狀況是令人失望的。從中宗、韋后到安樂公主、武三思，都曾標榜效法武則天。其實，他們推行的是則天時期的各種

弊政，至於武后政治中的積極方面，一絲一毫都沒有繼承下來。

由於武三思勾結韋后，投傾人主，所以反對武氏的鬥爭又成爲突出的問題。太子重俊舉兵誅殺武三思，標誌著唐中宗時期宮廷內部矛盾的進一步激化。重俊是唐中宗的第三個兒子，是後宮妃子生的，出身不太高貴，神龍二年七月被立爲皇太子。重俊未必是有政治抱負的人物，他是官二代，行爲很不檢點。

神龍三年七月初六，太子分別用送紅包、許官職收買了左羽林大將軍李弗祚等，於是李弗祚等率領羽林兵三百人，攻進武三思、武崇訓第宅，殺死了武氏父子。長期以來，多少人想除掉武三思的夢想，這回總算實現了。

太子率眾斬關而入內宮。中宗、韋后和安樂公主等躲到玄武門樓上，中宗在樓上呼喊：「你們原本不是我的敵人，爲什麼來犯，只要你現在回心轉意，可既往不咎，悔過者官升一級。」果然有人倒戈。事實上，相王、李隆基跟韋后、安樂公主之間的矛盾，就是集團內部的爭權奪利。

當然，就施政效果而言，韋后專權是武后政治集權的延續，在人心向背上處於不利的地位。韋后政治上無能，先是寵用武三思、武崇訓、武延秀等，後則委權於韋溫、韋播、韋璇等豬頭幹部，不會辦事又不會用人。而原由武后選取的大批有才之士不爲之用，這是韋后集團失敗的原因之一。

韋后智商不高，情商又低，政治敏銳性不強，缺乏遠慮。隆基秘密策劃政變爲時已久，韋后沒有覺察到一些動靜。期間某些大臣如李嶠給韋后發email要處置相王諸子，調離使用。他們掌管軍權後，曾派兵五百人監視中宗次子重福，而對隆慶坊「五王宅」裏的密謀則完全疏忽了。無能無謀者必敗，這是肯定無疑的。

李隆基的六月政變，確實是順應了人心，順應了老百姓擁立李家王朝的時代潮流。推動這股歷史期流的不僅有李唐宗室和中小企事業單位老總，而且也包括國企大集團老總。具體地說，六月二十日事件是封建統治階級上層的宮廷政變，民營企業官僚集團究竟起了多少作用，還有待史實證明。

隆基政變成功的原因之一，下手早，做了較長期的準備，決不「輕盜甲兵」。早在「五王」誅「二張」的鬥爭中，隆基還只是父親相王的從屬，尚未形成個人的獨立力量。出任潞州別駕，開始糾集私人勢力。召回長安後，加緊培植黨羽，尋找各路馬仔支持者。

經過兩年的努力，終於形成了團結在以李隆基統治爲核心的政治勢力周圍的班子，爲發動政變做了組織上的準備。而且，充分發揮各種人才的作用，各方商討，周密策劃，這也是李隆基的「成功」之道。正如舊史所稱：李隆基擅長使用人才，凡事大家商量，尋求最佳處理方案，反覆論證後再制定實施方案。

隆基政變成功的原因之二，重視對萬騎將士的動員工作。歷代宮廷政變的成敗關鍵在於北門禁軍，李隆基爲此費盡了心機。他不僅在物質上收買，給他們發紅包，而且擅長洗腦，說清舉兵意圖。當時，眾人都埋怨不被韋氏重用。李隆基則乘機加以利誘與勸導，結果萬騎將領紛紛表示「決死從命」。

隆基政變成功的原因之三，深謀遠慮，果敢靈活。人稱「阿瞞」的李隆基，的確有一把手雷厲風行的特質，確實具有曹操那樣的謀略。離開潞州時，他就吐露了自己的政治野心。但在準備時期裏，他只是積蓄力量，集結馬仔，廣納親黨，卻做得神不知鬼不覺。

中宗一死，隆基兄就抓住機遇，毫不放鬆，制定國策，改革開放，在短短十九天內，做出一系列的緊急部署。他曾發表即興演講說：「現在大唐處於危險時期，不早防治，一定會因爲做工作晚而後悔。」李隆基善於分析政治形勢，及時公開地打出「拯社稷之危」的旗號，這樣就獲得了廣泛的同情與支持。

從政變前後過程中，可以看到，李隆基已經不再是一個小學生，已經成爲一個有膽有識的政治家。他策劃的六月革命政變，本質上是封建統治階級內部的鬥爭，但它跟以往的一些內爭不同，在唐朝歷史上具有重要的意義。這是李隆基「撥亂反正」的第一步，沒有這「一錘子買賣」，也就沒有未來的「開元之治」。

開元盛世

李隆基的幸福生活

273

六月政變的勝利，爲李隆基登上皇位創造了一定的條件。然而，從被立爲太子到監國，再到即位，還是經歷了整整二十年的艱苦奮鬥，估計今天說艱苦奮鬥是中華民族的傳統美德就是從這來的。這期間，嚴重的威脅來自姑母太平公主糾集的勢力。李隆運用靈活的策略手段，化劣勢爲優勢，終於摘取了皇冠。

回顧唐初歷史，秦王李世民是通過「玄武門之變」取得皇位；而平王李隆基取得太子地位，則是經由兄弟相讓的途徑而實現。長兄成器的推辭，避免了可能發生的「蹀血巢門」事件。總之，從具體方式上看，平王李隆基爲皇太子，跟秦王李世民殺兄奪嫡有所區別，但是兩者都體現了能者居上的原則。

一般地說，爭奪皇位繼承權都屬於封建統治者內部的爭權奪利，談不上有什麼進步的意義。但是，有能力的人當國家一把手會更好些，因爲綜合性的人才，知識比較全面，具有較強的施政能力，容易產生積極的效果。李世民取得皇位後出現「貞觀之治」，李隆基取得皇位後出現「開元之治」，這就是例證。

隆基當太子不到四個月，所謂「太子不是老大哥，不應當立儲君」的流言蜚語就傳播起來了。製造這種輿論的不是長兄成器，人家放著後備皇帝一職都不幹，幹嘛會整這閒言碎語，謠言的締造者是姑母太平公主。從此以後，太子集團和公主勢力結了樑子了。

由於公主的特殊功勳與地位，加上她沉斷有謀，善弄權略，議政處事能力超過哥哥睿宗，所以睿宗即位後，每當宰相奏事，睿宗總是問：「與太平公主商量了嗎？」再問：「與太子商量了嗎？」這一先一後，固然是照顧輩份高低，但實質上反映了公主議政權力是在太子之上。睿宗聽取意見時，是偏向公主的。

爲了粉碎廢立陰謀，並從根本上消滅公主勢力，李隆基及其智囊團也時時在討伐太平公主臨時指揮辦公室密謀策劃。如果說，密謀的先聲是姚元之和宋璟的三點建議，那麼，正式提出誅殺公主的則是謙士王琚。還在太子監國時，王琚曾以天下是太平公主當家的言辭，來激怒隆基。一個國家兩個一把手，有點亂。

確立了區分「正」與「邪」兩股政治勢力的標準後，李隆基正式即位並成立誅滅公主集團臨時指揮辦公室，針對公主的陰險狡猾，他就採取以理鬥智的策略。所謂「理」，即維護皇位繼承的合法性。的確，以非嫡長子爲皇太子，不符合傳統的繼承法。對此，李隆基還拉攏隆范、薛王隆業入夥，成爲自己的支持力量。

針對公主的恃權驕橫，李隆基則採取了以退爲攻的策略。由於公主糾集的「朋黨」勢力的強大，朝臣多爲其所用，李隆基不得不小心謹慎，每走一步就看一步，決不冒進。總之，在長達三年的宮廷鬥爭中，李隆基借助《孫子兵法》深入觀察政局形勢，見機行事，時而主動進擊，時而以退爲攻，化劣勢爲優勢。

開元盛世

李隆基的幸福生活

李隆基雖然即位，但上有太上皇睿宗，側有兇惡的太平公主集團勢力。只有太上皇去了，收拾了太平公主，唐玄宗才真正地掌握了政權，一切政事都由皇帝處置了。七月三日事變是政局由不安定到安定的轉捩點。自隆基出世以來，近三十年，由於皇位繼承權的不固定，引起了連續不斷的宮廷內爭。

封建時代的「治世」無不以政局安定爲前提，而政局安定的關鍵恰在於皇權的鞏固。所以李唐王朝提出「穩定壓倒一切，實力決定一切，作風推動一切」的口號，但李唐王室確實是多災多難。從中宗到少帝，再到睿宗與玄宗，皇帝換了四個。還有不少人蠢蠢欲動打皇位的主意，弒殺與叛亂交替，禍變接連不絕。

李隆基一踏上政治舞台，幾乎就是處於鬥爭漩渦的中心。他本人通過一系列的政治體制改革，實現了從皇室庶子到太子監國再到正式皇帝的三步走戰略。八年多的抗戰，把一個近而立之年的人變成了傑出的政治家。「開元之治」的開創者開元握圖，永鑒前車。

七月三日事變勝利不久，唐玄宗搞了一次耀武揚威的軍事檢閱。十月十三日，在這天大閱兵中，唐玄宗以突然襲擊的方式，解除了功臣郭元振的兵權。郭元振早在武則天時就是一員名將，後來立功於西土邊陲。睿宗即位，他的官當到兵部尚書同中書門下三品。功臣一下子變成了死囚，頗能說明封建專制主義的厲害。

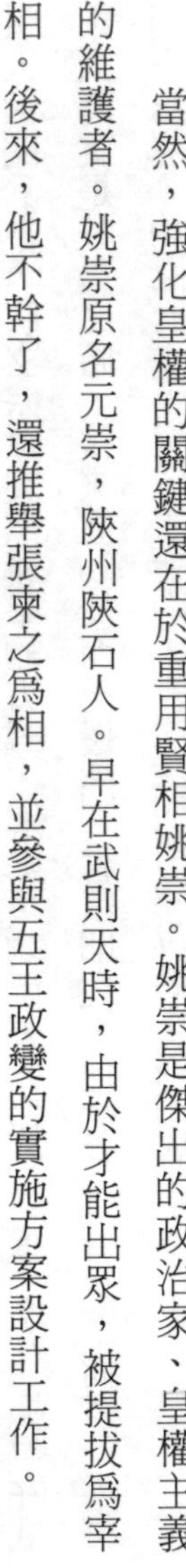

當然，強化皇權的關鍵還在於重用賢相姚崇。姚崇是傑出的政治家、皇權主義的維護者。姚崇原名元崇，陝州陝石人。早在武則天時，由於才能出眾，被提拔爲宰相。後來，他不幹了，還推舉張柬之爲相，並參與五王政變的實施方案設計工作。

唐玄宗爲什麼要將功臣外調呢？原因是吸取了往昔政局動盪的教訓，爲防止可能發生的新的動亂。功臣們確實有功，沒有他們的努力，自己難以登上皇位。但是，如今要安定皇室，就不能不注視著他們的動靜。須知，功臣們大多是八面玲瓏的人物，煽動能力很強，今日高興了，選舉你稱王，明天就有可能選舉他人。

由皇室內爭而演成禍亂，是常有的事。唐玄宗妥善地處理與兄弟諸王的關係，避免了可能發生的殘殺。玄宗處理兄弟關係背後，自有猜疑、伺察與詐術等。但是，用友愛不傷感情的辦法畢竟是占主導的，它對穩定政局起了良好的作用。爲了表示願與兄弟永遠分享歡樂，唐玄宗還將自己服用的仙藥，分贈給諸王。

唐玄宗的「友愛之道」，避免了可能發生的「禍變」，有利於開元時期政局的穩定。鞏固皇權的又一個重要措施，就是加強對北門禁軍的掌握。唐玄宗清楚地知道，以往每一次政變都跟禁軍尤其是千騎、萬騎與飛騎有關。要防止「禍變」再起，保障穩定的統治秩序，就非牢牢地抓住禁軍不動搖。

唐玄宗如此寵遇王毛仲的真正原因在於王毛仲是控制禁軍的關鍵人物。隆基爲太子時，王毛仲曾以龍武將軍的身分直接統領萬騎左右營，並專管閒廄馬。這就保證了七月三日事變的勝利，誅滅太平公主勢力後，王毛仲地位提高了，自然不必親自管轄萬騎左右營，但是，萬騎禁軍還是由他控制的。

青年李隆基勵精圖治，任用賢才，創造了「開元盛世」。開元二十八年，唐朝共有縣一五七三個，戶八四一萬以上，人口達到四八一四萬多。史書稱道爲：全國安定，正在奔向小康，外出打工或者走親戚，即使有上萬里路，也不用帶兵器，因爲絕不會出現「兩搶一盜」。這就是開元全盛時期。

唐玄宗知人善任，特別注意班子成員裏的人員配備。這是「開元之治」的成功經驗。如果把宰相的作用，誇大到繫天下安危於一身的高度，固然陷入了唯心史觀，但是，不得不承認「太平盛世」跟賢相們的作用密切相關，那也是非歷史主義的觀點。

要充分地發揮宰相的作用，就必須將權利下放，放手讓宰相處理國務院的事情，對於細務不多加干涉。就在姚崇爲相的第二天，唐玄宗從打獵的謂川回到長安，姚崇奏請聖裁，玄宗說：「你考慮多久了？」姚崇說：「有一段時間了。」玄宗說：「你考慮的結果一定比我現在回覆你的更合適，放手去做。」

爲了進一步加強地方官的作用，貫徹「任賢用能」的原則，唐玄宗還採取了地方官與京官互相交流的措施，一方面讓京官到地方掛職鍛練，體察民情，一方面讓地方官來京城做官，換位思考。同時成立紀檢監察小組到地方巡迴抽查，但凡在崗不在職的工作人員一律取消編制，回去種地。

儘管唐玄宗在國家政治體制上不可能做根本性的改革，但是畢竟爲內外官員調動做了一些事。在玄宗的宣導下，不少京官被下派，到地方掛職鍛煉，一般都是三年。讓他們獨當一方，施展才智，改進地方吏治，很多幹出了一番作爲。值得一提的是，唐玄宗還採取果斷的措施，讓公卿子弟去基層鍛煉，使朝野震動不小。

內外官交流的積極意義，一方面在於「出」，即選擇京官中年輕幹部者擔任地方官，推動了地方吏治的整頓。另一方面還在於「入」，即選調有地方從政經歷的、百姓口碑好的人爲京官，對改善中央輔政將起重要的作用。因爲這些官員能夠瞭解基層，體察民情，他們的決策自然比較符合實際，得以順利地貫徹與執行。

唐玄宗對於國家公務員到地方公務員、事業人員等的選聘，他都很認真。國考公務員，隆基皇帝親自監考；省市公務員，也是以德才兼備爲標準選拔幹部。當時有人頌揚玄宗「鳥生魚湯，小玄宗頂呱呱。」這是有事實根據的。唐玄宗之所以贏得「開元之治」，原因之一就是他善於選聘領導和幹部。

玄宗到了晚期，每位中書令任期只有三四年，經常調換，說是給新人發展的空間。而李林甫搶佔茅廁，一幹就長達十六年，也沒拉出黃金糞，反而形成了奸臣專權的局面，幹部紀律作風問題日益嚴重。李林甫是利慾薰心之徒，大權獨攬。由他薦引的牛仙客，是個「三無一專」幹部，無才無能又無德，專門溜鬚拍馬。

在楊國忠的一手遮天之下，多次遇到暴雨加泥石流等自然災害時，玄宗詢問災情，楊國忠卻拿著大個的粟穗子給玄宗看，說雨大麥穗更大。下邊有官員報告災情，請求救助，他大發雷霆，命令司法機關進行嚴懲。楊國忠能力不高，但喜歡胡亂處理朝政，正事做不好，壞事做盡。

玄宗吃的是山珍海味，一盤菜就吃掉十戶中等人家的產業。唐玄宗完全捨棄了開元年間艱苦奮鬥的優良作風，變得奢侈糜爛，歌舞昇平、美酒佳人的牛活，已經把李隆基從那個才華橫溢、有所作爲的年輕人變成了老流氓。政治上昏庸，促使奢靡成風，鋪張浪費嚴重，終於把唐玄宗推上敗亡的道路。

朝政混亂影響了國家的經濟。均田制在這個時期瓦解，稅收急劇減少，但朝廷的花費卻因爲玄宗和楊貴妃的浪費而逐漸增多，國庫的錢快花完了。政治的腐敗還影響了軍隊的戰鬥力，因爲招募的兵士都是一些無賴之徒，好多都是混飯吃。這些人非但不是打敗虎一樣對手的人，反而都變成了戰友們豬一樣的隊友。

玄宗對於唐朝的危機沒有預見性，反而向外發動了一系列的戰爭。政治腐敗與黑暗，助長了將領貪功求官的欲望。所謂亂世出英雄，爲了挑起戰爭，並在戰爭中立功受賞、加官進爵，邊鎮的很多將領沒事瞎搗亂，使得邊境雞飛狗跳的，玄宗的好戰又是火上加油。初期邊境安定的局面又被打破了，最終導致了安史之亂。

唐朝所面臨的困難，一是西邊和吐蕃沒搞好關係，誤會引起開戰，既然打仗就互有傷亡，這也損害了歷來的睦鄰友好關係。二是與西南的南詔國的關係緊張。由於邊境將領都是大老粗，喜歡動武，致使本該平息的衝突日益升級。兵員不夠，只好拉壯丁和南詔開戰。先後戰死、病死的唐朝兵達二十萬之多。

Q 寂寞的靈魂在唱歌

在楊玉環來之前，每當李隆基情欲發作，便在興慶宮開派對，唱卡拉ＯＫ，請諸位妃嬪前來遊玩。他給妃嬪的鬢髮插上鮮花，親自捉來粉蝶讓牠在周圍飛舞。粉蝶落在哪朵花上，那妃嬪就是當晚皇帝要寵幸的女人。這種「泛愛眾」的博愛背後，卻是玄宗那顆寂寞的靈魂在唱歌！

玉環的童年是在蜀川度過的。從蜀川到河南，中原的風土人情，洛陽的繁榮豪華，無不吸引著富於好奇心的少女。楊玉環在洛陽所見所聞也遠非昔比，消費著裝也更加現代，學會了歌舞音樂，交際應酬。隨著年齡的增長，這位如花似玉的少女達人，多次作爲禮儀小姐出席各大工程的剪綵活動，引起了上流社會的矚目。

玄宗第五次抵達東都那年，玉環這小妮十六，正當花樣年華，是洛陽第一美女。皇帝親自來調研，養父楊玄琰作爲河南府衙吏，掌管津粱、舟車、舍宅、百工衆藝之事，自然也參與了接待上級主管部門前來調研的工作。在這時，唐玄宗與武惠妃考慮壽王的婚事，經多方的瞭解，終於選中了美女楊玉環。

隆基兄一見楊玉環來，連忙笑著迎上來，拉住她的纖纖嫩手說：「晚上溫度低，沒著涼吧？」他故意不稱呼楊玉環，只怕已經有了長遠打算。楊玉環連忙跪拜，李隆基笑道：「起來吧，如今私人場合，就免了這些禮節。」隨即問道：「聽說你擅長歌舞，願意陪哥們共賞一曲不？」楊玉環忙應聲：「竭誠爲你服務。」

長生殿內濟濟一堂，擊磬、彈箏、吹笛衆樂伎早已恭候於此，楊玉環一出場，果然是超級女聲滿堂皆驚，一片亮色照耀長生殿內。李隆基朝樂伎道：「先奏『霓裳羽衣曲』！今日有大腕的美女明星前來欣賞，同志們用心一些。」楊玉環聽他這麼說，臉上頓時一片潤紅。看得隆基兄想入非非。

那「霓裳羽衣曲」是李隆基親自命名並參與創作的著名樂曲，以中原清商樂爲主，融合了印度「婆羅門曲」，是當時唐朝的流行歌曲，紅極一時。此刻衆多樂器高手用心演奏，楊玉環也不由會心地點頭。李隆基看在眼裏，喜在心上，果然是個精通音樂的女子。今生能得到這樣的美女，大丈夫還有什麼追求？

楊玉環在參加隆基專場安排的派對當晚興致高昂，深夜人才散去。李隆基藉口夜色已深，就安排警衛員爲楊玉環在政府招待所開了房間。雖然他現在還不敢明目張膽和楊玉環睡在一起，但也是不能容忍壽王和楊玉環睡在一起。更重要的是，近水樓台先得月，守著美人，有的是機會接近和話題調情。

李隆基早上醒來，帶楊玉環去溫泉賓館洗浴。李隆基洗完招呼楊玉環也洗洗。楊玉環不好意思，但也不敢忤逆皇上，當即在李隆基面前寬衣解帶，身穿比基尼入水洗浴。李隆基一見那豐裕的體態，柔美的姿勢，白皙的肌膚，竟是心頭一顫，享受著眼前美人「溫泉水滑洗凝脂」的沐浴圖。

一連多日，李隆基都與楊玉環流連在溫泉賓館，暗中嬉戲，沒事開開玩笑，調調情，頂不住時自然上床動真格。衆人雖然心知肚明，卻是「我路過，但我什麼也沒看見」。李瑁戴了綠帽子，可什麼也不敢說，整天扮演宅男，躲在家裏生悶氣。

到了冬至日下大雪，天地之間白茫茫一片。中午紛紛揚揚的大雪停了，因天氣寒冷所結的冰溜都形成條狀。楊貴妃命侍兒敲下兩條冰溜看著玩。玄宗下班回來問貴妃說：「你玩的是什麼東西？」妃子笑而答曰：「玩的是冰筷子。」玄宗對左右侍從說：「妃子天性冰雪聰明，整個人也冰清玉潔，這個比喻修辭用得好。」

一人得寵，全家升遷，這是封建宗法制度在家族推恩方面的反映。楊玉環被提拔為貴妃，楊氏家族就以外戚的地位，享有皇權賦予的種種特權。楊家上自長輩，下至鼠輩，幾乎都享受到了皇恩浩蕩，老百姓們都開始說生女兒好了。重男輕女的價值觀念也發生了一百八十度的轉變。

唐朝女人都喜歡穿著寬鬆的衣服，不束腰，不纏小腳。這樣既不用時刻擔心自己的小肚子，也不用擔心減肥藥的副作用。也許她們早就明白，女人的胸部，對男人有種天生的誘惑力，因此唐朝女人的上衣都喜歡露胸。尤其唐代前期的時候，貴婦人都開始穿露胸裝。因為露胸多少與她們在社交圈成功的程度成正比。

楊貴妃的情愛觀，具體反映在她對唐玄宗的態度上。她不僅把唐玄宗視為人間的至尊，而且看作自己的知心愛人，而後者正是別的嬪妃難以做到的。在KTV裏搞情歌「知心愛人」的對唱，只有楊貴妃跟得上玄宗的唱詞。看來她不僅用自己身子吸引了玄宗的目光和手感，更用自己的腦子攥住了玄宗的心。

楊貴妃能夠得到唐玄宗的寵愛絕不僅僅是容貌長得美麗，關鍵是有效地揣摩了玄宗的心理，而這也是後宮許多姿色豔麗的女子做不到的地方。一天唐玄宗與親王下棋，並令賀懷智獨奏琵琶，楊貴妃站在棋局前觀看。唐玄宗眼看就要輸棋了，楊貴妃將懷裏的貓扔在棋盤上，擾亂了棋局以亂其輸贏，唐玄宗因此十分高興。

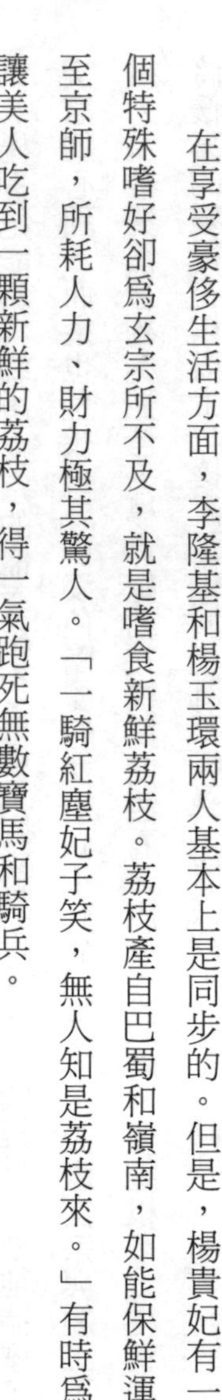

在享受豪侈生活方面，李隆基和楊玉環兩人基本上是同步的。但是，楊貴妃有一個特殊嗜好卻爲玄宗所不及，就是嗜食新鮮荔枝。荔枝產自巴蜀和嶺南，如能保鮮運至京師，所耗人力、財力極其驚人。「一騎紅塵妃子笑，無人知是荔枝來。」有時爲讓美人吃到一顆新鮮的荔枝，得一氣跑死無數寶馬和騎兵。

楊貴妃是盛唐著名的歌唱家與舞蹈家，而唐玄宗又是多才多藝的卡拉皇帝。他們作爲一對藝術家，出於對音樂歌舞發展的關懷，唐玄宗建置了梨園、宜春院、別教院、小部音聲等機構，著意教練與培養了一大批歌舞藝人，爲繁榮盛唐藝壇繪製了絢麗多彩的新畫面。真是夫唱婦跳，好不熱鬧。

在八世紀上半葉，就世界音樂範圍而言，李隆基堪稱是一位少有的作曲大師兼卡拉OK大王，估計星光大道的選手都得叫他爲祖師爺爺。他一生中參與創作的音樂作品甚多，其中大部分是器樂獨奏曲、合奏曲和大型歌舞曲。作品從各個不同的側面，直接或間接地反映了他的政治生涯和唐代由盛至衰的歷史面貌。

按照慣例，公務員招聘是由吏部侍郎以下的官員具體負責的，須經筆試、面試、體檢加政治考核，才呈送門下省審核，從春天搞到夏天，新聘官員剛面試結束，準備上崗。楊國忠爲了顯示自己辦事效率高，叫令史在自己家裏預先內定。其中存在的差錯與弊病，是不言而喻的。

安祿山范陽起兵的時候，唐玄宗和楊貴妃等正在華清宮裏尋歡作樂，一派歌舞昇平。由於叛軍採取了地下行動，所以河北方面沒有一點消息。最早的情報卻來自太原。十一月初十，敵將何年等在太原劫走了副留守楊光翽。太原用快遞向長安打報告，但是，唐玄宗認爲情報是僞造的，不相信自己提拔的安祿山會造反。

楊國忠被處死，全國老百姓家家放鞭炮，扯橫幅，給紀檢部門送錦旗，把這一天當做春節來過。除了楊國忠之外，還有另一個禍首李林甫。他倆做搭檔唯恐天下不亂。而楊國忠死後，有人情不自禁地呼喊：「爲什麼國忠老賊他們死後，不再鞭屍呢？」真是愛你愛到心裏頭，恨你恨到骨子裏。

不過最讓人感興趣的恐怕是唐玄宗與楊貴妃的情愛秘史一千零一夜了。話說某年的五月五日唐玄宗在興慶池避暑。宮女們都扶著欄杆，眼巴巴地爭著看雌雄鴛鴦在水中做遊戲。這時玄宗正擁抱貴妃在綃帳內睡覺，他睜開睡眼對眾宮女說：「你們一群人水中的鴛鴦，也比不上我被裏的一隻鴛鴦讓人快活。」

自古以來，沒有一個女人像楊貴妃那樣，背了道德與政治的雙包袱。而且宋代以後，這兩個包袱跟學生的書包減重一樣，越減越重，以致把楊貴妃的真面目弄得難以識別。楊玉環並不是從壽王妃一步到位升爲貴妃的。唐玄宗採取了先讓她去尼姑庵鍍鍍金，再提拔成爲壽王妃的。

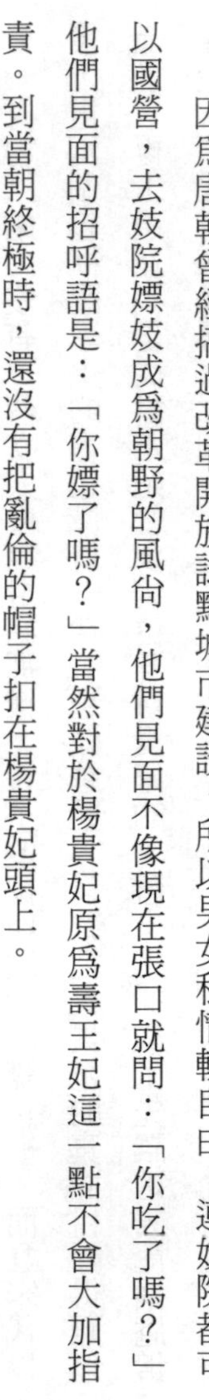

因爲唐朝曾經搞過改革開放試點城市建設，所以男女私情較自由，連妓院都可以國營，去妓院嫖妓成爲朝野的風尙，他們見面不像現在張口就問：「你吃了嗎？」他們見面的招呼語是：「你嫖了嗎？」當然對於楊貴妃原爲壽王妃這一點不會大加指責。到當朝終極時，還沒有把亂倫的帽子扣在楊貴妃頭上。

荒唐可笑的是，清代一些學者爲了給封建皇帝撐面子，爲了維護三綱五常的倫理道德，居然承擔起「楊妃是處女」的專題教科研成果，該科研成果顯示：既然唐玄宗佔有了兒媳婦，那楊貴妃爲什麼還是處女呢？歷史上的四大美女之一給誰做媳婦，誰捨得讓她多當一分鐘處女？說明玄宗父奪兒媳是網友們調侃的。

從美國倫理大片上說，唐玄宗把兒媳婦當媳婦使用屬於亂倫，壽王妃是「被亂倫」的，不承擔主要刑事責任。但是，在封建專制的男權社會裏，女人是可以出租或轉讓的。史書歷來是統治者的口舌陣地。至尊的頭是用來帶皇冠的，那亂倫的「大惡」帽就只有戴在楊貴妃的頭上了，做女人，難，做名、美女人，更難。

＊微歷史大事記＊

西元七一二年，李隆基繼位，稱唐玄宗，年號先天，後改元開元。

西元七二三年，李隆基採納張說的建議，建立雇傭兵制度，唐朝軍事制度正式施行改革。

西元七三六年，楊玉環正式入宮，後被李隆基立為貴妃。

西元七五五年，安祿山叛亂，顏杲卿、顏真卿發兵抵抗。

西元七五六年，李隆基退位，太子李亨繼位，史稱唐肅宗。

西元七六二年，李隆基病逝。

第七章

唐末紀實

其實我們不是敗家子

Q 有理想沒能力的肅宗

玄宗天寶十五年，經歷了馬嵬驛兵變的唐玄宗心灰意冷，在當年七月把皇位讓與太子李亨。李亨在靈武匆忙繼位，尊玄宗為太上皇，改元至德，廟號肅宗，肅宗是個有理想沒能力的皇帝，繼位之後便應宰相房館的要求圖謀收復兩京，結果由於軍事實力不夠強悍，導致全軍覆沒。

唐肅宗李亨在位期間，盲目寵信宦官李輔國、程元振，這些人掌握了軍政大權，氣焰非常囂張，成為歷史上宦官專權的代表人物，同時他又寵信皇后張良梯，縱容她干預政事。在張皇后和李輔國等人的帶領下，唐朝開始過上了水深火熱的生活，然而整日縱情享樂的李亨對此毫不在意。

西元七六一年四月中旬，肅宗患病，屋漏偏逢連綿雨，在這個月，老爸李隆基也因病去世，還算孝順的李亨因悲傷病情加重。看到老公即將不久於人世，張皇后不顧夫妻之情，勾結肅宗次子越王李系準備進行一場宮廷政變，最終狡猾的李輔國以太子的名義平息這次政變，但由於受到驚嚇，李亨當日就死在長生殿中。

傀儡皇帝代宗

唐代宗李豫，是個典型的傀儡皇帝，老爸肅宗被宮廷政變嚇死之後，他被李輔國擁立爲帝，改年號爲「寶應」。唐代宗繼位後，李輔國以立帝有功，竟然當面和代宗商量權利分配事宜，他告訴李豫，皇帝只需要宅在宮中享受，其他軍政大事不需要他操心。可憐的李豫雖心中不滿，但懾於他手握兵權，只好答應。

唐代宗李豫不甘於做李輔國的傀儡，他趁李輔國不備找了個機會，派人假扮盜賊刺殺了李輔國，爲掩人耳目，他還追封李輔國爲烈士。李豫非常羨慕祖先李世民的文治武功，在寶應元年十月，他任命雍王李適帥，向回紇借兵十萬，收復東京洛陽，徹底平叛了安史之亂。

李豫雖然平叛了安史之亂，但由於綜合國力不強，此次用兵大傷了國家元氣，國家財政赤字越來越嚴重，吐蕃趁唐朝生病想要了唐朝的命，他們大舉攻唐，由於唐朝國力不濟，很快兵臨長安，嚇得代宗逃到陜州避難。在這十分危急的時候，代宗倉促啓用郭子儀爲帥，經過郭子儀的傳奇征戰，才避免了國家滅亡的危險。

郭子儀的功勞被李豫看在眼裏，爲了拉攏郭子儀，唐代宗把女兒升平公主下嫁給郭子儀之子郭曖。戲曲「打金枝」與此有關。唐代宗李豫在郭子儀的有力輔助下，給唐朝帶來了暫時的休養生息的機會，西元七七九年五月，李豫得了重病，自知大限已到的他命令太子代理皇帝之位，不久他便在長安宮中的紫宸內殿死去了。

力圖振作的德宗

唐代宗李豫去世之後，他的長子李適繼位，江湖人稱唐德宗，誰也想不到作爲皇二代，唐德宗是靠戰功起家的，當年郭子儀帶兵平息安史之亂和驅趕吐蕃，作爲皇太子的李適都是以郭子儀的領導身分出現在軍營之中，叛軍平定後，李適因功官居尚書令，並和平叛名將郭子儀等八人一起被賜鐵券，圖像陳列在凌煙閣。

李適即位後，經濟上老是感覺不太寬裕，於是在大臣楊炎的建議下，他施行了財政改革，內容包括廢除租庸調法，頒佈兩稅法等，同時他爲了加強中央集權，不顧現實地搞削藩運動，結果由於措施失當，引起各路軍閥反抗，導致涇原兵變，被迫倉皇出逃。李適本想加強中央集權，卻落了個軍閥割據更加嚴重的下場。

李適在位期間，由於他有著效仿祖先李世民的雄心大志，所以比較注重三農問題，時局稍爲穩定，被稱爲唐朝中興之治。但由於後期他盲目信任宦官，任由他們向

地方官勒索受賄，並在長安施行宮市，隨意增加稅種，結果百姓生活更加艱難，幸福指數屢創新低。

唐德宗於西元八〇五年自然死亡，死後諡號爲神武孝文皇帝。

Q 英明卻短命的順宗

唐德宗死去之後，他的長子李誦繼位，史稱唐順宗。李誦是個有作爲的英明君主，在位期間他任用王伾、王叔文爲翰林學士，在柳宗元、劉禹錫等名流的支持下，大膽改革，銳意創新，革除了老爸在位時的種種弊政，國內一派清明之象，這就是傳說中的永貞革新。

李誦是個好皇帝不假，但由於宦官在他父親的寵幸下形成了非常大的勢力，被宦官俱文珍等人逼迫退位，所以也是一位不太幸運的皇帝。第二年勉強自然死亡，死後諡號爲至德大聖大安孝皇帝。

成功平藩的憲宗

唐順宗李誦因永貞革新觸動了換館的利益，被逼退位，他的大兒子李純登上了歷史舞台，史稱唐憲宗，李純雖然受命於老爸爲難之時，但他似乎沒有剛剛即位的羞澀感，一上台就對割據的藩鎮開展了一系列戰爭，先後征服了西川節度副使劉朋、鎮海節度使李錡等軍閥勢力，並成功平叛淮西吳元濟的叛亂。

唐憲宗的平藩運動大獲成功，在他統治的時期，全國稍微帶有勢力的軍閥都乖乖地歸附中央。

由於憲宗同志的上位經歷不太光彩，所以他在位時不得不重新倚重宦官，不僅在朝政上，甚至在他的軍隊中有許多將軍是宦官，有些還擁有很高的軍權。

出來混，早晚都要還的，倚重宦官的李純的下場比老爸還要慘，西元八二〇年因利益分配問題被自己的貼身奴才陳弘正殺害，享年四十三歲，在位十五年，死後謚號爲昭文章武大聖至神孝皇帝。

Q 生產最多皇帝的穆宗

唐朝最有成就感的皇帝非唐穆宗莫屬，穆宗一生共有五個兒子，竟然有三個最後都做了皇帝，這麼高的皇帝就業率如果在現代，他絕對可以寫一本皇帝養成大全，甚至於他的三個老婆都被封爲皇太后。一門四位皇帝，無限的榮光強加在唐穆宗身上，讓他成爲了唐朝傳奇皇帝之一。

穆宗並不是老爸的長子，但他卻有一個強悍的母親，而且他母親還是郭子儀的親孫女，正是這個原因，唐憲宗李純在長子非正常死亡後，本想選擇次子李惲爲太子，最終卻不得不違心地選擇了李恒爲太子。元和十五年正月二十七日，憲宗暴死，李恒繼位，被稱爲唐穆宗。

穆宗即位時剛剛廿六歲，對於皇帝來說正是花兒一樣的年齡，但穆宗沒有珍惜自己來之不易的機會，把太宗、玄宗這些榜樣拋之腦後，縱情享樂，毫無節制。穆宗的大肆享樂遭到大臣們的忠言勸諫，但他依然我行我素，直到長慶二年十一月他因打馬球時受到驚嚇而中風，才有所收斂。

穆宗患上輕微腦梗塞之後，不僅沒有積極配合醫生的治療，反而迷戀上了化學實

驗，準備修煉長生不老的金石之藥。大臣張臯曾經多次上疏，對穆宗服食的金丹進行成分分析，規勸穆宗不要再服用金丹，但無濟於事。西元八二四年正月二十二日，唐穆宗一命嗚呼，時年三十歲。

工作狂人唐文宗

唐文宗李昂，唐穆宗的長子繼位，但很快被權臣殺害，只留下一個唐敬宗的名號。唐敬宗的弟弟被宦官王守澄等擁立爲帝，史稱唐文宗。由於沒有合法的遺囑，最後在翰林學士韋書厚的主張之下，爲李昂僞造政績，然後百官反覆懇求，才爲李昂舉行了登基大典。

唐文宗於寶曆二年十二月十日在一陣鬧劇中登上皇帝寶座，在他親政之後，首先將自己的生母蕭氏封爲皇太后，由於文宗的戀母情結作怪，他即位後一直想讓外戚掌權，雖然有一個舅舅在家，但已經失去了聯繫，文宗通令全國尋找，結果有三個人自稱是他舅舅，雖純屬假冒僞劣，但文宗都給了優厚的待遇。

文宗生母蕭氏被立爲皇太后以後，宮內還居住著穆宗的母親懿安太皇太后郭氏和敬宗的母親寶曆皇太后，號「三宮太后」。俗話說三個女人一台戲，文宗對這台戲倒

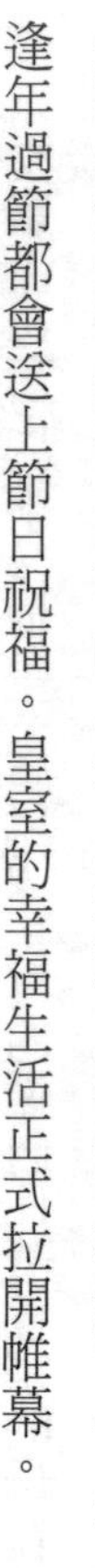

是非常熱愛，他利用皇帝的身分，爲她們三個每人安排了一座宮殿，每五日一問安，逢年過節都會送上節日祝福。皇室的幸福生活正式拉開帷幕。

唐文宗是個工作狂人，他每逢單日上朝，每次朝堂討論都持續很長時間。只要是國家大事，不管涉及到哪個行業，他都要親自問一問，從大政方針到具體措施，他都詳細地與宰相大臣討論研究。爲了國家大事，他多次推遲休假。爲了利用輿論力量，文宗重視發揮諫官的作用，一時間言路大開。

唐文宗作爲皇帝，他完全有理由注重享受，但他卻想做勤儉節約的表率，並身體力行，吃穿用度一切從簡，而且還下令官員禁止衣著豪華，一時間朝臣以穿著最便宜的桂花布爲美，其實這哥們完全不知道，他的節儉只是限制了自己，而大臣們回到家後依舊過著非常奢華的生活，他們不過是作秀而已。

唐文宗是個愛好學習的人，手不釋卷，見識淵博，但都是紙上談兵，其實在他執政期間政治黑暗，官員腐敗，百姓生活品質非常差勁。由於權力的分配不均衡，導致官員和宦官爭鬥不斷，唐文宗時期是唐代走下坡路的時期，在朝政上，唐文宗著重代表宦官的利益，導致了宦官專權，最後他本人也形同傀儡，抑鬱而死。

推崇佛教的宣宗

等到唐宣宗李忱登基之時，唐朝如同一個病入膏肓的病人，只有哼哼的份了，他在位時黨派鬥爭、農民起義、官員腐敗、宦官專權、四夷不朝等問題都遇到了，宣宗本著死馬當活馬醫的思想，勤儉治國，減少賦稅，注重三農問題，慢慢國家經濟形勢稍有復甦，百姓日漸富裕，出現了唐朝中興的可喜局面。

江湖傳言，李忱青年時代爲了逃避唐武宗的迫害，曾當過和尚，所以唐宣宗時期對佛教極力推崇，據說李忱曾在西元八五三年親自參拜釋迦牟尼的舍利。作爲狂熱的宗教分子，宣宗其實也沒有放棄武力，他在位期間，吐蕃、回紇由於種種原因經濟萎靡不振，陷入了經濟危機的泥潭，他果斷派兵收復了河湟，平定了吐蕃。

無能皇帝懿宗

唐懿宗李漼是個愛好享受的無能皇帝，他是唐宣宗的長子，在老爸死後，他絲毫不顧及國家面臨的各項問題，沉湎於酒色之中，一時間政治腐敗，軍閥割據重新開始，很快老本被他敗壞一空，廣東人民群眾又回到了水深火熱的解放前，可他仍然拚命加重百姓賦稅，百姓生活艱難，甚至出現了人吃人的現象。

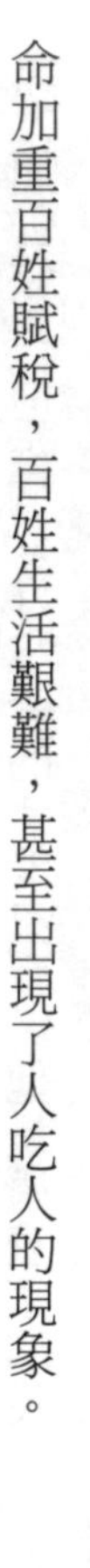

在唐懿宗李漼的暴政配合下，他在有生之年有幸遇到了多次農民運動，西元八五九年，裘甫在浙東領導起義；西元八六八年，龐勳領導徐泗地區的戍兵在桂林起義。唐懿宗爲了維持自己的統治，派遣王式、康承訓等將軍對農民運動進行了殘酷的鎮壓，他雖然不是唐朝亡國之君，但唐朝滅亡與他有著很大的關係。

Q 名存實亡的皇帝們

唐僖宗繼位時年僅十五歲，年幼的他考慮到自己政治經驗不足，日常事務全交給宦官田令孜掌握，自己躲在一邊享受清閒。當時由於連年的自然災害，人民生活困苦，而廣東人民公僕卻依然拚命盤剝百姓，引起百姓極度不滿。

廣大的勞動人民被剝削壓榨的沒了出路，只好造反，其中以王仙芝和黃巢的起義軍，名氣較大。唐僖宗在歷史上的名氣其實是伴隨著王仙芝和黃巢的起義出現的。當黃巢佔領長安之後，他倉皇逃亡蜀地，知道黃巢起義失敗他才返回長安。

唐朝到了唐昭宗和唐哀帝時期，已經是名存實亡，唐昭宗在位時，朝廷大權都

掌握在大軍閥朱溫手中，朱溫殺掉宦官，遷都洛陽，最後又幹掉自己的名義領導唐昭宗。而唐哀帝更是可憐，他僅僅做了三年的傀儡皇帝就被殺掉，年僅十七歲。唐代經歷兩百九十年的精彩輪迴，終於走到了終點，他留給世人的是五代十國的爛攤子。

＊微歷史大事記＊

西元七五六年，馬嵬驛兵變，唐肅宗即位。

西元七六三年，唐代宗李豫繼位。

西元七八〇年，唐代宗去世，唐德宗李適繼位。

西元八〇五年，唐德宗李適病逝，唐順宗李誦繼位。

西元八〇五年，唐順宗李誦登基不久被重臣所逼，傳位於子李純，史稱唐憲宗。

西元八二〇年，唐憲宗被宦官所殺，唐穆宗李恒繼位。

西元八二四年，唐穆宗病逝後，敬宗李湛繼位，但很快就被劉克明等人殺死。

西元八二六年，唐文宗李昂繼位。

西元八四〇年，唐文宗李昂鬱悶而死，唐文宗李炎繼位。

西元八四七年，唐宣宗李忱繼位，改元大中。

西元八六〇年，唐懿宗李漼繼位。
西元八七三年，唐懿宗李漼病逝，唐僖宗李儇繼位。
西元八七四年，王仙芝組織農民起義，西元八七五年，黃巢組織農民起義。
西元八八九年，唐昭宗李曄繼位，於西元九〇四年被朱溫殺掉。
西元九〇四年，唐哀帝主持割據政權，西元九〇七年被朱溫所殺，唐朝滅亡，五代十國時代開始。

唐朝其實很驚悚

作者：丁振宇
出版者：風雲時代出版股份有限公司
出版所：風雲時代出版股份有限公司
地址：105台北市民生東路五段178號7樓之3
風雲書網：http://www.eastbooks.com.tw
官方部落格：http://eastbooks.pixnet.net/blog
Facebook：http://www.facebook.com/h7560949
信箱：h7560949@ms15.hinet.net
郵撥帳號：12043291
服務專線：(02)27560949
傳真專線：(02)27653799
執行主編：劉宇青
美術編輯：許芷姍
法律顧問：永然法律事務所 李永然律師
　　　　　北辰著作權事務所 蕭雄淋律師
版權授權：南京快樂文化傳播有限公司

初版日期：2013年6月
ISBN：978-986-146-977-5

總 經 銷：富育國際股份有限公司
地　　址：台北縣新店市中正路四維巷二弄2號4樓
電　　話：(02)2219-2068

行政院新聞局局版台業字第3595號 營利事業統一編號22759935

國家圖書館出版品預行編目資料

唐朝其實很有趣／丁振宇著.-- 初版.
臺北市：風雲時代，2013.06 -- 面；公分

ISBN 978-986-146-977-5（平裝）
1.唐史 2.通俗史話

624.109　　102006275